959

W0012332

Über das Buch:

Mobilität ist eines der zentralen Schlagwörter unserer Gesellschaft. Für ihr Buch setzten sich auch die Autoren in Bewegung. In Spanien, Marokko, Deutschland, Frankreich, Italien, Albanien, Kroatien und Israel besuchten sie Orte, wo sich die Routen von Flüchtlingen und Strandurlaubern, von Arbeitsmigranten und Individualtouristen kreuzen. Sie konnten beobachten, wie auf den Pfaden der Migranten überall provisorische Unterkünfte und Lager entstehen. Sie erfuhren, wie Landschaften durch die Bauprojekte der Tourismusindustrie neu erfunden werden. Und sie sahen das Wachsen neuer Städte – angetrieben von den Investitionen der Auswanderer in ihren Herkunftsländern. Heute entsteht eine ganze Welt von seltsamen Übergangslösungen, eine Welt von saisonal oder vorübergehend bewohnten Orten, manchmal überfüllt, manchmal gespenstisch leer. Diese Orte werden im Alltag oft übersehen, aber sie prägen unsere Lebensweise bereits entscheidend mit.

Mit ihren Recherchen liefern die Autoren die Beschreibung einer Gesellschaft, die unterwegs ist. Dabei ergeben sich erstaunliche Parallelen und Übergänge zwischen Visabetrug und Pauschalreise, zwischen Flüchtlingslager und Feriensiedlung, zwischen Einwanderungspolitik und Tourismusplanung. Eine neue Klassengesellschaft bildet sich heraus, in der nur gewinnt, wer sich den Zugang zu Mobilität sichert. Die Bewegung der Menschen ist eine Fliehkraft, die unsere Vorstellungen von Demokratie radikal infrage stellt.

Die Autoren:

Tom Holert, geboren 1962, freier Kulturwissenschaftler und Journalist, war Redakteur bei *Texte zur Kunst* und Mitherausgeber von *Spex*. Heute ist er Autor u. a. für die *tageszeitung*, *Jungle World*, *Süddeutsche Zeitung*, *Literaturen*, *Artforum*. Gemeinsam mit Mark Terkessidis gab er 1996 »Mainstream der Minderheiten – Pop in der Kontrollgesellschaft« heraus.

Mark Terkessidis, geboren 1966, Diplom-Psychologe, war Redakteur der Zeitschrift *Spex* und arbeitet als freier Autor zu den Themen Populärkultur, Identitätsbildung und Rassismus. Er veröffentlichte u. a. »Kulturkampf – Volk, Nation, der Westen und die neue Rechte«, 1995, »Psychologie des Rassismus«, 1998, »Migranten«, 2000, »Die Banalität des Rassismus«, 2004.

Weitere Titel bei Kiepenheuer & Witsch

»Entsichert. Krieg als Massenkultur im 21. Jahrhundert«, KiWi 714, 2002.

Tom Holert / Mark Terkessidis

FLIEHKRAFT

Gesellschaft in Bewegung –
von Migranten und Touristen

Kiepenheuer & Witsch

Gefördert im Rahmen von »Projekt Migration« – einem Initiativprojekt der
Kulturstiftung des Bundes in Kooperation mit dem Kölnischen Kunstverein;
DOMiT, Dokumentationszentrum und Museum über die Migration in
Deutschland, Köln; Institut für Kulturanthropologie und Europäische
Ethnologie der Johann Wolfgang Goethe-Universität Frankfurt/Main;
Institut für Theorie der Gestaltung und Kunst HGK Zürich.

1. Auflage 2006

© 2006 by Kiepenheuer & Witsch, Köln
Alle Rechte vorbehalten. Kein Teil des Werkes darf in irgendeiner Form
(durch Fotografie, Mikrofilm oder ein anderes Verfahren) ohne schriftliche
Genehmigung des Verlages reproduziert oder unter Verwendung elektronischer
Systeme verarbeitet, vervielfältigt oder verbreitet werden.
Fotos im Innenteil: © Tom Holert, Mark Terkessidis, Berlin/Köln
Umschlaggestaltung: Barbara Thoben, Köln,
unter Verwendung eines Fotos aus dem Privatbesitz der Autoren
Gesetzt aus der Minion PostScript
Satz: Pinkuin Satz und Datentechnik, Berlin
Druck und Bindearbeiten: Clausen & Bosse, Leck
ISBN 10: 3-462-03743-9
ISBN 13: 978-3-462-03743-2

INHALT

EINLEITUNG

Es gibt nur noch die Welt hier und anderswo, so wie die Welt eben ist, und niemand kommt irgendwo an.

GIORGOS SEFERIS

Im Mai 2006 landeten zahlreiche Schiffe mit Flüchtlingen auf der Insel Teneriffa. Die Fischerboote aus Holz hatten eine lange Reise hinter sich, 700 bis 1100 Seemeilen. Aufgebrochen waren diese Boote, die die Spanier *cayucos* nennen, von den Küsten Mauretaniens und Senegals. Ihre Passagiere stammten aus dem südlichen Afrika. Ein Großteil der überwiegend jungen Männer, die diese Überfahrt überstanden hatten, kam im Hafen der Ferienstadt Los Cristianos an, der Drehscheibe für den Schiffsverkehr zwischen den Kanarischen Inseln.

Los Cristianos ist ein Ausläufer von Playa de las Américas, dem Zentrum des Pauschaltourismus auf Teneriffa. Der Ort wächst rasant. Überall sind Baustellen – Hotels, Appartementkomplexe und Ferienwohnungen entstehen. Sogar brandneue Strände werden aus dem Boden gestampft. Die Landschaft steht ganz im Dienst der Touristen, die ihre Freizeit in einer spektakulären Umgebung verbringen sollen.

Die Urlauber nahmen am Schicksal der *boat people* durchaus Anteil. Am Ende der belebten Hafenmole, auf der Aussichtsterrasse des Fährterminals, strömten sie zusammen, um einen Blick auf die Neuankömmlinge im Ferienparadies zu erhaschen. Die Migranten allerdings wurden von der Polizei schnell weggebracht – in ein unscheinbares Lager bei Santa Cruz, der Hauptstadt Teneriffas. Mehr noch, als die Touristen zu unterhalten, hätte das Schicksal der Einwanderer dieselben Touristen auf Dauer stören können.

Ist die Situation in Los Cristianos reiner Zufall? Als wir anfingen, uns mit dem Verhältnis von Migration und Tourismus zu beschäftigen, reagierten Freunde und Bekannte häufig mit Befremden. Man wollte nicht recht einsehen, dass hier ein Zusammenhang besteht. Manche fanden es zynisch, die Reisen der Migranten und die Reisen der Touristen aufeinander zu beziehen. Und das Beispiel der schwarzafrikanischen *boat people*, die unter Einsatz ihres Lebens versuchen, die Tourismuszentren der Kanarischen Inseln zu erreichen, scheint diesen Verdacht nur zu bestätigen. Fliehen die Leute aus Guinea-Bissau, Sierra Leone oder Kamerun nicht aus Armut und Perspektivlosigkeit auf das Territorium der EU, während die Urlauber aus Deutschland, England oder Frankreich an die äußeren Ränder Europas jetten, um in demselben Atlantik zu baden, in dem die Flüchtlinge ihr Leben riskieren?

Die Skepsis, die einer solchen Frage zugrunde liegt, ist berechtigt. Aber sie scheint uns nicht nur legitim, sondern zudem äußerst symptomatisch zu sein. Es ist ein verbreitetes Bedürfnis, die Bereiche zu trennen. Man stößt auf dieses Bedürfnis beim Staat, aber auch bei den Individuen. Die Räume, in denen sich Migranten bewegen, und die Räume, in denen Touristen reisen, sie sollen, sie dürfen sich nicht verschränken. Wir vermuten, dies ist so, weil es sich nicht nur um geographische oder um physische Räume, sondern ebenso um soziale Räume handelt. Dass die eigene soziale Rolle als Tourist Anteile einer Rolle als Migrant haben könnte und umgekehrt – das wird von vielen Menschen als extrem beunruhigend empfunden. Deshalb bestreitet man so vehement, dass es hier Berührungspunkte gibt.

Aber ein temporäres Aufeinandertreffen von Migration und Tourismus wie in Los Cristianos korrespondiert weit mehr mit alltäglichen Kontakterfahrungen, als man sich oft eingestehen mag. Aus vielen Gründen sind immer mehr Menschen gezwungen, mobil zu sein, zu reisen, zwischen Arbeitsplatz und Wohnort zu pendeln. Billig-Airlines, Autobahnen und Hochgeschwindigkeitszüge, Mobiltelefone, Internet und tragbare Computer stellen die nötige Infrastruktur für diese Beweglichkeit bereit.

Auch wenn manche der Freunde zunächst zurückhaltend auf unsere Berichte über die Migration und den Tourismus reagierten, so konnten doch die meisten von ihnen mit zahlreichen Erfahrungen aus dem eigenen, immer mobileren Leben aufwarten. So viele Menschen, die eigentlich ständig unterwegs sind. Und obwohl wir vor allem Leute kennen, die sich wie wir in Sachen Kultur und Wissenschaft auf Reisen begeben, entsteht hier bereits ein recht beeindruckendes Bild der Mobilität.

Dieses Bild hätte vor 20 Jahren noch nicht so ausgesehen und wäre noch nicht so vielen Menschen aus eigener Anschauung bekannt gewesen. Inzwischen schließt die Suche nach Jobs aber automatisch die Suche nach neuen Lebensmittelpunkten ein. Anders als in den Zeiten einer relativ sesshaften Industriegesellschaft folgen Arbeitskräfte heute den immer schnelleren Wanderungen des Kapitals. Die unaufhaltsame Dynamik der ökonomischen Globalisierung nach dem Ende des Kalten Krieges zwingt wachsende Teile der Bevölkerung zu einem mehr oder weniger nomadischen Lebensstil. Manche genießen dieses ständige Unterwegssein. In ihrer eigenen Entwurzelung entdecken sie das Privileg einer neuen Mobilitätselite. Andere leiden unter dem Druck, sich bewegen zu müssen. Aber um am Arbeitsmarkt ihre Chancen wahrzunehmen, nehmen sie weite Wege in Kauf. Oft täglich.

Kann die Reise zur Arbeit auch eine touristische Erfahrung sein? In den 1990er Jahren tauchte in Texten, die sich mit der Verbindung von Ökonomie und Mobilität in den Ländern Osteuropas oder der Türkei beschäftigten, der Begriff »Shopping Tourism« auf. Damit war nicht jener Einkaufstourismus gemeint, den Einzelhandelsverbände und Stadtmarketing in Westeuropa zu fördern versuchen. Es ging vielmehr um eine neue Form des Reisens von Markt zu Markt, von Basar zu Basar, mit dem eigenen Stand und transportabler Verkaufsware; oft über große Distanzen, die zumeist im Zug überwunden werden. In diesen auch »Koffer-Handel« oder »Touristen-Handel« genannten Bewegungen ist die Mobilität von Menschen und Waren aufs Engste miteinander verknüpft. Nicht nur Männer, sondern vor allem Frauen richten sich im Pendelverkehr zwischen Warschau, Berlin, Kiew und Istanbul ein.

Dass in diesem Zusammenhang der Begriff »Tourismus« fiel, ist nicht nur als Ironie zu verstehen. Denn die Kofferhändlerinnen benutzen eine Infrastruktur der Züge, Bahnhöfe und billigen Unterkünfte, die touristisch genannt werden kann, auch wenn es ein Tourismus des Minimums sein mag. Zugleich eröffnet der Begriff des Tourismus eine subjektive Dimension: Ihr Unterwegssein in der ökonomischen Informalität des neuen Europa kann den Reisenden so als ein Gewinn an Autonomie erscheinen.

Auch auf der Mole von Los Cristianos sind die Unterschiede zwischen Migranten und Touristen nur vermeintlich klar. Tatsächlich könnten die Urlauber in den Flüchtlingen nicht bloß Opfer oder Eindringlinge sehen, sondern ihr Alter Ego – die Doppelgänger ihres neoliberalen, zur Mobilität verdammten Selbst. Den eintreffenden Migranten wiederum lässt sich nicht jedes touristische Motiv absprechen. Wer in Migration nur Entbehrung und Verzicht sehen will, macht die Migranten zu Opfern. Wer in den Touristen nur die Hedonisten erkennt, übersieht die Mühsal des Reisens und die Nähe zu »migrantischen« Lebensweisen. Es ist deshalb erforderlich, Migration und Tourismus in eine Beziehung zueinander zu bringen. Je genauer man die Begriffe »Migrant« und Tourist« betrachtet, desto fragwürdiger werden sie.

Wir schlagen vor, über Migration und Tourismus anders zu sprechen als gewohnt. Zu diesem Zweck sollen die Bezeichnungen »Migrant« und »Tourist« nicht nur auf reale *Personen*, sondern auch auf soziale *Positionen* in einer Gesellschaft in Bewegung verweisen. Als »Typen«, als Konzept-Figuren können sie helfen, die Gesellschaft in Bewegung zu beschreiben und zu analysieren.

Die Absicht hinter diesem neuartigen Gebrauch der Begriffe ist eine Revision der Vorstellungen, die über Migration und Tourismus kursieren. Wenn Migranten abwechselnd zu einem Problem der Fürsorge oder zu einem Problem der Bedrohung, zu Verlierern der Globalisierung oder zu islamischen Fundamentalisten erklärt werden, dann ist dies nicht nur politisch fatal. Es versperrt auch die Sicht: auf eine Vielfalt der Praktiken und Lebensweisen und auf die gesellschaftsverändernde Kraft der Migration.

Der Streit um die Frage, ob Deutschland ein Einwanderungsland ist oder nicht, ist ein Erbe dieser politischen und kulturellen Ignoranz. Auf den Tourismus trifft Ähnliches zu. Über 800 Millionen »internationale Ankünfte« zählt die World Tourism Organisation (WTO), und angeblich unternimmt etwa die Hälfte der Deutschen eine oder mehrere Urlaubsreisen von mindestens fünf Tagen im Jahr ins Ausland. Aber obwohl es sich um einen der weltweit größten Wirtschaftszweige handelt, wird diese frappierende Reisetätigkeit kaum als gesellschaftsverändernder Faktor wahrgenommen. Dabei sind die kulturell dominanten Vorstellungen davon, was es heißt, ein gutes Leben zu führen, ebenso wie die politischen Rechte als Bürger mehr und mehr vom Tourismus diktiert.

Als wir beschlossen, migrantische und touristische Mobilitäten zu untersuchen, ging es uns von Beginn an wesentlich darum, Migration und Tourismus nicht als isolierte Kräfte, sondern in ihrer Beziehung zueinander zu betrachten – als kompakte *Fliehkraft*. Uns interessierte besonders, wie sich Migration und Tourismus materiell, im physischen Raum artikulieren. Wie sehen die Orte aus, an denen beides stattfindet? Was für Architekturen entstehen dort, wie verändern sich Städte und ganze Landschaften unter dem Eindruck von Migration und Tourismus?

Deshalb sind wir gereist. Wir haben Spanien und Marokko besucht, weil der sich kreuzende Verkehr von Migranten und Touristen zwischen diesen beiden Ländern eine lange Geschichte hat und in den letzten Jahren in der Meerenge von Gibraltar oder auf den Kanarischen Inseln dramatisch eskaliert ist. Wir sind nach Italien und Albanien gefahren, weil auch zwischen den Küsten Apuliens und dem Großraum Tirana eine alte Wechselbeziehung von Kolonialismus, Migration und Tourismus existiert, die seit den 1990er Jahren in eine neue Phase getreten ist. Wir waren in den Ländern des ehemaligen Jugoslawien unterwegs, zunächst angeregt durch die Geschichte der vielfältigen Nutzungen von Hotels im Zuge der Kriege in den 1990er Jahren, aber ebenso, um zu untersuchen, wie die durch den Krieg erzwungenen Bevölkerungsbewegungen heute fortwirken. Israel und die Besetzten Gebiete Palästinas interessierten uns wegen des Laboratoriumscharakters dieser Region, in der die Kontrolle von Mobilität das entscheidende Mittel von Herrschaft ist. Ein anderes Laboratorium ist die touristische Landschaft im südfranzösischen Languedoc-Roussillon; in den 1960er und 1970er Jahren wurde hier ein gigantisches Modell des Freizeitlebens verwirklicht. In Bilbao, Venedig, Berlin, Paris, Hamburg, Marseille oder Barcelona schließlich beobachteten wir die Verwandlung von Stadtzentren in urbane Unterhaltungszentren für einen neuen Bürger, den Touristen.

Wir setzen mit diesem Buch auch fort, was wir in den

früheren Büchern *Mainstream der Minderheiten. Pop in der Kontrollgesellschaft* (1996) und *Entsichert. Krieg als Massenkultur im 21. Jahrhundert* (2002) begonnen haben: eine Geschichte und Theorie des Subjekts im Neoliberalismus. Zwischen den Mobilisierungen des massenkulturellen Krieges, der die Individuen medial und militärisch rekrutiert, und den Mobilisierungen von Migration und Massentourismus bestehen vielfältige und offensichtliche Verbindungen. Man kann sie immer dann erkennen, wenn die so genannten Neuen Kriege, die gegen die Zivilbevölkerung geführt werden, massenhafte Wanderungen und die Entstehung von Flüchtlingslagern auslösen, oder wenn die Paradiese des Tourismus zu Zielen terroristischer Anschläge werden.

In der Gesellschaft in Bewegung geraten außerdem die Verhältnisse von Mehrheit und Minderheit in Bewegung. An den Orten des Transits, auf den Wegen von Migration und Tourismus entstehen neue Kollektive, neue Lebensstil- und Schicksalsgemeinschaften. Zugleich verwandeln sich die Individuen mehr und mehr in Subjekte der Mobilität. Die Menschen bewegen sich in translokalen Netzwerken. Und ihre Bindungen an einen Ort sind von den Möglichkeiten abhängig, die der jeweilige Ort bereitstellt, um die eigenen Projekte zu realisieren.

Zwangsläufig ziehen diese Veränderungen gesellschaftliche Veränderungen nach sich. Nur reagiert die Öffentlichkeit darauf sehr langsam. Eine Begleitmusik bei der Entstehung dieses Buches waren heftige Debatten um Leitkultur und Integration. Doch der Blick auf die realen Verhältnisse in einer Gesellschaft in Bewegung lässt diese Debatten nicht nur provinziell, sondern geradezu absurd erscheinen. Immer mehr Menschen haben eine Beziehung zu ihrem Wohnort, die in einem viel höheren Maß durch Mobilität als durch Nationalität geprägt ist. Diesem Umstand sollte Rechnung getragen werden. Denn die Träume von der integrierten Gesellschaft sind längst ausgeträumt. Je weniger die Diskussion die Wirklichkeit der Mobilität zur Kenntnis nimmt, desto weltfremder wird ihr Begriff von Integration.

Köln / Berlin, im Juni 2006   Tom Holert / Mark Terkessidis

Mehr unter http://www.isvc.org/fliehkraft.

Danksagung

Wir danken dem »Projekt Migration« der Kulturstiftung des Bundes, und hier insbesondere Marion von Osten und Kathrin Rhomberg, für die großzügige finanzielle Unterstützung und die Zusammenarbeit, ohne die dieses Buch niemals möglich geworden wäre. Zudem danken wir all denen, die mit uns gesprochen, uns belehrt, uns beherbergt, informiert und korrigiert haben, und auch jenen, die uns ausdauernd zuhörten.

Hamada Al-Bayari, Duška Anastasijević, Chadia Arab, Martina Backes, Kosta Barjaba, Sophie Bava, Jochen Becker, Nadia Ben-Mohamed, Kristina Benić Belavić, Nada Beroš, Mohamed Berriane, Manuela Bojadzijev, Juan Palop Casado, Antonella Cerasino, Neven Crvenković, Rogelio López Cuenca, Josefina Dominguez Mujica, Jorge G.R. Dragón, Draško Djurannović, Zvi Efrat, Jan Engelmann, Dror Etkes, Cristina Faraco, Anselm Franke, Virginia Friedländer, Angela Godfrey-Goldstein, Ibrahim Habib, Jeff Halper, Claudia Honecker, José-Miguel Iribas, Mustapha Iznasni, Nebojsa Jovanović, Alexander Klose, Helge Malchow, Emilija Mancić, Jorge Luis Marzo, Roland Mauch, Dorit Mielke, Predrag Milunić, Antonio Muñoz Sánchez, Dani Neumann, Mario Pavlović, Stefan Pethke, Ana und Branko Pejović, Mahmoud Abu Rahmah, Martin Rapp, Karin Rebbert, Montse Romani, Regina Römhild, Hélène Seren, Hussein Abdelkader Shahin, Stephanie von Spreter, Tarek Telhaik, Vassilis Tsianos, José Luis Gago Vaquero, Nataša Vukajlović, Jan Wenzel, Jens Wismann, Krystian Woznicki, Hussein Yassien, Driss El Yazami.

1 DIE REISEN DER MIGRANTEN

Der Sturm auf Europa

Ende September 2005 begann der Sturm auf Europa. Zunächst gab es keine Bilder. Es war nur von »Angriffen« die Rede. Einwanderer aus dem südlichen Afrika hätten die Grenzzäune in Melilla attackiert. Und Menschen seien bei der Verteidigung der Grenzzäune ums Leben gekommen. Nur wenigen Radiohörern oder Fernsehzuschauern war zu diesem Zeitpunkt bekannt, dass Spanien Exklaven an der marokkanischen Mittelmeerküste besitzt, seit rund 500 Jahren, die beiden Städte Melilla und Ceuta. So entstand für einen kurzen Moment der Eindruck, als werde das europäische Festland selbst von Migranten angegriffen.

In den nächsten Tagen waren dann auch Bilder zu sehen. Grünlich schimmernde Aufnahmen von Nachtsichtgeräten, wie man sie zuletzt während des Irak-Krieg gesehen hatte. Gesichtslose Figuren stürzten auf Zäune zu, legten selbst gebastelte Leitern an und versuchten schließlich, über die Einfriedung zu gelangen. Da Überwachungskameras nur alle paar Sekunden ein Bild machen, entsteht beim Abspielen der Videos ein seltsamer Effekt: Die Bewegungen der Figuren bekommen etwas Wellenförmiges. So wirkten die nächtlichen Bilder aus Melilla im Fernsehen wie eine höchst dramatische Illustration der herrschenden Vorstellungen von der Bedrohung Europas durch Einwanderung: An den südlichen Grenzen schwappt eine Flutwelle der Migration zu »uns« hinüber.

Bald gab es auch Zahlen. 25 000 Flüchtlinge wurden in jenem Jahr bereits in Marokko aufgegriffen, hieß es bei den marokkanischen Behörden. Namhafte Forscher gingen davon aus, dass sich weitere Hunderttausende in Marokko befanden.[1] »Was in Melilla geschieht«, schrieb eine Kommentatorin der *Welt am Sonntag*, »ist nur ein winziger Teil des Problems. Hunderttausende aus Somalia, Ruanda und Kongo sind in den vergangenen Jahren vor Kriegen und Bürgerkriegen geflüchtet. Allein im Sudan gibt es drei Millionen Flüchtlinge. Klein wirkt dagegen die Zahl von 55 000 Afrikanern, die im vergangenen Jahr in Melilla angekommen sind«.[2] Schließlich brachte der ehemalige deutsche Umweltminister Klaus Töpfer, der bei der UNO in Nairobi tätig war, die Zahl von 18 Millionen Afrikanern ins Spiel. 18 Millionen Arme auf dem Weg nach Norden, jederzeit bereit zum »Ansturm auf die Union des Wohlstands«.[3]

Die Geschichte, die hier erzählt wurde, war die simple Geschichte der »Verdammten dieser Erde« auf dem Weg in den gelobten Westen. Diese »Verdammten« erregten auch Mitleid. Reporter fuhren nach Melilla und später nach Ceuta, wo es ähnliche »Angriffe« gegeben hatte, und sprachen mit den blutenden Menschen, die es über das Bollwerk geschafft hatten. Plötzlich verwandelten sich die Migranten von einer anonymen Masse in Einzelpersonen mit einem furchtbaren Schicksal.

In den nächsten Nächten wurden die Attacken fortgesetzt, und die Bilder von Stoff- und Hautfetzen im Stacheldraht, von Leichen diesseits und jenseits des Zaunes signalisierten einen veritablen Notstand. Rasch begannen die spanischen Behörden, die Eindringlinge nach Marokko zurückzuschicken. Gleichzeitig ermahnte die Europäische Union die marokkanische Regierung, endlich etwas zu unternehmen. Von den nachfolgenden Maßnahmen allerdings war man in Europa schockiert. Zunächst wurden die Migranten festgenommen – jene, die sich noch in Marokko befanden, und jene, die Spanien bereits abgeschoben hatte. Die Polizei prügelte dabei wahllos auf die Leute ein. Dann verfrachtete man sie auf Lastwagen, brachte sie ins Grenzland zu Algerien oder in die Westsahara.[4] Mitten in der Wüste wurden sie einfach ausgesetzt.

Bei Politik und Medien in Europa stieß diese »Lösung« zwar auf einhellige Kritik, dennoch vereinbarte Spanien mit dem Königreich Marokko ein neues Rückführungsabkommen sowie die Errichtung von fünf Aufnahmelagern auf marokkanischem Territorium – vorerst nur für unbegleitete Minderjährige.[5]

Über Lager in Nordafrika war bereits zuvor diskutiert worden. Dabei hatte die Öffentlichkeit eher ablehnend auf die Vorschläge des britischen Premiers Tony Blair und später des deutschen Innenministers Otto Schily reagiert, an den afrikanischen Küsten so genannte Begrüßungszentren einzurichten. Diese Zentren, betonten Blair und Schily, seien ein Gebot der Humanität. Tausende würden jedes Jahr sterben beim Versuch, über das Mittelmeer nach Europa zu kommen, und die Lager könnten diese sinnlosen Tode verhindern. Nach den Bildern von den verzweifelten Menschen, die den »Sturm« auf Europa probten, ließen sich diese Argumente der Öffentlichkeit weit besser vermitteln: Gegen die spanischen Lager in Marokko gab es kaum Einwände.

Die einfache Geschichte von den Massen, die nach Europa drängen, hatte zu einfachen Lösungen geführt, Lösungen, welche die Einwanderungspolitik der Europäischen Union mittlerweile seit Jahrzehnten prägen: mehr Grenzsicherung, die Verschiebung der Migrationsabwehr auf die Staaten vor den Toren der EU und die Errichtung von Internierungslagern in und rund um Europa.

Ursprung dieses Maßnahmenpakets war ein Treffen auf höchster europäischer Ebene an einem Sommertag im Jahre 1985. Auf dem Fahrgastschiff »Princesse Marie-Astrid« auf der Mosel beim luxemburgischen Ort Schengen kamen Vertreter Deutschlands, Frankreichs und der Benelux-Staaten zusammen, um über mehr Mobilität in Europa zu sprechen. Am Ende vereinbarten sie das so genannte Schengener Abkommen. Das Abkommen, das 1990 in Kraft trat, löste die Grenzen innerhalb Europas weitgehend auf, während es gleichzeitig die Außengrenzen stärkte und nahezu verschloss. Zunächst richtete sich der Blick auf die grüne Grenze gen Osten – höhere Zäune, mehr Patrouillen und verfeinerte Techniken zum Aufspüren von illegalen Grenzgängern sollten die Einwanderungswilligen aufhalten. Als in den 1990er Jahren Griechenland, Italien und Spanien zu Einwanderungsländern wurden, da begann sich die Aufmerksamkeit auch auf das Mittelmeer zu richten. In der Ägäis, in der Straße von Otranto zwischen Italien und Albanien, im Streifen zwischen Tunesien und Libyen auf der einen sowie Malta, Sizilien und Lampedusa auf der anderen Seite wurden ähnliche Maßnahmen zur Grenzsicherung ergriffen.

Unter der Führung Deutschlands entwickelte die EU das Konzept des »sicheren Drittlandes«. Das bedeutet: Personen, die EU-Territorium unrechtmäßig von einem solchen »Drittland« aus betreten haben, können gleich wieder dorthin zurückgebracht werden. Dieses Verfahren machte die klandestine Migration zum Problem der »Drittländer«. Die Behörden dort verstärkten ihrerseits die Grenzen und begannen ebenso wie die EU-Länder, aufgegriffene Migranten zu internieren. Seit die Europäische Union sich mit einem *cordon sanitaire* umgeben und ein immer dichteres Netz von Rücknahmeabkommen geknüpft hat, verbergen viele Einwanderer ihre Identität: Sie vernichten ihre Papiere und behaupten etwa, dass sie aus einem Bürgerkriegsland stammen, in das die EU niemanden abschiebt. Die Internierungslager dienen hauptsächlich dazu, die Herkunft der »Illegalen« festzustellen. Sie heißen in Deutschland euphemistisch »Ausreisezentren« oder in Italien »Zentren für vorübergehenden Aufenthalt«. Inzwischen gibt es ähnliche Einrichtungen auch in Kroatien, Serbien oder Rumänien.

In den nordafrikanischen Staaten gab es solche Lager Ende 2005 noch nicht. Es hatte nach 1995 eine Reihe von Verhandlungen und Abkommen zwischen der EU und den afrikanischen Mittelmeeranrainern gegeben, in denen vor allem die Staaten des Maghreb immer mehr in die Abwehr von »illegaler« Migration eingebunden wurden – der Partnerschaftsvertrag von Barcelona, die »5+5«-Gespräche oder »Barcelona II«.[6] Doch der Erfolg war nicht durchschlagend. Marokko nahm nach einem Assoziationsabkommen aus dem Jahr 2000 die eigenen Bürger zurück, die in Europa ohne Papiere aufgegriffen wurden, aber um die Transitmigranten aus dem südlichen Afrika kümmerte man sich nur halbherzig. 2001 meldeten die Behörden dort 26 400 Festnahmen von Migranten, die illegal nach Europa übersetzen wollten. Davon war etwa die Hälfte eigene Bürger, der Rest kam aus subsaharischen Ländern.[7] Ob Letztere nach der Festnahme abgeschoben wurden, darüber weiß man nichts Genaues. Tatsächlich hatten die Behörden kaum Handhabe gegen die Einwanderer, denn die meisten Angehörigen von afrikanischen Staaten können ohne Visum nach Marokko einreisen – ein Überbleibsel aus den Tagen des Panafrikanismus.

Darüber hinaus war man zurückhaltend, was die Zusammenarbeit mit den europäischen Ex-Kolonisatoren betraf. Die EU hatte in allen Verhandlungen den Aspekt der Demokratisierung betont, und so befürchteten die arabischen Despoten nicht nur in Marokko gerade in der rückhaltlosen polizeilichen Kooperation den Verlust der eigenen Souveränität.

Seit dem Anschlag auf das World Trade Center in New York 2001 hat sich die Situation jedoch verändert. In den Anschlag verwickelt waren Einwanderer aus dem arabischen Raum, und in der Folge wurde die Migration auch mit der Gefahr des internationalen Terrorismus in Verbindung gebracht. Und so ordnete die EU ihre Demokratisierungsbestrebungen dem Sicherheitsaspekt unter. »In der Praxis«, schreiben die tunesischen Journalisten Sihem Bensedrine und Omar Mestiri, »unterstützt Europa politisch und wirtschaftlich kontinuierlich die Despoten südlich des Mittelmeers«.[8] Im Kampf gegen Terror und Migration wurde sogar Oberst Gaddafi wieder ein angesehener Gesprächspartner, obwohl er aufgrund der Verwicklung Libyens in Anschläge lange als Persona non grata gegolten hatte.

Libyen war wegen seines Ölreichtums stets ein Einwanderungsland gewesen. Doch durch die Sanktionen des Westens verschlechterte sich die wirtschaftliche Lage zusehends, und das führte dazu, dass zuletzt viele Migranten Gaddafis panafrikanische Politik der »offenen Grenzen« nur noch für den Transit nach Europa nutzten. Über die alte Sklavenroute ging es zum Strand von Al-Zuara; von dort starteten die Boote der Schleuser nach Sizilien.

Diese Transitmigranten kamen dem Oberst durchaus gelegen, denn er verwendete sie als Druckmittel, um die Europäer an den Verhandlungstisch zu zwingen. Gaddafi wollte Libyen unbedingt aus der Isolation führen. Und bald durfte er tatsächlich die Vertreter Italiens und Deutschlands empfangen – in einem Zelt, denn er betrachtet sich als Nachfahre der Nomaden. Die realen Nomaden im Land, die Transitwanderer, bekamen danach seine ganze Bereitschaft zu spüren, die Europäer in ihren Sicherheitsbemühungen zu unterstützen. Ähnlich wie später in Marokko wurden die Migranten in Libyen ohne jede rechtliche Grundlage auf Lastwagen verladen und aus dem Land geschafft. Der italienische Reporter Fabrizio Gatti schrieb darüber in der Zeitschrift *L'Espresso* im März 2005 einen Artikel mit dem Titel »Die letzte Reise der Verdammten der Sahara« und stellte fest, dass es während der Abschiebungen 106 Tote gegeben habe.[9] Zuvor hatte die italienische Regierung Leichensäcke nach Libyen geliefert.[10]

Inzwischen nimmt die Europäische Union im Kampf gegen Terror und illegale Migration solche Gewaltexzesse offenbar in Kauf. Schließlich gibt es einen Notstand – und der wiederum wird legitimiert durch die einfache Erzählung von den Massen, die an den Grenzen Europas auf eine Gelegenheit lauern, ins Gelobte Land zu kommen.

Aber stimmt diese Geschichte wirklich? Sind 18 Millionen auf dem Weg, wie Klaus Töpfer vermutete? Tatsächlich ist die Geschichte komplizierter. Die Zahl von 18 Millionen umfasst Vertriebene innerhalb eines Landes, grenzüberschreitende Flüchtlinge und Migranten. Doch keineswegs wollen all diese Personen nach Europa. Gerade im südlichen Afrika fliehen die meisten Menschen im Fall von Bürgerkrieg oder Genozid gewöhnlich in ein Nachbarland, von dem aus sie zurückkehren, wenn die Gewalt ein Ende genommen hat. Und so kommen in Melilla auch nicht, wie im Kommentar der *Welt am Sonntag* spekuliert, 55 000 Migranten jährlich an. In diesem Fall dürfte man ohne Zweifel von einem Ausnahmezustand sprechen, denn Melilla hat gerade einmal 60 000 Einwohner. Doch auch wenn man im zentralen Aufnahmelager für Migranten über die Jahre ein paar Zeltbaracken hat anbauen müssen, so konnte bei einem Besuch dort im Frühjahr 2005 von Überfüllung keine Rede sein.

Als aber Hunderte von Migranten im Spätsommer des gleichen Jahres mit selbst gebauten Leitern, die Körper geschützt durch Rüstungen aus Pappe und Plastiktüten, die Grenzzäune der spanischen Exklaven stürmten, da schien der Beweis erbracht: Hunderttausende von Transitmigranten warteten in Marokko auf eine Gelegenheit, nach Europa zu kommen. Kaum einmal tauchte in den Reportagen die Frage auf, wie es logistisch eigentlich möglich war, dass sich eine solche Zahl von Migranten aus ganz verschiedenen Ländern mit unterschiedlichen Sprachen zusammenschließen konnte, um dann – auch noch unbemerkt von der marokkanischen Polizei – die Grenzen der spanischen Städte zu überqueren. Oft wurde eine gut organisierte »Schleusermafia« vermutet, deren Netz offenbar ganz Afrika umfasste. Tatsächlich hielten sich in Marokko überhaupt keine Massen auf. Wie viele Migranten sich damals im Land befanden, ist schwer zu sagen. Nach Schätzungen der ansässigen Nichtregierungsorganisation Verein der Freunde und Familien der Opfer der klandestinen Migration (AFVIC) waren es zwischen 16 000 und 20 000 Menschen, wobei der überwiegende Teil in Städten wie Tanger, Rabat oder Casablanca untergetaucht war. Etwa 2000 Menschen harrten in provisorischen Lagern aus – nahe der algerischen Grenze, in der Stadt Oujda sowie in den Hügeln und Wäldern vor Melilla und Ceuta. Deren Lage war im September 2005 völlig verzweifelt. Sie hatten teilweise bereits Monate unter menschenunwürdigen Bedingungen gewartet, ohne dass sie noch eine Möglichkeit sahen, ihren Weg nach Europa fortzusetzen.

Wie genau es zu der Idee der kollektiven Erstürmung gekommen war, ist kaum genau zu rekonstruieren. So viel aber weiß man: Der Angriff wurde von einer überschaubaren Menge von Leuten gut organisiert. Die meisten der Migranten kannten sich oder hatten Kontakt miteinander. Die Migration über Marokko nach Europa war für die Subsaharier stets ein kollektives Unterfangen. Die Jugend, die bescheidene Herkunft, die »Afrikanität« und vor allem die Eigenwahrnehmung als Abenteurer und Klandestine schaffen Gemeinsamkeit und Kooperation.[11] In einem Bericht aus dem Jahr 2004 beschreibt die französische Menschenrechtsorganisation Cimade, dass die Migranten je nach Herkunft Sprecher wählten, die ständig miteinander berieten.[12]

Dabei konnten der omnipräsenten marokkanischen Polizei die Vorbereitungen unmöglich verborgen geblieben sein. Spanische Menschenrechtsaktivisten von der Gruppe Indy-estrecho-Málaga gingen sogar davon aus, dass es eine Agitation durch die Behörden gegeben habe.[13] Der »Sturm« kam Marokko politisch nicht ungelegen. Das Königreich wollte sich das Migrantenproblem vom Hals schaffen und gleichzeitig näher an Europa heranrücken.

Bleibt trotzdem die Frage: Was haben sich die Migranten eigentlich davon versprochen, ganz offen auf die Zäune loszugehen? Es war doch klar, dass die Guardia Civil auf der anderen Seite bereitstand und sie in Empfang nehmen würde. Und mit den meisten Staaten des südlichen Afrika hat die EU wie erwähnt Rücknahmeabkommen.

Allerdings gab es ein Schlupfloch. Wer von der Polizei aufgegriffen wurde und keinen Ausweis hatte, den konnten die spanischen Behörden nur bis zu 40 Tage in Gewahrsam nehmen. Man brauchte bloß die richtige Geschichte zu erzählen: dass man seine Ausweispapiere verloren hat und aus einem Land stammt, mit dem Spanien kein Rücknahmeabkommen geschlossen hat oder in das der spanische Staat aufgrund der unsicheren Situation niemanden abschob. Wenn die Polizei nicht das Gegenteil beweisen konnte, dann sah die Gesetzgebung vor, dass solche Personen nach Ablauf der 40-Tage-Frist einfach »auf die Straße« gesetzt wurden – mit einem Bescheid, dass sie das Land verlassen müssten.

Dabei gingen die spanischen Behörden gar nicht davon aus, dass die Migranten tatsächlich ausreisen würden. Die Behörden leisteten sogar Schützenhilfe für den illegalen Aufenthalt: Von Melilla und Ceuta oder auch von den Kanarischen Inseln aus transportierte man die Leute sehr oft aufs Festland hinüber, nach Madrid etwa. Dort tauchten sie ohne Papiere unter und konnten sich auf dem informellen Arbeitsmarkt einen Billigjob suchen. Auf solchen Umwegen füttern die Behörden in Europa den Arbeitsmarkt mit Arbeitskraft aus dem Ausland, mit »illegaler« Arbeitskraft, die billig und politisch entmachtet ist. Solche Arbeitskraft ist begehrt – auf dem Bau, im Haushalt, in der Landwirtschaft, in der Gastronomie und in der Tourismusbranche, also überall da, wo es unqualifizierte Jobs zu verrichten gibt.

Europa ist keineswegs nur eine Festung, in die niemand eindringen kann. Vielmehr sind die Grenzen Europas porös. Menschen werden schubweise aufgenommen und wieder abgegeben. Diese Art der Einwanderung ist so unsichtbar und provisorisch wie die Existenzen und Orte, die sie mittlerweile hervorbringt. Denn dieser quasi klandestine Teil der Einwanderungspolitik der EU wird von den Migranten als Aufforderung verstanden, es weiter zu versuchen. Und so werden nach den Deportationen in Libyen und Marokko längst neue Pfade nach Europa ausprobiert. Zum Verständnis dieses Systems der Mobilität muss man einen genaueren Blick auf die Routen der Migranten werfen, auf ihre Wege nach Europa. Um die Geschichte des »Sturms« im Einzelnen rekonstruieren zu können, muss man zurückkehren nach Marokko, ein halbes Jahr vor den Ereignissen vom September 2005.

Im Niemandsland der Universität

Oujda ist eine Provinzmetropole am östlichen Ende Marokkos. Fast 700 000 Menschen leben hier. Oujda ist weder eine schöne noch eine reiche Stadt. Nur 15 Kilometer entfernt verläuft die Grenze zu Algerien, doch diese Grenze ist seit 1994 offiziell geschlossen. In jenem Jahr hatten zwei Algerier das luxuriöse Hotel Atlas Asni in Marrakesch überfallen und dabei zwei spanische Touristen erschossen. Angeblich waren die beiden Islamisten; andere sprachen von Agenten des algerischen Geheimdienstes; wieder andere behaupteten, es hätte sich um schlichte Raubmörder gehandelt. Genaues hat man nie erfahren. Jedenfalls ließ Marokko damals die Grenze schließen. Im Alltag jedoch wird diese Grenze permanent überschritten – tagtäglich wandern unter anderem Zigaretten, Elektrogeräte, Medikamente und Autos nach Oujda ein, und gleichzeitig werden Textilien, Schuhe oder Haschisch ins nahe gelegene algerische Maghnia geschmuggelt und von dort aus weiter nach Tlemcen und dann wiederum weiter in die Metropole Oran.

Oujda hatte sich seit geraumer Zeit zu einem Sammelpunkt für die Migranten aus dem südlichen Afrika entwickelt. Man konnte sie dort an einem höchst seltsamen Ort treffen. Den Bahnhof hätte man als Treffpunkt vielleicht vermuten können, bestimmte innenstädtische Plätze, manches heruntergekommene Hotel – also Orte mit viel Verkehr, Orte, an denen man nicht weiter auffällt, wenn man unterwegs ist. Doch der Versammlungsort der Migranten in Oujda lag auf dem Campus der Universität. Über ein parkähnliches Gelände verteilen sich hier Studentenwohnheime und Institutsgebäude, erbaut im schmucklosen Stil eines vage westlichen Modernismus. Auf einem Sportplatz mit Aschenbahn drehten Studierende in den Abendstunden ihre Runden. Zwischen der Mauer, die diesen Sportplatz eingrenzte, und einigen leer wirkenden Gebäuden der juristischen Fakultät gleich gegenüber gab es eine unbebaute Grasnarbe mit vereinzelten Bäumen.

Dort fanden sich Tag für Tag zwischen hundert und zweihundert Menschen zusammen, die aus den unterschiedlichsten Ländern stammten: Mali, Niger, Kamerun, Elfenbeinküste, Kongo, Senegal, Nigeria, Liberia. Sobald es dämmerte, brachen die Migranten in die bewaldeten Hügel vor der Stadt auf, wo sie unter ein paar Decken und Plastikplanen schliefen. Insgesamt lebten im Frühjahr 2005 ungefähr 500 Menschen auf diese Weise in Oujda, der überwiegende Teil von ihnen Männer.

Diese Menschen waren keineswegs ungelernte Arbeitskräfte aus den zurückgebliebenen ländlichen Regionen ihrer Herkunftsländer – also die Ärmsten der Armen, wie es in den europäischen Medien häufig heißt. Die meisten von ihnen besaßen Schulbildung, und sogar eine Reihe Studenten war dabei. Der größte Teil hatte zuvor im Kleinhandel gearbeitet. Der Grund für den Aufbruch nach Westen war also nicht einmal zwangsläufig Arbeitslosigkeit, sondern die Tatsache, dass die Arbeit keine Perspektive bot – man kam trotz Job nicht aus und nicht weiter.[14] Europa schien diese Perspektive zu bieten. Das Bild des Westens in den Ländern des südlichen Afrikas ist verzerrt von den Medienbildern und vor allem von den Geschichten der angeblich stets erfolgreichen Auswanderer. Und tatsächlich ist der Erfolg der Migration etwa im Senegal viel schneller messbar als in Marokko – selbst wenn man in Europa nur 1000 Euro im Monat verdient, gehört man dort schon zu den Reichen.[15]

Aber was taten all diese Menschen ausgerechnet in Oujda? Die Antwort ist kurz: warten. Warten auf eine Gelegenheit, hinüber nach Melilla zu kommen. Gewartet wurde auch vor den Toren des etwa 500 Kilometer entfernten Ceuta, im Wald nahe dem Dorf Bel Younes. Die Abfahrt nach Bel Younes von der Hauptstraße aus war damals leicht zu erkennen, denn entlang dieser Straße traf man mehrfach auf Gruppen von Schwarzen, die den vorbeifahrenden Autos mit der Hand ein Zeichen für Essen machten – in der Hoffnung auf ein bisschen Geld. Den Weg in den Wald, zu dem selbst fabrizierten Lager aus Decken und Planen, markierte ein Wagen der marokkanischen Polizei, dessen Kühlerhaube mit stählernen Stacheln bewehrt war. Bisweilen tauchten einige Migranten aus dem Wald auf, weil sie im Dorf Wasser besorgen, etwas einkaufen oder ihre Handys aufladen wollten. Von diesem Dorf hat man einen atemberaubenden Blick auf das offene Meer. In der Ferne kann man den Felsen von Gibraltar ausmachen.

Ein drittes Lager existierte zu jenem Zeitpunkt bereits nicht mehr. Es hatte in Gourougou gelegen, einem Hügel über Nador – der alten Garnisonsstadt der spanischen Kolonialisten gleich vor den Toren der Exklave Melilla, nur 200 Kilometer entfernt von Oujda. Anfang 2005 hatte die marokkanische Polizei das Lager gestürmt und verwüstet – im Stile einer Treibjagd, wie Augenzeugen berichteten.[16] Die Polizei stellte auch für die Migranten in Oujda ein großes Problem dar. Ohne jede rechtliche Handhabe, aber mit dem Druck der Europäer im Nacken hatten sich die marokkanischen Behörden auf eine Strategie der Demoralisierung verlegt. Es wurde erzählt, dass die marokkanische Polizei regelmäßig Razzien durchführte, dabei Leute schlug und vertrieb.

Schon vor dem »Sturm« war es eine gängige Praxis, Leute einfach mitzunehmen und im Niemandsland an der algerischen Grenze, also in der Wüste auszusetzen. Allerdings kamen diese Leute wieder zurück nach Oujda – zu Fuß. Das war eben immer noch besser, als 6000 Kilometer zurück durch ganz Afrika nach Mali oder in andere Länder südlich der Sahara zu reisen. In Oujda gingen die Belästigungen dann weiter. Nachts kam die Polizei zu den Schlafstätten auf den Hügeln, sammelte die Decken ein und verbrannte sie vor den Augen der Leute. Nun kann es auch noch im Frühjahr in Oujda nachts empfindlich kalt werden. Dementsprechend waren Krankheiten unter den Migranten weit verbreitet. Doch um die Gesundheitsversorgung kümmerte sich niemand außer einer Abordnung von Ärzte ohne Grenzen, die unregelmäßig mit einer ambulanten Praxis vorbeischaute und das Nötigste tat.

Probleme gab es auch mit der lokalen Bevölkerung. Zwar beschworen die Migranten auf dem Campus zunächst die afrikanische Einheit, doch je länger die Unterhaltung dauerte, desto deutlicher kam heraus, wie schlecht sie sich eigentlich von »den Arabern« behandelt fühlten. Sicher, in Marokko gab es Menschen, die mit Schlafplätzen, ein wenig Geld oder Essen halfen. Doch 2003 erließ die Regierung ein Gesetz, das die Unterstützung klandestiner Migranten in bestimmten Fällen unter Strafe stellte.[17] Der harte Kurs der Behörden wurde von der Bevölkerung übernommen: Auch die gewöhnlichen Menschen begannen nun, die Wanderer als Problem wahrzunehmen. Die Araber schauten auf die Schwarzen herab und denunzierten sie bei der Polizei. Zunehmend wurden sie auch Opfer von Gewalt. Bei solchen Übergriffen handelte es sich allerdings meist nicht um Pogrome, sondern um Raubzüge im Fahrwasser der rassistischen Grundstimmung. Dabei vermuteten die Diebe vor allem bei den englischsprachigen Migranten Geld, es war bekannt, dass sie welches für die Schleuser mit sich trugen. Entsprechend oft wurden sie überfallen – selbst wenn schon lange nichts mehr zu holen war.

Inzwischen sahen sich auch offiziell immatrikulierte Studierende aus dem südlichen Afrika in Oujda zunehmend Repressalien ausgesetzt, weil sie mit den Migranten verwechselt wurden.[18] Auf dem Campus hatte es eine von maghrebinischen Studenten organisierte Demonstration gegen die Subsaharier gegeben, wenn auch ohne Konsequenzen. Wo sollten die Migranten auch sonst hin? Wenn ihm nur irgendjemand einen Flug nach Hause besorgen würde, meinte ein Mann aus Mali, dann würde er sofort zurück nach Bamako fliegen. Aber nochmal durch die Sahara – nein, unmöglich. Durch die Sahara waren sie alle nach Marokko gekommen. Und ihre Routen waren höchst verschlungen und beschwerlich.[19] Die meisten Migranten auf dem Campus von Oujda hatten von Algerien aus die marokkanische Grenze überquert. Dort, in der nahen Stadt Maghnia, gab es ebenfalls Migranten in Wartestellung. Diese wiederum waren zumeist aus Adrar gekommen, im algerischen Landesinneren.

Verfolgt man von Adrar aus den Weg weiter zurück, dann stößt man auf die Stadt Tamanrasset, die etwa gleich weit entfernt ist von den Landesgrenzen von Mali und Niger. Zwischen Mali und Algerien liegt die Wüste Tanezrouft, die sich fast wie ein Meer zwischen dem südlichen und dem nördlichen Afrika ausbreitet.[20] Hier überqueren die Migranten aus Mali die Grenze. Viele von ihnen haben Kontakte in Algerien. Zum einen leben dort einheimische Schwarze. Die werden von den Arabern immer noch »Hartani« genannt – ein alter Ausdruck für befreite ehemalige Sklaven in der ansässigen Landwirtschaft. Zum anderen haben die Malier auch direkte Verwandtschaftsbeziehungen hinüber nach Algerien – es gibt eine lange Geschichte von gemischten Ehen, vor allem in den Wüstenoasen entlang der alten afrikanischen Handelswege bis hin nach Adrar. Während sich viele Wanderer aus Mali auf dem Weg nach und durch Algerien also auf Hilfe verlassen können, ist die Reise deutlich schwieriger für jene, die aus Kamerun, Guinea oder dem Kongo kommen. Sie müssen zunächst Niger durchqueren und nach Agadez. Diese Stadt ist ein Verkehrsknoten im afrikanischen Wanderungsgeschehen. Hier leben viele Touareg, die nach der Unabhängigkeit des Landes von der Regierung dort angesiedelt wurden. Aus ihren Kreisen kommt ein Großteil der kommerziellen Fluchthelfer: Das Wissen der ehemaligen Nomaden über die alten Karawanenrouten erhält plötzlich eine neue Funktion.[21]

Nun darf man sich die Reise der Migranten aus dem südlichen Afrika nicht vorstellen wie einen einfachen Trip von A nach B. Die Reise ist höchst beschwerlich – schlechte Verbindungen, klapprige Busse, Hitze, Krankheiten und manchmal auch Überfälle durch Banden. Niemand weiß genau, wie viele diese Reisen nicht überleben, aber aus den Erzählungen der Migranten geht hervor, dass es sich um eine nicht unbedeutende Anzahl von Menschen handelt.[22] Die Reise wird ständig gestört und unterbrochen, auch durch die algerischen Grenzschützer und Polizisten. Zwar kann man Papiere kaufen, aber wie viel Sicherheit die bieten, ist nicht immer klar. Je größer der Druck aus der Europäischen Union wird, desto mehr Kontrollen und auch Rückschiebungen gibt es in Algerien. Zwischen 2000 und 2004 wurden etwa 20 000 Personen festgenommen, weil sie sich irregulär im Land aufhielten.[23] Im ersten Halbjahr 2005 meldete die Gendarmerie dann 3234 Festnahmen.[24] Die Abschiebungen funktionieren in Algerien ähnlich wie in Marokko: Man bringt die Leute in die Tanezrouft und setzt sie dort, in der Wüste, einfach aus.[25]

Ein weiteres Problem für die Migranten ist das Geld. Meist ist schon zu Beginn der Reise nicht genug da, aber das wird einkalkuliert. Nur die Wanderer aus dem englischsprachigen Afrika haben manchmal ausreichend Bares bei sich. Die anderen gehen davon aus, dass sie wegen der problemlosen Verständigung auf Französisch auf dem Weg immer wieder Arbeit finden. Allerdings hat solche »Gastarbeit« wie überall auf der Welt dazu geführt, dass sich Personen ansiedeln, ohne es wirklich zu merken. Plötzlich haben sie einen Job, gewöhnlich in der Landwirtschaft, der ein Auskommen sichert und sozialen Anschluss mit sich bringt. Andere finden nur Gelegenheitsjobs, die es nicht erlauben, die Reise fortzusetzen. So oder so – viele bleiben. Entlang der Migrantenrouten durch Algerien entstehen deshalb überall die »Ghettos« der Wanderer. Manchmal handelt es sich um Stadtteile, die sich durch die Anwesenheit der Transitmigranten langsam verändert haben – so etwa Gaat El Oued in Tamanrasset, einer Stadt, die mittlerweile fast zur Hälfte von Einwanderern bewohnt wird. Oder um solche, die von den Migranten selbst errichtet wurden wie Bniouskout in Adrar.

Bniouskout bedeutet übersetzt so viel wie »Bau und halt den Mund« – ein Ausdruck, der den höchst provisorischen Charakter dieser Orte auf den Punkt bringt. Die Bewohner dieser Quartiere befinden sich in einem Zustand, den man als *erstarrte Bewegung* bezeichnen könnte und in dem Personen wie in einem *freeze frame* beim Film, also einem Standbild, quasi in der Bewegung festgefroren sind. Die »Ghettos« werden zu Anlaufstellen für jene, die auf dem Weg sind, von denen wiederum manche bleiben. Inzwischen gelten diese »Ghettos« bei den algerischen Behörden als unerwünscht. Dafür ist nicht zuletzt der Druck der EU verantwortlich. Brutale Polizeimaßnahmen sollen deshalb Kooperationsbereitschaft signalisieren. Über Jahre hinweg war nahe Maghnia, der erwähnten Grenzstadt bei Oujda, ein selbst organisiertes Lager der Migranten entstanden. Hier hielten sich nach Schätzungen von Ärzte ohne Grenzen über einen größeren Zeitraum zwischen 2000 und 5000 Subsaharier auf, die hinüber nach Marokko wollten.[26] Anfang Dezember 2005 wurde dieses Lager dann bei Nacht mit Bulldozern niedergewalzt – eine Reaktion auf den »Sturm auf Europa« von Ende September 2005.[27]

Gefährliche Überfahrten

Zwei Routen gibt es, um von Marokko aus weiter nach Europa zu kommen – der marokkanische Migrationsforscher Mehdi Lahlou nennt sie »Rabat Nord« und »Rabat Süd«.[28] Diese Routen hatten zuvor die Marokkaner selbst ausprobiert. Die Nordroute barg zwei Möglichkeiten. Der eine Weg führte auf vielen Pfaden zumeist bei Nacht hinüber nach Melilla und Ceuta. Nachdem die Grenzzäune errichtet worden waren, versuchten es nur noch die Mutigen oder die Verzweifelten auf diese Weise: »Attaquer des grillages«, die Zäune angreifen, war ein gängiger Ausdruck lange vor dem »Sturm auf Europa«. Der andere Weg führte mit dem Boot über die Straße von Gibraltar. Im spanischen Tarifa, wo ein Schild stolz verkündet, dass die Stadt der südlichste Punkt des Kontinents sei, also der Punkt, an dem sich Europa und Afrika am nächsten kommen, konnten die Einwohner Ende der 1990er Jahre täglich in der Dämmerung eine ganze Flotte von *pateras*, von winzigen Booten, beobachten, mit denen die Marokkaner versuchten, nach Spanien überzusetzen. Oft waren diese Boote nicht seetauglich und die Steuerleute inkompetent. Viele *pateras* gerieten in Seenot und kenterten. Nun ist Tarifa auch ein Paradies für Surfer, und so waren es oftmals die sportlichen Touristen auf ihren Brettern, die die Migranten aus dem Wasser fischten.

Heute sind Europa und Afrika in Tarifa scharf geschieden. Gleich hinter dem Schild, das den Touristen die Nähe der beiden Kontinente erklärt, steht auf einer Landzunge eine historische Festung. Ein Zaun hindert Besucher hier am Weitergehen. In der Festung hat sich die Guardia Civil verschanzt – sie nutzt das Gebäude sowohl als Internierungslager wie als Beobachtungsposten. Von hier aus überwachen die Polizisten mit elektronischen Argusaugen die Meerenge, um die Boote der Migranten vor dem Erreichen des europäischen Festlands abfangen zu können. Angesichts der Nachtsichtgeräte, der Radarstationen und der gut ausgestatteten Patrouillen ist heute hier kein Durchkommen mehr – selbst für die professionellen Schmuggler mit ihren Schnellbooten lässt sich kein Geschäft mehr machen.

Die Route »Rabat Süd« verlief über Agadir bis in die Hauptstadt des von Marokko kontrollierten Teils der Westsahara, El Aaiún. Diese Stadt befindet sich im Grenzland. Lange wurde hier Krieg geführt – nicht weit von El Aaiún beginnt das Gebiet der westsaharischen Unabhängigkeitsorganisation Polisario. Kaum 54 Seemeilen entfernt vor der Küste liegen die Strände des spanischen Urlaubsparadieses Fuerteventura – das Ziel der Migranten. Die langen Wege, die innerhalb von Marokko zurückgelegt werden mussten, machten diese Route beschwerlicher. Wochen, Monate, manchmal gar Jahre musste in den Billigabsteigen der mittelalterlichen Medinas oder auch den *bidonvilles* der Metropolen Rabat und Casablanca gewartet werden, bis es endlich weiterging nach El Aaiún. Jahre mussten vor allem jene ausharren, die nicht genug Geld für die Schleuser hatten und sich die erforderliche Summe durch Gelegenheitsjobs zusammenkratzten. Wenn es dann endlich so weit war, wurden sie von den Schleuserorganisationen in ein Wüstenlager gebracht. In isoliert gelegenen Zeltdörfern wurde dann erneut gewartet – auf die nächste Möglichkeit zur Überfahrt.[29]

Doch zuletzt gab es hier nicht einmal mehr Zelte; die Schleuser schickten ihre Kunden zum Warten einfach in die kargen, wüstenähnlichen Landschaften. Alle vier, fünf Tage schauten sie vorbei und brachten den Wartenden etwas zu essen und zu trinken. Bis irgendwann, oft erst nach Wochen, das Boot nach Fuerteventura aufbrach. Die Überfahrt zu den Kanaren ist weit aufwendiger als das Überqueren der Straße von Gibraltar. Je besser die Überwachungstechniken der spanischen Grenzer wurden, desto längere und umständlichere und damit auch gefährlichere Seewege mussten eingeschlagen werden, teilweise bis weit auf den offenen Atlantik hinaus. Allein zwischen 1997 und 2001 wurden an der spanischen und marokkanischen Küste 3286 Leichen gezählt.[30]

Nach dem »Sturm« im Herbst 2005 jedoch ist die Überfahrt noch schwieriger geworden. Die Startpunkte der Boote haben sich weiter nach Westen verschoben – ins Gebiet der Polisario, nach Mauretanien und sogar in den Senegal hinein. Zudem fahren die Schiffe nicht mehr nur zu den nahe der Küste gelegenen Inseln, sondern auch nach Teneriffa oder El Hierro. Die Zahl der Opfer steigt entsprechend: Zwischen November 2005 und März 2006 seien zirka 1000 Menschen bei dem Versuch der Überfahrt ertrunken – so lautete eine Schätzung des mauretanischen Roten Halbmondes.[31]

Die Kanaren sind ein beliebtes Ziel, weil es dort Arbeit gibt – zumeist hinter den Kulissen der Tourismusindustrie, also in den Küchen der Ferienanlagen oder beim endlos andauernden Bau von neuen Hotels und Appartements. Aber von Fuerteventura oder Lanzarote geht es wie schon erwähnt auch weiter aufs europäische Festland, wenn man, wie es in Marokko heißt, ein *brûleur* wird – einer, der durchbrennt, aber auch einer, der seinen Pass vernichtet. Manche marokkanischen Jugendlichen, die in der Umgebung von El Aaiún leben, haben schon mehrere der halsbrecherischen Touren zu den Kanaren unternommen. Immer wieder wurden sie festgenommen und zurückgeschickt. Inzwischen sprechen sie davon wie von einer Extremsportart.[32] Europa ist hier nur noch der Name eines Abenteuers, das die Langeweile des Alltags durchbricht. Dort drüben, doch gar nicht so weit entfernt, wie es scheint, dort liegt die Chance auf ein echtes Leben – ein Leben mit Arbeit und ohne all die täglichen Kämpfe um das Notwendigste. Ein erfülltes Leben, mit vielen Freizeitangeboten, weit weg vom endlosen, gleichförmigen Herumsitzen und Warten. Und je höher die Mauer wird, die Afrika von Europa trennt, desto mehr wird Europa gerade für die dynamischen und mobilen Personen zur Projektionsfläche für die Träume von einer besseren Existenz – seien sie aus dem südlichen Afrika oder aus Marokko selbst.

In Tanger kann man tagtäglich an den Aussichtspunkten die jungen Männer sehen, die einsam sinnierend und sehnsüchtig hinüberschauen nach Europa. Ein imaginäres Europa, das sie bloß aus den Erzählungen jener Marokkaner kennen, die sich dort angesiedelt haben. Die allerdings neigen dazu, nur Erfolgsgeschichten zu erzählen – Scheitern ist tabu. In leuchtenden Farben wird das Leben in Europa auch in jenen Sendungen gemalt, die der staatliche Rundfunk extra für die *Marocains résidant à l'étranger* (MRE), die Auslandsmarokkaner, anbietet.

Für ein solches Leben nimmt man gern Gefahren in Kauf. Der bereits erwähnte Verein der Freunde und Familien der Opfer der klandestinen Migration (AFVIC) kämpft seit einigen Jahren gegen das verzerrte Bild Europas. Die Mitarbeiter besuchen Schulen in jenen Regionen Marokkos, die besonders unter Auswanderungsdruck stehen – etwa die Gegend um Khouribga, einer Phosphatminenstadt südöstlich von Casablanca. Von dort sind in den letzten Jahren viele Menschen nach Italien emigriert, und weitere wollen ihnen auf diesem Weg folgen. In Marokko heißen solche Gebiete daher *salles d'attentes*, Wartesäle. AFVIC informiert dort über die Gefahren der Überfahrt, die Probleme eines Lebens in Europa, die Arbeitslosigkeit, den Rassismus. In szenischen Aufführungen spielen sie mit den Kindern die Gefahren der klandestinen Auswanderung durch.[33]

Aber das Bild allein erklärt die Anziehungskraft Europas nicht. Die europäischen Länder betreiben eine Politik, die der marokkanische Migrationsforscher Mohamed Khachani einen »Handel mit Illusionen« genannt hat.[34] Zweifellos gibt es den Aspekt der Abwehr und der zunehmenden Grenzsicherung in der europäischen Einwanderungspolitik, aber auf der anderen Seite hat der europäische Arbeitsmarkt auch einen auffordernden, mobilisierenden Charakter, denn die Wirtschaft verlangt permanent nach billiger und flexibler Arbeitskraft.

Im Rahmen der klandestinen Einwanderungspolitik steht selbst die Internierung von »Illegalen« keineswegs allein im Dienste der Zuwanderungsbegrenzung. Der Journalist Fabrizio Gatti hatte sich 2005 ohne Wissen der Behörden unter dem Pseudonym Bilal Ibrahim el Habib in einem Aufnahmelager internieren lassen – auf der Insel Lampedusa, dem derzeit wichtigsten Ankunftsort für die Boote der Migranten aus Nordafrika. Erstaunlicherweise jedoch kam er nach nur acht Tagen wieder frei. Und zwar nicht auf Lampedusa, wo er leicht zu überwachen gewesen wäre, sondern auf der ungleich größeren Insel Sizilien. Da wirkte die Auflage, binnen fünf Tagen aus Italien zu verschwinden, eher wie ein Scherz zum Abschied.[35] Angesichts der Uneindeutigkeit der Internierung stellen Sabine Hess und Vassilis Tsianos zu Recht fest: »Diese Lager sind nicht etwa eine Blockade. Vielmehr können sie als Eintrittstor zur Weiterwanderung bezeichnet werden – wobei dies den meisten Festgesetzten nicht wirklich klar ist.«[36]

Die neue Einwanderung

Was hat es mit diesen Widersprüchen auf sich? Tatsächlich hängen die Abschottung auf der einen Seite und die immer informeller werdenden Wege der Migranten auf der anderen Seite zusammen. Die Situation in Marokko änderte sich 1991, als Spanien dem Abkommen von Schengen beitrat und damit auch den gerade von der EU eingeführten Visumzwang übernahm.[37] An der Küste von Andalusien wurden stets Einwanderer gebraucht – die Region ist das Zentrum der spanischen Landwirtschaftsindustrie. Zunächst kamen sie aus Spanien selbst, dann hauptsächlich aus Marokko. Bis zum Schengen-Beitritt Spaniens war die marokkanische Einwanderung ein unproblematischer saisonaler Pendelverkehr über das Mittelmeer gewesen. Der Visumzwang machte diesem Hin und Her dann ein Ende. 1992 führte die spanische Regierung Quoten für marokkanische Landarbeiter ein, doch diese Quoten lagen erstaunlicherweise weit unter dem Bedarf der Landwirtschaft. Ein Faktor, der die Menschen zur klandestinen Migration geradezu aufforderte.[38]

Zu diesem Zeitpunkt begannen die Marokkaner, die Vehikel der globalen Bewegung für ihre geheime Überfahrt zu nutzen – den Warenverkehr, das Business, den Tourismus. In Hafenstädten wie Tanger suchten die jungen Männer nach Verstecken irgendwo in den vielen Lastwagen oder Containern – sie machten sich selbst zu einer Art Fracht nach Europa. Von »human cargo« spricht die britische Journalistin Caroline Moorehead.[39] Nun begann auch das Geschäft der Schleuser zu blühen. Denn die »Reise« nach Europa musste organisiert werden, und die Schleuser fungierten als eine Art »Reiseveranstalter«. Dabei waren die Reisen des größten Teils der Einwanderungswilligen allerdings erstaunlich unspektakulär. Nur etwa 15 Prozent der Migranten aus Marokko versuchten nach Schätzungen des spanischen Innenministeriums ihr Glück auf einem Boot, das an der Meerenge von Gibraltar übersetzte, der Rest der klandestinen Einwanderer betrat das Land ganz offiziell über Häfen und Flughäfen. Diese 85 Prozent besaßen ein Visum – ein Geschäfts- oder Messevisum, aber in den meisten Fällen ein Touristenvisum.[40]

Das Touristenvisum als Eintrittsbillet hat eine lange Tradition in der Geschichte der Einwanderung. Bereits in den späten 1950er und beginnenden 1960er Jahren reisten beispielsweise Spanier und Portugiesen mit einem Touristenvisum nach Deutschland, um sich vor Ort Arbeit zu suchen. Wer heute zum Arbeiten nach Europa will und ausreichende finanzielle Mittel besitzt, der kann sich an ein »Reisebüro« wenden, das gefälschte Kontoauszüge, Vermögensnachweise und oft genug sogar ein imaginäres Besuchsprogramm mit Hotelreservierungen zur Verfügung stellt. Visa sind in den Entwicklungsländern ein Geschäft. Besonders anschaulich wird das etwa in der albanischen Hauptstadt Tirana, denn dort konzentrieren sich die Botschaften der westeuropäischen Länder an einem Ort, der Skanderbeu-Straße gleich im Zentrum. Lange Menschenschlangen stehen vor allem vor den Vertretungen von Griechenland und Italien. Aber auch sonst herrscht große Betriebsamkeit. Eine ganze Visa-Infrastruktur hat sich herausgebildet – hier findet man neben Taxifahrern und Getränkeverkäufern auch Auswanderungs-»Berater«

aller Art. Solche »Berater« tummeln sich inzwischen überall rund um die Konsulate und Botschaften des Westens.

Doch nicht nur »Berater« oder »Reiseexperten« sind für die Auswanderung wichtige Ansprechpartner. Immer wichtiger werden auch die Netzwerke der Migranten, die sich über die Grenzen spannen. Für die Marokkaner sind die Communities in Spanien, Italien oder in Westeuropa relevante Fixpunkte. Manchmal bestimmen die Kontakte nach Europa sogar die Wahl des Auswanderungsziels. Die Netzwerke dienen als Informationsquellen: Diejenigen, die bereits im Land sind, versorgen die Einwanderungswilligen mit dem nötigen Wissen über Wege, Transport, Eintrittsbedingungen, formale Prozeduren oder auch die Abschiebungspraxis. Oft werden die finanziellen Mittel für die Reise innerhalb der Netzwerke aufgebracht. Als die Grenzen Europas noch durchlässiger waren, konnte dieses Geld zumeist im Herkunftsland gesammelt werden, aber heute reicht das nur noch selten – das Visum allein kostet viel, der Flug ist teuer. Und um über Land auf vielen Etappen nach Europa zu schleichen, ist ein beträchtliches Startkapital erforderlich. Auch die Reise selbst wird häufig über das Netzwerk arrangiert. Die Migranten sind auf eine spezifische Infrastruktur angewiesen, insbesondere wenn der Trip klandestin verlaufen muss. Eine letzte Funktion schließlich hängt mit der Ankunft im europäischen Zielland zusammen: Diejenigen, die es geschafft haben, werden von Bekannten in Empfang genommen und untergebracht – gerade »Illegale« brauchen zu Beginn einen sicheren Platz zum Schlafen.

An dieser neuen Bedeutung von »Beratern« und Netzwerken zeigt sich, dass der Charakter der Einwanderung sich in den letzten Jahrzehnten ganz erheblich verändert hat – in Richtung Informalisierung und Privatisierung. Schon immer war die Migration ein Projekt, das einen globalen Horizont und auch sorgfältige Planung voraussetzte. Auswanderung war oft das Projekt der ganzen Familie oder in manchen Fällen auch einer Dorfgemeinschaft – eine bestimmte Person ging gewissermaßen stellvertretend für alle in ein reiches Land, damit die Daheimgebliebenen von den Rückflüssen versorgt werden konnten. Denn auf dem Weg von einem reichen in ein armes Land steigt der Wert des Geldes tatsächlich in astronomische Höhen. Nun gab es bis in die 1970er Jahre hinein legale Möglichkeiten zur Einwanderung – Deutschland, Frankreich, die Benelux- und die skandinavischen Staaten betrieben eine aktive, zumindest pro forma geregelte Anwerbung, die durch Verträge mit den jeweiligen Staaten abgesichert war. Freilich kamen auch damals schon Einwanderer aus der ganzen Welt. Selbst Deutschland, das in den 1950er Jahren auf keinerlei koloniale Verbindungslinien zurückgreifen konnte, schloss Verträge mit scheinbar weit entfernten Ländern wie Marokko, Tunesien oder Südkorea.

Die wirtschaftliche Krise in den frühen 1970er Jahren bedeutete das Ende dieses Systems. Bis spätestens 1973 erließen alle westeuropäischen Länder einen so genannten Anwerbestopp. Nun hatten aber 20 Jahre Einwanderung Spuren hinterlassen – Menschen hatten sich angesiedelt, Communities waren entstanden, es entwickelten sich die erwähnten Netzwerke über die Landesgrenzen hinweg. Wenn Einwanderung einmal begonnen hat, dann lässt sie sich per Dekret nicht mehr aufhalten. Und so hörte die Migration nach 1973 auch nicht auf, sondern sie nahm nur andere, vielfältigere, informellere Formen an. Zunächst rückte der »Familiennachzug« in den Mittelpunkt – diejenigen mit einem festen Aufenthaltsstatus holten ihre Verwandten nach. Später entstanden dann regelrechte »Heiratsmärkte«. Viele Migranten verbringen ihren Urlaub komplett im eigenen Häuschen im Herkunftsland. Dort arrangiert man Ehen, die es weiteren Personen möglich machen, nach Europa zu kommen – etwa aus der Türkei oder aus Marokko.[41]

Zudem diversifizierte sich die Zusammensetzung der Einwanderungsländer sowie jene der Einwanderer. Zwischen Einwanderungs- und Herkunftsland der Migranten gab es gewöhnlich historische Verbindungslinien – etwa aus der Zeit des Kolonialismus. In den 1990er Jahren aber spielten solche Beziehungen eine weitaus geringere Rolle. In Italien etwa findet man heute viele Hausangestellte von den Kapverdischen Inseln und den Philippinen wie auch viele Arbeiter aus Marokko und Tunesien. »Ein besonderes Kennzeichen der italienischen Einwanderung«, schreiben Mariangela Veikou und Anna Trindafyllidou, »ist die große Zahl der Herkunftsländer, wobei manche von ihnen sehr weit weg liegen und nie spezifisch ökonomische oder kulturelle Beziehungen mit Italien unterhielten.«[42] In den 1990er Jahren entwickelten sich Italien, aber auch Spanien, Portugal und Griechenland von Entsendeländern zu Einwanderungsländern.

In diesen neuen Einwanderungsländern war die Lage zu Beginn chaotisch, denn es gab keine Regelungen. Mittlerweile hat man sich einigermaßen auf das Phänomen eingestellt, indem man sich im Provisorium einrichtet. In einem Report über die italienische Einwanderungspolitik kommen Giovanna Campani und Andrea de Bonis zu dem Schluss: »Die derzeitige Situation in Italien ist eine unglaubliche Mischung aus einer extrem restriktiven Einwanderungspolitik, einem politisch instrumentalisierten rassistischen Diskurs und der Unfähigkeit, mit dem Anwachsen des Drucks auf die italienischen Grenzen fertigzuwerden.«[43]

Kaum weniger provisorisch erwies sich die Politik der klassischen westeuropäischen Einwanderungsländer. Auch in den 1990er Jahren erhielt man das Prinzip des Anwerbestopps aufrecht. Zwar gab es Quoten, zumeist für Pendelmigranten, doch die entsprachen nicht dem realen Bedarf der Arbeitsmärkte von Frankreich oder Deutschland. So wurde in den 1990er Jahre die Asylgesetzgebung zu einem Schlupfloch nach

44

Europa. Zweifellos hatten viele Asylbewerber politische Verfolgung erlitten. Doch in einer Zeit, in der es kaum noch legale Möglichkeiten gab, zum Arbeiten einzureisen, nutzten viele das Asyl als Eintrittsticket. Inzwischen sind Flüchtlinge und Migranten kaum mehr voneinander zu unterscheiden. Die europäische Einwanderungspolitik besteht heute aus einem fast undurchschaubaren System von Provisorien, das widersprüchliche Botschaften aussendet.

Letztlich zeigen sich die Politiker überfordert vom komplexen Einwanderungsgeschehen und bevorzugen wie beschrieben die einfache Erzählung von den »Massen«, die sich auf dem Weg nach Europa befinden und zurückgeschlagen werden müssen. Diese Erzählung, die auch von den Medien verbreitet wird, hat ein symbolisches Inszenierungspotenzial, das den Politikern die Chance gibt, eine Souveränität zu demonstrieren, die ihnen durch die Globalisierung zunehmend abhanden kommt. Beim Thema Migration kann man hartes Durchgreifen simulieren, ohne dass viel Widerstand zu erwarten wäre – gerade die »Illegalen« sind ja politisch völlig machtlos. Dabei handelt es sich um die reine Inszenierung von Handlungsfähigkeit, um ein Theater der Souveränität. Die ständige Aufstockung der Mittel für die Abwehr von heimlicher Migration sorgt lediglich für die Entstehung von neuen Schlupflöchern und neuen Routen nach Europa. Man kann nicht die Grenzen öffnen für den Warenverkehr, die transnationalen Unternehmen, den Tourismus, man kann nicht Globalisierung und berufliche Mobilität predigen und gleichzeitig verhindern, dass sich Menschen außerhalb der Wohlstandszonen davon angesprochen fühlen und sich auf den Weg nach Europa machen.

Durch die vermeintliche Abdichtung der Grenzen verringert sich zudem die Anzahl der Migranten in Europa keineswegs, das Gegenteil ist der Fall. Dies zeigt das Beispiel der Marokkaner in Spanien. Vor der Einführung des Visumzwangs blieb deren Aufenthalt saisonal – sie halfen bei der Ernte und kehrten mit dem verdienten Geld nach Marokko zurück, um dann in der nächsten Saison wiederzukommen. Da nach 1991 eine Wiedereinreise kaum mehr möglich war, blieben nun all diejenigen Migranten dauerhaft in Spanien, die es einmal dorthin geschafft hatten. Sie tauchten unter und drängen nun permanent auf den Arbeitsmarkt, von dem sie der Visumzwang doch eigentlich fernhalten sollte.

Und so gibt es für Länder wie Spanien, aber auch Italien und Griechenland am Ende keine Alternative zur regelmäßigen Legalisierung der »Illegalen«. Als die sozialistische Regierung in Spanien 2005 eine Regularisierung der Migranten ankündigte, da meldeten sich bei den Behörden fast 700 000 Menschen, die bislang ohne Papiere im Land gelebt hatten – unter ihnen auch fast 65 000 Marokkaner. Insgesamt 550 000 erhielten schließlich einen legalen Aufenthaltsstatus.[44]

Was in Europa derzeit betrieben wird, ist Einwanderung ohne Einwanderungspolitik – also ohne transparente Regeln. Der Anwerbevertrag ist abgelöst worden durch ein System informeller Mobilität. Dieses System ist auch ein System der *erstarrten Bewegung*. Im derzeitigen Einwanderungssystem bewegen sich Menschen, ohne jemals anzukommen. Dieses Paradox war schon im »Gastarbeitersystem« angelegt. Lange Zeit wurde in allen Einwanderungsländern sowohl vom Staat als auch von den Migranten die Fiktion aufrechterhalten, dass die Arbeitskräfte irgendwann zurückkehren würden. Dadurch entstand eine Bevölkerung, die hier und dort lebte, anwesend und abwesend zugleich war. Unter den schwierigen Rahmenbedingungen schafften die Migranten aber etwas Neues: Sie spannten ein eigenes Gebiet auf, einen vernetzten, transnationalen Raum.

Für die ehemaligen »Gastarbeiter« und ihre Nachkommen ließ sich in diesem transnationalen Raum durchaus eine gewisse Stabilität organisieren. Die meisten von ihnen waren legal eingewandert, sie fanden Arbeit und wurden sozial integriert, sie konnten bestimmte Aufenthaltstitel erwerben und sich in einem gewissen Rahmen für ihre Rechte engagieren. Zwar wies schon das »Gastarbeitersystem« einen nicht unbeträchtlichen Grad an Informalität auf, doch lässt es sich kaum vergleichen mit dem derzeitigen System der Mobilität. Die neue, letztlich klandestine Einwanderungspolitik in Europa nimmt den prekären, provisorischen Status der Migranten billigend in Kauf. In einer Reportage über die neue EU-Außengrenze zwischen Polen und der Ukraine hieß es: »Vor den Toren Europas zu sitzen bedeutet nicht: Du kommst hier nicht rein. Es bedeutet nur: Du kommst niemals vom Fleck. Europa ist ein großes Tier, das atmet (…). Es atmet ein und aus«.[45]

Ein treffendes Bild, denn tatsächlich sind die Grenzen Europas keineswegs verschlossen, sie sind porös und ermöglichen erstaunliche Zirkulationen. Der Prozess der Globalisierung setzt die Menschen in Bewegung. In den stets verfügbaren Medienbildern erscheint Europa als Alternative zum Mangel an Möglichkeiten und Perspektiven im Heimatland. Dazu kommen auf der objektiven Seite die wirtschaftliche Instabilität in vielen Ländern oder der Ausbruch von endlosen Bürgerkriegen, die sich hauptsächlich auf die Zivilbevölkerung auswirken. Aber obwohl die europäische Wirtschaft Arbeitskräfte aus dem Ausland fordert, zwingt die offizielle Abschottung die Beweglichen auf Abwege. Diese Abwege sind mit Warten verbunden. Man wartet darauf, genügend Geld für die Reise zu haben. Man wartet auf ein Visum. Man wartet auf Gelegenheiten. Dann wartet man erneut, wenn man das Pech hat, auf der Reise oder bereits innerhalb von Europa geschnappt zu werden. Man wartet etwa auf die Ausweisung. Oder darauf, irgendwo »ausgesetzt« zu werden. Oft wartet man mit ungewissem Ausgang.

Die europäische Einwanderungspolitik ist eine Regie

der Warteschlangen. Sie erzeugt eine neue Ordnung von Mobilisierung und Innehalten. CPT, Centri di Permanenza Temporanea heißen die Internierungslager für »Illegale« in Italien. Zentren für vorübergehenden Aufenthalt – ein höchst bezeichnender Name. In und rund um Europa wächst die Zahl solcher Zentren, seien sie selbst organisiert oder staatlich. Während die Menschen sich in diesen Provisorien der *erstarrten Bewegung* einrichten, verwandeln sich die Provisorien in *ständige Übergangslösungen*.

2 ORTE DES VORÜBERGEHENDEN AUFENTHALTS

Ein Hüttendorf für den Transit

Viele Jahrzehnte war Sisak in der jugoslawischen Teilrepublik Kroatien eine Hochburg der Industrie. Eisenhüttenwerke und Raffinerien produzierten hier, die Bevölkerung wuchs in kürzester Zeit. Die Stadt liegt unweit des Lonjsko polje, einem großen Naturpark voller Feuchtgebiete, eine knappe Autostunde von Zagreb. Noch heute kann man am Ufer der Sava, einem der drei Flüsse, die sich in diesem flachen Land begegnen, Münzen aus der Zeit des Römischen Imperiums finden. Jetzt, da die Stadt durch den Krieg der 1990er Jahre und das Ende des sozialistischen Projekts wirtschaftlich daniederliegt, erinnern sie daran, dass Sisak einst als Drehscheibe auf dem westlichen Balkan diente.

Nicht weit von Sisak befindet sich Šašna Greda, ein Dorf, so randständig wie nur irgend vorstellbar. Fast scheint es dieses Dorf gar nicht zu geben, allenfalls seinen Namen, der einige verstreut liegende Häuser und Höfe verbinden soll. Doch vor allem und darüber hinaus bezeichnet »Šašna Greda« einen Flecken Land, auf dem unterschiedliche Akteure der Mobilität sich im Schatten der Gegenwart und im Hinterland der Geschichte begegnen.

Es ist heiß an diesem Septembertag im Jahr 2005, die Sonne brennt auf den Staub. Sisak, nur wenige Kilometer entfernt, scheint unerreichbar. Dem Auge bieten sich unbeschauliche Andeutungen von Wald und Feld. Inmitten dieser Versatzstücke einer Landschaft ohne Reiz und Identität stehen etwa 20 Holzhütten, säuberlich im Kreis angeordnet. Jede der Hütten besaß wohl irgendwann einmal eine satte Farbe. Jetzt sind das Rot, das Blau, das Grün, das Gelb so ausgeblichen, dass die Szenerie wirkt, als wäre sie mit Pastellkreiden gezeichnet. Eine schwedische Hilfsorganisation hat dieses Modell-Dorf 1994 errichten lassen. Es hatte zur Lösung der Probleme beitragen sollen, die durch die massenhafte kriegsbedingte Obdachlosigkeit entstanden waren. Und so wurden an diesen Ort Menschen mit vorwiegend kroatischem Familienhintergrund gebracht, die Mitte der 1990er Jahre aus Bosnien und später aus dem Kosovo fliehen mussten. Jeder im zerfallenden Jugoslawien war mit Ausbruch des Krieges dazu aufgerufen, sich gemäß einer plötzlich geforderten ethnischen Identifizierung zu verhalten. Millionen, die nicht kämpfen konnten oder wollten, mussten das Zuhause verlassen, um nicht getötet, verschleppt oder vergewaltigt zu werden.

Im Niemandsland zwischen Dorf und Stadt fehlt der Kleinsiedlung von Šašna Greda, die einmal für etwa hundert Menschen geplant wurde, so gut wie jede Anbindung ans soziale Leben der Umgebung. Zu weit sind die Wege, wenn es kein Fahrzeug gibt, das einen mitnimmt. Doch diese isolierte Lage ist eine der Voraussetzungen für eine merkwürdige und verstörende Idylle.

Offenbar haben sich die schwedischen Fertighausarchitekten bei ihrem Entwurf an Ferienanlagen oder Campingplätzen orientiert. Die räumliche Verteilung der aus industriell produzierten Modulen zusammengesetzten Gebäude lehnt sich an die radialen Entwürfe für Idealstädte an, wie sie aus utopischen Stadttheorien der Aufklärung bekannt sind und als Muster moderner Siedlungsplanung gelten. Ein Rundweg verbindet den äußeren Ring der Baracken, von denen jede über eine Hausnummer, eine Tür, zwei Fenster, 20 Quadratmeter Wohnfläche und einen Stromanschluss verfügt. Es gibt eine eigene Hütte zum Fernsehen und eine, auf der »Sport Sala« geschrieben steht. Zwischen den Gebäuden wachsen Gras und Bäume, Wäscheleinen sind gespannt.

Man sieht dieser Behelfssiedlung nicht an, dass sie zu einem Netzwerk provisorischer Unterkünfte gehört, mit dem die Bewegung von Personen im Vorhof der EU, aber auch in und durch die EU hindurch gesteuert, kontrolliert und verwaltet wird. Vor elf Jahren, als es errichtet wurde, gehörten die putzigen Häuser von Šašna Greda zu einer Reihe von Orten des vorübergehenden Aufenthalts, die auf dem Territorium des neu gegründeten kroatischen Staates mit dem Beginn des Krieges im Jahr 1991 entstanden waren. Zusammen mit Zaprude und Spansko am Stadtrand von Zagreb oder wie Gasinci in Ostslawonien, der mit zeitweise über 6000 Insassen größten Sammelunterkunft für Flüchtlinge und *internally displaced persons* (IDPs), ist Šašna Greda Teil einer Geographie der provisorischen Gemeinwesen in Kroatien und in der gesamten Region.

Viele der Lager, die in den Jahren des serbisch-kroatischen Konflikts, des Bosnienkriegs und des Krieges im Kosovo von Hilfsorganisationen wie dem Roten Kreuz oder dem Hohen Flüchtlingskommissar der Vereinten Nationen (UNHCR) eingerichtet und verwaltet wurden, sind inzwischen aufgelöst. Einige der Großunterkünfte setzten sich noch einmal ganz buchstäblich in Bewegung, indem sie demontiert, abtransportiert und an anderem Ort wieder aufgebaut wurden.[1] Vor allem in Bosnien-Herzegowina kann man noch heute die provisorischen Quartiere der internationalen Gemeinschaft in neuer Verwendung entdecken. Wohn- oder Transportcontainer mit UN-Signet werden im Straßenbau verwendet, dienen als Kioske oder Marktstände.

Andere Lager blieben, wo sie waren, erhielten jedoch eine neue Aufgabe, wie Šašna Greda. Im Jahr 2005 sind hier keine Flüchtlinge und IDPs aus dem ehemaligen Jugoslawien mehr untergebracht, sondern Migrantinnen und Migranten im Transit, die sich »illegal« in Kroatien aufhalten. Sie haben einen Asylantrag gestellt oder können als Papierlose nicht einfach ausgewiesen werden. Viele sind von Bosnien-Herzegowina her eingereist. Bis etwa 2002 kamen Personen aus der Türkei, aus Tunesien, Bangladesch oder China bevorzugt über den Flughafen von Sarajevo als »Touristen« nach Bosnien. Begünstigt durch eine laxe Visapraxis und geführt von Schleuserorganisationen, machten sie sich direkt vom Flughafen oder nach einem Zwischenhalt in einem Low-Budget-Hotel in der Altstadt von Sarajevo auf: nach Kroatien und von dort nach Slowenien oder Österreich, die nächsten EU-Staaten.[2]

Inzwischen sind die Kontrollen längst auch am Flughafen von Sarajevo verschärft worden, die bosnischen Behörden schieben viele Ankömmlinge als »illegale« Migranten ohne Verfahren sofort wieder ab. Trotzdem versuchen jährlich zwischen 10 000 und 20 000 Personen auf diesem Weg nach Kroatien zu gelangen, was 2002 zu einem Rücknahmeabkommen zwischen Kroatien und Bosnien-Herzegowina führte. Dieses erlaubt den kroatischen Behörden, aus Bosnien eingereiste Migranten und Asylbewerber umstandslos wieder zurückzuschicken.

Bei den Insassen von Šašna Greda allerdings scheint von dieser Möglichkeit nicht Gebrauch gemacht zu werden. Die Frauen und Männer sitzen in den Eingängen der blassbunten Hütten, sehen der Wäsche beim Trocknen zu und schmieden wohl Pläne darüber, wie und wann es weitergehen könnte. Am nämlichen Spätsommertag des Jahres 2005 halten sich 22 Personen in den Hütten auf, wie die Leiterin des Anwesens berichtet. Sie wird vom Kroatischen Roten Kreuz beschäftigt und bittet darum, mit niemandem zu sprechen und vor allem keine Photos zu machen. Eine Anweisung zum Schutz der Migranten, wie man gern glauben will. Aber auch im Interesse des Staates, der den Leuten, die dem Vernehmen nach aus Moldawien, Rumänien, der Türkei, dem Irak oder aus China kommen, an diesem Ort, in den flachen Tiefen der Grauzone, einen temporären Aufenthalt gewährt. Die »Illegalen« sollen unsichtbar bleiben. Lange werden sie sich hier ohnehin nicht aufhalten – trotz regelmäßiger Verpflegung, gelegentlicher psychologischer Betreuung und einem Spieleangebot. Die Leiterin erklärt, dass die meisten nach wenigen Nächten wieder aufbrechen, ohne Erlaubnis, aber auch ohne eine Handhabe, sie daran zu hindern. Das Hüttendorf ist unbewacht. Und solange das Verfahren zum EU-Beitritt Kroatiens noch schwebt, soll nach dem Willen der meisten die Reise nicht in Kroatien enden, sondern in einem Mitgliedsstaat der EU.

Warten im Ježevo Motel

Neben dem Roten Kreuz, das als Betreiber agiert, beteiligt sich der UNHCR finanziell an dem Erhalt von Šašna Greda. Die Verantwortung für diese Zwischenstation unerwünschter Reisender aber liegt beim kroatischen Innenministerium. Seit im Juli 2004 das erste Asylgesetz Kroatiens in Kraft trat, nachdem kurz zuvor die einstige jugoslawische Teilrepublik Slowenien EU-Mitglied geworden war, hat sich die Zahl der durchreisenden Migranten und Asylbewerber im Land erhöht. Zwischen 2000 und 2003 reichten lediglich 203 Personen ein Asylgesuch ein. Kein einziges wurde bewilligt. Es verwundert deshalb nicht, dass die Zahl der Bewerbungen um Asyl weit weniger aufschlussreich ist als jene der »illegalen« Migranten im Transit, über die allerdings noch keine neueren Statistiken veröffentlicht worden sind.

Šašna Greda soll so lange als Unterkunft für Leute ohne Papiere, Flüchtlingsstatus oder Aufenthaltsgenehmigung aufrechterhalten bleiben, bis ein neues Lager in den ehemaligen

Militärkasernen von Stubička Slatina bei Oroslavje nahe der slowenischen Grenze eröffnet wird. Mit diesem *reception center* für Asylbewerber will Kroatien den Anforderungen an eine EU-Mitgliedschaft einen Schritt näher kommen.[3]

Ein solches »Aufnahmezentrum« würde vielleicht auch die Existenz eines anderen Ortes hinfällig machen, an dem man auf dem Weg von Zagreb vorbeifährt. Im Unterschied zu der verborgenen temporären Hüttensiedlung befindet sich das geschlossene Internierungslager von Ježevo direkt an der Autobahn nach Belgrad, unmittelbar an einer Tankstelle mit angeschlossener kleiner Raststätte. Jeder, der hier anhält, um seinen Wagen aufzutanken, auf die Toilette zu gehen oder etwas zu essen zu besorgen, fährt mit nur wenigen Metern Abstand an diesem Gefängnis vorbei, das Menschen aufbewahrt, deren Reise mit Polizeigewalt unterbrochen wurde.

Früher war das Lager ein Motel. Die Ironie dieser Zweckentfremdung ist offenkundig. Anders als Hotels, so die Kulturwissenschaftlerin Meaghan Morris, würden Motels die Qualitäten des Lokalen und des Historischen zugunsten von »Bewegung, Geschwindigkeit und ewiger Zirkulation« negieren.[4] Doch manchmal büßen selbst diese Monumente der ewigen Zirkulation ihren Zweck ein. Die spätmodernistischen Flachbauten des Ježevo Motel, wo sich in Jugoslawien »eine Transit-Halbwelt auf dem Weg von Hamburg nach Istanbul« traf, wie der Kultursoziologe Žarko Paić schreibt,[5] verkam in den 1990er Jahren zu einem Ort ohne jede Funktion und Perspektive. Am Ende des Kriegsjahrzehnts beschloss das kroatische Innenministerium, hierher »illegale«, von der Polizei aufgegriffene Migranten kurdischer, chinesischer, afghanischer, iranischer, irakischer, türkischer, moldawischer oder rumänischer Herkunft zu bringen. Im ehemaligen Motel verleben sie, schwer bewacht und von einem hohen Zaun umgeben, die Tage und Wochen, bis in ihrem Verfahren eine Entscheidung getroffen wird.

An einem der heißen Tage im September 2005 sitzen rund 50 Internierte auf der zur Autobahn gewandten Terrasse. Die ursprünglich offene Aussichtsplattform, von der sich der draußen vorbeirauschende Verkehr betrachten lässt, wurde eingezäunt. So gleicht sie einem Käfig. Das Gelände ist zwar weiträumig abgesperrt und eine Besuchserlaubnis nicht zu erhalten, weshalb man sich von außen nur ein ungefähres Bild der Situation machen kann; aber aus 30 Metern Entfernung scheint es, als würde man einer Gruppe von Reisenden zuschauen, die unter der brütenden Sonne die Zeit eines ausgedehnten Zwischenhalts totzuschlagen versucht.

Staaten des Provisoriums

Viele, die aus dem Ježevo Motel entlassen und nicht außer Landes abgeschoben werden, kommen nach Šašna Greda, von wo aus sie ihren Weg fortzusetzen versuchen. Šašna Greda funktioniert wie ein Gratishotel, eine Etappe; für seine Gäste ist es kein Ort ausgedehnter Aufenthalte, kein Ziel auf diesen Reisen, die ständig, auch abhängig vom Geschick und vom Glück der Einzelnen, zwischen Zuständen der Freiwilligkeit und des Zwangs changieren; in Šašna Greda erholt man sich höchstens ein wenig von dem Aufenthalt im Gefängnismotel an der Autobahn, um so bald wie möglich den eigenen Weg fortzusetzen.

Aber nicht nur das offene Lager von Šašna Greda oder das Ježevo Motel sind für die Migranten Durchgangsstationen. Der ganze Staat Kroatien ist für sie eine Zone des Transits. Vor allem für Flüchtlinge aus außereuropäischen Ländern lautet die Devise, dieses Land möglichst schnell und unerkannt zu passieren. Ansonsten würde man Gefahr laufen, hier regelrecht hängenzubleiben, nicht mehr vor und nicht mehr zurück zu kommen. In diesem Sinne ergeht es Kroatien wie vielen anderen Ländern, wenn auch die Unterschiede innerhalb der postkommunistischen Geographie der Mobilität und des Wartens beträchtlich sein mögen. Aber nach dem Zusammenbruch des Kommunismus und in Folge des Ausbaus des europäischen Grenzregimes sind an den Rändern der EU-Mitgliedsstaaten ganze Regionen zu Räumen des Abwartens oder der illegalen Passagen mutiert. Als Staat wartet man hier auf die Aufnahme der Beitrittsgespräche, als Individuum auf eine Gelegenheit, über die Grenze in die EU zu kommen.

Nach dem Ende des Kalten Krieges wurden die Länder Osteuropas zu »Staaten im Übergang« erklärt. Seitdem absolvieren sie mühselige Lern- und Anpassungsprozesse in Sachen Demokratie und Marktwirtschaft, was die Gesellschaften als solche in einen Zustand des Provisoriums zu versetzen scheint. Die EU tut alles, um die Territorien der so genannten Beitrittskandidaten als Räume zu markieren, in denen man Arbeitskraft rekrutiert und Menschenbewegungen kontrolliert. Migrationspolitik wird als Element einer Geopolitik betrachtet, in der die Mobilität der Leute ebenso wie deren Kontrolle als geographische und demographische Probleme verhandelt werden, wobei die Sicherung des nationalen und des EU-Raums stets das leitende Interesse ist.[6]

In Zeiten einer akuten Krise kann es den Bürgern eines solchen Gemeinwesens »im Übergang« so vorkommen, als würde sich ihr ganzes Land in eine para-touristische Unterkunft verwandeln. Als vor und während des NATO-Bombardements im Kosovo Hunderttausende ins benachbarte Mazedonien flohen, schrieb der mazedonische Schriftsteller Dragi Mihajlovski: »Unser Mazedonien sieht aus wie ein riesiges überfülltes Hotel ohne jeden Stern.«[7] Von der EU zur »Pufferzone« oder zum »sicheren Drittstaat« (oder nicht einmal dazu) erklärt, ist in den Ländern am Rande Europas jede Veränderung nur ein Schritt in der Annäherung an die Phantasie, die »der Westen« von sich selbst nährt. Alles, was geschieht, jede staatliche Reform, jede individuelle Assimilationsleistung hat daher den Charakter des Vorläufigen, gehört zu einer Phase des unendlichen Übergangs.

Nach 1989 setzten sich in Ländern wie Polen oder Rumänien die Menschen Richtung Westen in Bewegung, um die neue Reisefreiheit auszuprobieren. Später, ab Mitte der 1990er Jahre etwa, entwickelten sich Kreisläufe zwischen den Herkunftsländern und einer im westlichen Europa oder in Übersee verstreuten Diaspora. Die Migranten richteten sich gewissermaßen in der Mobilität ein, wie die Migrationswissenschaftlerin Dana Diminescu formuliert.[8] Diese Mobilität ist nicht selten ein permanentes Pendeln, ein organisierter, wenn auch informeller Verkehr von Waren und Menschen, wie er sich zum Beispiel auf den ukrainisch-polnisch-deutschen Schmuggelrouten täglich vollzieht.

Wenn sich ein Teil der Bevölkerung in der Mobilität installiert, bleibt die sesshafte oder immobile Bevölkerung davon nicht unbetroffen. Ebenso verändert diese Mobilität den kulturellen und politischen Charakter des Raums, in dem sie sich ereignet oder aus dem sie wegführt. Mit einem Wort des Schriftstellers Juri Andruchowytsch könnte man die so entstehenden Landschaften des Wartens und des Behelfs, des Dazwischen und Inmitten das »letzte Territorium« nennen. Denn nicht nur in Galizien, worüber Andruchowytsch schreibt, sondern auch anderswo prägen »endlose, gähnende Gespräche mit dem faden Nachgeschmack des Mittagessens über Jewropa, Juropa, Europa, über europäischen Charakter, europäische Bedeutung und Bestimmung, europäische Kultur und Küche, über den Weg nach Europa, darüber, dass auch ›wir zu Europa gehören‹«,[9] die Sicht der Regionen am jenseitigen Rand der Schengengrenzen. Dieses Selbstverständnis im »letzten Territorium« schwankt zwischen kapitalistischer Dynamisierung und nationalistischer Entschleunigung, zwischen der Hoffnung, den »Übergang« erfolgreich bewältigen zu können, und der Realität des Wartens mit ihren endlosen, gähnenden Gesprächen über Europa.

Fluchtpunkt Strand

Bevor die kollektive Annäherung an die EU und die Ideale von Markt und Demokratie wirksam einsetzen konnten, brach im ehemaligen Jugoslawien 1991 der Krieg aus. Die gewaltsame Ethnisierung und Nationalisierung auf dem Balkan produzierte ein eigenes »letztes Territorium«. Flucht vor »ethnischen Säuberungen« und Vertreibung führten in Kroatien, Bosnien und Serbien, später auch im Kosovo und in Mazedonien, zur Entstehung von Lagern und Notunterkünften unterschiedlichster Größe, Dauer und Typik. Zwischen diesen provisorischen Heimstätten für Flüchtlinge und Vertriebene und den 677 Sammel- und Gefangenenlagern sowie Abschiebegefängnissen, die in Bosnien während des Krieges betrieben wurden (davon etwa die Hälfte von den bosnischen Serben), besteht ein – kaum untersuchtes – Ergänzungsverhältnis.

Die kriegsbedingte Verbindung von Lagern der Gewalt und Lagern des Schutzes vor der Gewalt produzierte auch außerhalb des ehemaligen Jugoslawien, in den Ländern der EU, in den USA oder in Kanada, eine Infrastruktur des Übergangs, die teilweise bis heute in Gebrauch ist. Seit 1992 wuchs das transnationale Netzwerk der Flüchtlingsdörfer und Notunterkünfte schlagartig an. Wohin die Menschen sich aufmachten, hing dabei von unterschiedlichsten Faktoren ab. Wer allein oder mit der Familie den Weg ins Ausland antrat, richtete sich in der Wahl des Ziellands häufig danach, ob dort bereits Landsleute lebten. Etwa 400 000 bosnische Flüchtlinge gingen in die Bundesrepublik Deutschland. Viele Familien hatten zu diesem Land eine Verbindung über bestehende migrantische Gemeinschaften, innerfamiliäre Erfahrungen aus den Tagen der »Gastarbeit«, aber auch über den Tourismus der Deutschen nach Jugoslawien. Obwohl die meisten Flüchtlinge letztlich nach einem bestimmten Schlüssel auf die verschiedenen Unterkünfte der Bundesrepublik verteilt wurden, nahm so die Vorgeschichte der Arbeitsmigration nicht unerheblichen Einfluss auf den Verlauf der Fluchtbewegungen in den 1990er Jahren.

Sowohl in den Aufnahmeländern als auch auf dem Territorium des ehemaligen Jugoslawien wurde die humanitäre Internationale mit ihren verschiedenen Agenturen aktiv. Die Hilfsorganisationen konnten auf ein weltweit gesammeltes Know-how über provisorisches Leben zurückgreifen. Sie stellten jedoch oft fest, dass ihr institutionelles Gedächtnis für derartige Notoperationen nicht ausreicht. Hatten sie bisher ihre Erfahrungen mit der Produktion von temporären und permanenten Behausungen überwiegend in südlicheren Regionen der Welt gesammelt, wo ein wärmeres Klima herrscht, waren sie nun mit neuen Situationen konfrontiert.[10]

Auf dem Gebiet des 1992 neu gegründeten Staates Kroatien fanden die meisten Flüchtlinge und intern Vertriebenen eine private oder selbst beschaffte Bleibe: bei Gastfamilien oder in jenen Wohnungen und Häusern, die von anderen Flüchtlingen und IDPs, vornehmlich serbischen Kroaten, verlassen worden waren. Doch rund 20 Prozent der Zwangsmobilisierten lebten in so genannten organisierten Unterkünften (*organized accomodations*). Dass eine alltägliche Nutzarchitektur, die vorderhand etwa der Bildung und der Freizeit dient, immer auch eine latente Notarchitektur in sich trägt, ließ sich im ehemaligen Jugoslawien eindrücklich erfahren. Der Ausnahmezustand des Krieges konvertierte die Bedeutung und Funktion von Gebäuden; als Provisorien zur Unterbringung einer mobilisierten Bevölkerung dienten Klassen- und Hotelzimmer plötzlich einem neuen, unerwarteten Zweck.

Aber unterschiedliche temporäre Bewohner haben unterschiedliche Bedürfnisse. Die Touristen, die bis 1991 an die kroatische Adriaküste reisten, wussten, dass der Arbeitsalltag am Heimatort sie nach ein paar sommerlichen Wochen wieder einholen würde. Das Leben in beengten Hotelzimmern und Appartements war auf die Dauer des Urlaubs befristet. Hingegen konnten die Flüchtlinge und *displaced persons*, die in den Jahren des Krieges in denselben Hotels in Makarska oder Vodice einquartiert wurden, die Dauer ihres Aufenthalts nicht absehen oder beeinflussen. So begannen sie, die räumlichen Bedingungen den Umständen entsprechend zu interpretieren und zu modifizieren.

Um 1997 lebten etwa 17 000 dieser unfreiwilligen Langzeitgäste, zumeist Kroaten aus Bosnien, in kroatischen Hotels und belegten dort die doppelte Anzahl von Betten. Nur so ließ sich der Alltag im Provisorium halbwegs organisieren. Doch der Widerspruch zwischen der Bestimmung touristischer Architektur und ihren Überraschungsbewohnern wurde nach einigen Jahren aufgelöst. Da die kroatische Regierung ihre Küsten wieder für Urlauber öffnen wollte, wurde am 1. Juli 1997 ein Teil der Hotels von den Flüchtlingen geräumt. »Ich weiß, dass wir und die, die nun zum Urlaubmachen herkommen, nicht zusammenpassen«, gab ein Flüchtling aus dem bosnischen Bugojno in diesem Moment zu Protokoll. Er musste mit seiner Familie das Imperial Hotel in Vodice bei Sibenik verlassen und wurde auf die Insel Obonjan geschickt, wohin die Bauern der Umgebung früher ihre alten Esel zum Sterben gebracht hatten.[11]

Auch wenn die Bedürfnisse und die Zeitökonomien von Flüchtlingen und Touristen nicht »zusammenpassen«, so hatten die nicht nur ungebetenen, sondern auch unfreiwilligen Gäste in den Hotels dafür gesorgt, dass viele der touristischen Anlagen während des Krieges überhaupt weiter betrieben werden konnten. Die Regierung zahlte den Hotelbetreibern an der Adria einen Betrag von bis zu 25 DM pro Person. Zwar befanden sich die Gebäude am Ende dieser Periode in einem heruntergekommenen Zustand, doch dies wäre auch nach jahrelangem Leerstand der Fall gewesen. Überdies konnte auf diese Weise ein Teil des Personals weiterbeschäftigt werden. Das Geschäft mit den Flüchtlingen hatte sich sogar einigermaßen gelohnt.

Geht man heute über die Gelände der großen Hotelkomplexe und Bungalowsiedlungen wie dem Hotel Biokovka oder dem Hotel Rivijera in Makarska, einem traditionellen Seebad unweit der Grenze zu Bosnien-Herzegowina, sind die Spuren der durch den Krieg in die Rolle von Touristen gezwungenen Flüchtlinge gründlich getilgt. 600 Flüchtlinge aus Bosnien waren zeitweilig in den schmucken zweistöckigen Appartementgebäuden auf der weitläufigen, in Terrassen sanft ansteigenden Anlage des Rivijera untergebracht. Doch weder die Reisegesellschaften aus der Tschechischen Republik noch die Angestellten an der Rezeption im Spätsommer 2005 wollen je von ihnen gehört haben.

Die Routen von Touristen und Flüchtlingen begegnen sich besonders dort, wo die Landschaft der Ankunft in der außeralltäglichen Freizeit zugleich die Landschaft der Ankunft an einer Etappe oder einem Ziel eines Migrationsprojekts ist. Vor allem die Küsten mit ihren Stränden geben diesen Begegnungen eine Bühne. Ein frühes, noch vor den Beginn des Massentourismus zu datierendes Beispiel für eine solche Begegnung sind die »camps de la plage«, die Strandlager, die Anfang 1939 für Hunderttausende von republikanischen Kriegsflüchtlingen aus Spanien an der pyrenäischen Mittelmeerküste Frankreichs entstanden. Die Lager von Boulou, Agde, Argelès oder Saint-Cyprien wurden bereits 1939 »camps de concentration« genannt, und die überlieferten Bilder dokumentieren die erbärmlichen Lebensumstände – direkt an jenen Stränden, wo nach dem Zweiten Weltkrieg Campingplätze für Urlauber entstehen sollten, ohne dass irgendetwas an die unmittelbar zurückliegende Vergangenheit erinnert hätte. In seinem Film *No pasaràn, album souvenir* von 2003 zeigt der Regisseur Henri-François Imbert verstörende Bilder der Flüchtlinge in ihren behelfsmäßigen Zelten und Hütten, abgeschnitten von jeder Versorgung mit Trinkwasser oder Elektrizität. Nicht zufällig ließ sich Imbert dazu verleiten, diese Bilder mit solchen der nordfranzösischen Sammelunterkunft von Sangatte aus dem Jahr 2002 zu vergleichen. Dort wurden zu diesem Zeitpunkt vor allem afghanische und irakisch-kurdische Flüchtlinge festgehalten – ebenfalls an einer Küste, der des Ärmelkanals –, während sich die französische Polizei in Ferienwohnungen der Region einquartiert hatte.

Auf besonders krasse, bisweilen spektakuläre Weise wird auf den Kanarischen Inseln oder an den Stränden auf der spanischen Seite der Meerenge von Gibraltar vor Augen geführt, wie sich Tourismus und Flucht räumlich verschränken können. Hier befinden sich die Auffanglager teilweise unmittelbar an der Küste, und seit den 1990er Jahren kommt es zu regelmäßigen Nicht-Kontakten zwischen Touristen und Flüchtlingen. Im Oktober 2000 veröffentlichte die Wochenendbeilage der spanischen Tageszeitung *La Vanguardia* eine große Bildgeschichte über das Schicksal der marokkanischen und subsaharischen Flüchtlinge in der andalusischen Küstenregion.[12] Die doppelseitige Photographie, mit der der Artikel aufmacht, zeigt ein spanisches Touristenpärchen unter einem Sonnenschirm mit Kühlbox am Strand von Zahara de los Atunes. Die Urlauber betrachten ohne erkennbare Teilnahme den reglosen Körper eines angeschwemmten Migranten, der 20 Meter entfernt im Sand liegt. Artikel und Photo prangern einerseits die Indifferenz der spanischen Bevölkerung angesichts des Schicksals der Menschen an, die das tödliche Risiko der Überfahrt in Kauf nehmen, um in Europa, in der EU anzukommen. Zugleich rechnen sie mit der Überraschung, die sich einstellt, wenn für einen kurzen Moment sichtbar wird, wie die Sphären Tourismus und Migration sich begegnen, ohne sich zu berühren.

Vergleichbare Nicht-Begegnungen ereignen sich, ebenfalls seit den 1990er Jahren, immer wieder an der italienischen Adriaküste. Phasenweise rückten hier die Infrastrukturen des Tourismus einerseits und der Mobilitätskontrollen andererseits aufs Engste zusammen. In San Foca, im Süden Apuliens, wo die Straße von Otranto verläuft und Albanien nur etwa 100 Kilometer entfernt ist, befindet sich die Casa Regina Pacis. Bis Ende 2004 diente das Gebäude als CPTA, als Centro de permanenza temporanea e assistenza für papierlose Migranten, die überwiegend von Libyen aus den Weg nach Italien gesucht hatten. Etwa 500 Insassen konnte dieses umzäunte Anwesen aufnehmen, das direkt am Strand des kleinen Urlaubsortes liegt. Hier, mit Sichtkontakt zu den Strandurlaubern, wurde das ehemalige Kinderheim Ende der 1990er Jahre, als täglich bis zu 150 Flüchtlinge aus Albanien und dem Kosovo an der Küste der Provinz Lecce eintrafen, unter kirchlicher Leitung als Flüchtlingslager geführt; bis zu seiner Schließung nutzte es der italienische Staat als CPTA für »illegale« Migranten.

Im August 2005 stand die abgewickelte Anlage zum Verkauf. Nur die Umzäunung und ein stehen gelassener Wegweiser zu den verschiedenen Abteilungen des einstigen Übergangs- und Abschiebelagers erinnerten an alte Funktionen. Bei der Gestaltung dieses Orientierungsdisplays hatte sich jemand viel Mühe gegeben. Bezeichnungen wie »ufficio immigrazione« oder »servici generali« sind graphisch auf das Photo einer wildromantischen Felsküste montiert. Offenbar sollten die administrativen Funktionen innerhalb und die landschaftlichen Sehenswürdigkeiten außerhalb des Lagers gestalterisch zur Deckung gebracht werden, ähnlich wie in All-Inclusive-Hotelanlagen das Außen mit allen Mitteln der touristischen Inszenierung und Delokalisierung ins Innere des Freizeitkomplexes übersetzt wird.

Weder die Internierten im Ježevo Motel noch die Flüchtlinge im Rivijera in Makarska oder in der Casa Regina Pacis in San Foca sind und waren Touristen. Aber ihre Unterbringung in para-touristischen Architekturen, in einem früheren Motel, in einer Appartementanlage, in einem ehemaligen Kinderheim am Strand, verleiht ihrem Warten den Charakter eines negativen Tourismus, in dem körperliche und mentale Freiheiten systematisch entzogen werden.

Rückkehr ohne Zuhause

Von den Küsten noch einmal zurück ins kroatische Binnenland, nach Šašna Greda: Dass ausgerechnet an diesem Ort, der noch vor wenigen Jahren Auffangstation für Kriegsflüchtlinge aus Bosnien und dem Kosovo gewesen ist, Mitarbeiter des lokalen Büros des UNHCR und ein paar Vertreter des Kroatischen Roten Kreuzes im September 2005 auf die Ankunft eines Busses mit Heimkehrern warten, gehört zu den vielen Merkwürdigkeiten in der europäischen Mobilitätslandschaft. Warum kreuzen sich hier die Wege von Transitmigranten und Kriegsflüchtlingen? Der UNHCR kennt darauf eine Reihe von Antworten, weil sich das Flüchtlingswerk mit Flüchtlingen wie mit Asylbewerbern beschäftigt, aber zunehmend auch mit irregulärer Migration und Menschenschmuggel. Letzteres Arbeitsgebiet teilt sich der UNHCR seit 1997 mit der Internationalen Organisation für Migration (IOM), dem anderen großen internationalen Akteur der Kontrolle und Steuerung der Menschenbewegungen. Während der UNHCR schwerpunktmäßig die Versorgung und den Schutz unfreiwillig Mobilisierter betreibt, kümmert sich die IOM mehr um das bevölkerungspolitische und -ökonomische Management von Migration. Und so ist das gern »Kooperation« genannte Verhältnis zwischen UNHCR und IOM eigentlich ein Wettbewerb zwischen humanitären und ökonomischen Ansätzen, zwischen Schutz und Kontrolle der »gemischten Ströme« (*mixed flows*).[13]

In internen Studien wurde ermittelt, dass sich Flüchtlinge und Transitmigranten die Routen und Migrationsdienstleistungen der Schmuggler und Schleuser teilen, um über das ehemalige Jugoslawien in die EU zu gelangen.[14] An manchen Orten aber wird es immer schwieriger, zwischen Flüchtlingen, Asylsuchenden und so genannten ökonomischen Migranten zu unterscheiden. Nahe Izacic, einem Ort auf der bosnischen Seite der kroatisch-bosnischen Grenze, befindet sich beispielsweise ein Auffanglager, das eigentlich für Flüchtlinge bestimmt ist, in dem aber eine Zeit lang auch aus Kroatien zurückgeschobene Transitmigranten untergebracht wurden. Die Verwirrung bei den bosnischen Stellen und den Vertretern der UN war daraufhin groß. Die Probleme, eine räumliche Trennung der unterschiedlichen Mobilitätsklassen zu gewährleisten, ebenso.[15]

Immer wieder kommen auf der Ebene der Verwaltung solche Zuständigkeitsprobleme zum Ausdruck. So ist in Kroatien für die Rückkehrer nicht das Innenministerium, sondern das »Amt für Vertriebene und Flüchtlinge« verantwortlich, eine Unterabteilung des Ministeriums für Seefahrt, Tourismus und Transport. Doch sowohl für das Lager der Transitmigranten wie für die Transporte der Rückkehrer trägt der UNHCR eine Mitverantwortung. Dass die Rückkehrer, die vor über zehn Jahren die Region verlassen mussten, weil sie plötzlich Kriegsteilnehmer waren, an diesem gottverlassenen Ort in Empfang genommen werden, und nicht etwa im Zentrum von Sisak, zeugt zudem von der weiterhin aufgeladenen Lage in dem ehemaligen Kriegsgebiet. Auf einer Homepage wird das geschichtsträchtige Mobilitätszentrum Sisak in nationalistischen Tönen als Schauplatz kroatischer Kampf- und Widerstandskraft gepriesen. Im 16. Jahrhundert schlug man unter österreichischer Führung die Türken zurück, zu Beginn des Zweiten Weltkriegs gründeten Titos Partisanen in Sisak eine Einheit, und 1991 organisierten sich hier die ersten Freiwilligen der »Kroatischen Nationalgarde«. Mehr als »250 tote kroatische Helden«, dies sei der Preis, den die Stadt für ihre letzte Befreiung habe zahlen müssen.[16] Nichts ist zu lesen von dem Konzentrationslager für Kinder, das im Zweiten Weltkrieg von der faschistischen Ustaše-Regierung in Sisak als Teil des berüchtigten Lagerkomplexes Jasenovac betrieben wurde. Nichts ist zu lesen von der Ausgrenzung und Vertreibung der serbischen Zivilbevölkerung der Stadt, die 1991 etwa ein Drittel der Einwohner Sisaks stellte. Und ebenso schweigt der Internetauftritt von den 90 serbischen Zivilisten, die im gleichen Jahr durch kroatische Extremisten ermordet worden sein sollen.[17]

Vierzehn Jahre nach Kriegsbeginn und zehn Jahre nach dem Abkommen von Dayton kann man in Šašna Greda bei Sisak erleben, wie die als »ethnisch« codierte Gewalt des vergangenen Jahrzehnts weiterhin auf die gesellschaftliche Realität im ehemaligen Jugoslawien einwirkt. Die Berichte von Organisationen wie der OSZE, der Organisation für Sicherheit und Zusammenarbeit in Europa, mahnen hartnäckig die Schwierigkeiten an, denen beispielsweise rückkehrende Serben in Kroatien ausgesetzt sind. Zwischen 1991 und 1995 hatten mindestens 300 000 von ihnen das Land verlassen, bis zum 1. Juli 1995 sind 117 448 kroatische Serben nach Kroatien zurückgekehrt, mehr als 180 000 bleiben weiterhin in Serbien-Montenegro oder in Bosnien-Herzegowina.[18]

Seit dem Ende der Kriege im ehemaligen Jugoslawien gehörte es zu den vorrangigen Aufgaben der internationalen Gemeinschaft, die Bedingungen zu schaffen, dass Vertriebene und Flüchtlinge sich wieder in ihren Herkunftsorten ansiedeln können. Das erklärte Ziel ist die »nachhaltige Rückkehr«. Nachhaltigkeit wie Herkunft sind dabei durchaus relative Begriffe. Denn nicht immer haben die Leute die Möglichkeit, tatsächlich wieder in ihre einstigen Wohnungen oder Häuser zu ziehen. Dann sind sie auf Wohnungsprogramme und Kredite der Regierung angewiesen. Das Rückkehrrecht umfasst keine Garantie auf eine Wohnung oder ein Haus am Wohnort aus der Vorkriegszeit.

In Kroatien wurde über 30 000 kroatisch-serbischen Haushalten in den 1990er Jahren das aus jugoslawischer Zeit stammende Recht auf eine Wohnung aus Staatsbesitz gerichtlich aberkannt. Die wahnwitzige Begründung: sie hätten sich länger als die erlaubten sechs Monate fern gehalten. Tausende von Klagen wurden nach Kriegsende eingereicht, aber die Bearbeitung dauert, und die Betroffenen und die internationalen Beobachter werden den Eindruck nicht los, die Langsamkeit der Verfahren habe Methode. Zudem ist die Möglichkeit, Wohnraum aus Staatsbesitz zu erwerben, an den Besitz der kroatischen Staatsbürgerschaft geknüpft, über die aber die meisten der Rückkehrer nicht verfügen und auf die sie teilweise Jahre warten müssten.

Und was soll mit den im Verwaltungsjargon so genannten *temporary users* geschehen, den Bewohnern, die während der Kriegsjahre in die geräumten Wohnungen und Häuser eingerückt sind? Wenn die Rückeignung droht, machen viele von ihnen geltend, sie hätten in Abwesenheit der serbischen Besitzer oder Mieter in den Erhalt des Bestands investiert. Sie fordern gar finanzielle Kompensation von den Rückkehrern. Oft finden die Rückkehrer ihr Eigentum aber auch zerstört oder geplündert vor. Wer dafür zur Verantwortung gezogen werden kann, bleibt zumeist unklar. Im Dickicht von Behördenwillkür und einer Rechtsprechung, in der Gesetze aus den 1990er Jahren auch im Jahr 2005 noch festlegen, ob die Zerstörung eines Hauses als Kriegsschaden oder als Ergebnis »terroristischer Akte« angesehen wird, werden die Rückkehrer in einem Zustand der Unsicherheit und des Übergangs gehalten. Und selbst wenn sie am Ende eines langen Rückerstattungsverfahrens ihren einstigen Besitz wiedererhalten haben, entscheiden sie sich in der Hälfte der Fälle dafür, ihn an den kroatischen Staat zu veräußern.

Zu viele Jahre sind vergangen, seit sie den Ort verlassen mussten, an den sie jetzt zurückkehren könnten. Sie haben sich in dem Land, in das sie geflohen sind, angesiedelt und sozial integriert; außerdem liegt das staatliche Kaufangebot in vom Krieg betroffenen Gegenden zumeist über dem Marktpreis, sodass mit dem Verkauf sogar ein kleiner Gewinn erzielt werden kann; manche Beamte der zuständigen kroatischen Behörde versuchen ziemlich direkt, die Rückkehr serbischer Kroaten zu verhindern, indem sie ihnen dringend den Verkauf ihres Besitzes nahe legen. Da die Situation vielerorts weiterhin so angespannt ist, dass die soziale Eingliederung an den Plätzen des früheren Lebens vor schier unüberbrückbare Hindernisse gestellt erscheint, werden solche Argumente nicht selten als Drohungen verstanden.

Die viel beschworene Rückkehr ist deshalb, selbst wenn sie tatsächlich, das heißt: physisch und geographisch, erfolgt, in den seltensten Fällen der Schlusspunkt der Erfahrung erzwungener Migration. Vielmehr wirken die Ereignisse von Flucht und Ent-Ortung, das jahrelange Leben im Provisorium, fort. Nicht nur psychologisch, sondern auch sozial, politisch und juristisch stellen sich Flucht und Vertreibung als ein unabschließbarer Prozess dar. Nicht nur in Kroatien erleben die Rückkehrer, wie man ihnen den Zugang zu Wohnraum und Arbeit erschwert, wie sie darüber gesellschaftlich marginalisiert und an der Reintegration gehindert werden. Die Rückkehrmigration hat eine besondere soziale Hierarchie entstehen lassen; Chancengleichheit ist für die Rückkehrer eine Illusion, die Bildung ethnischer Rückkehrer-Kolonien oder Verelendung sind die häufige Konsequenz.[19] Dem Ideal der nachhaltigen Rückkehr, das auf der Vorstellung eines geschlossenen Kreises der Mobilität beruht, widerspricht eine Wirklichkeit, die an der formschönen Rundung von Routen und Biographien nicht interessiert ist.

Phantome der Mobilität

Es ist schon länger her, dass auf dem Vorplatz der Siedlung von Šašna Greda die Konvois aus Belgrad im Wochentakt oder gar täglich eingetroffen sind. Jetzt veranstaltet der UNHCR noch etwa einmal im Monat einen Transport mit Serben, die in ihre Herkunftsorte oder in zugewiesene Unterkünfte in Kroatien oder Bosnien-Herzegowina zurücksiedeln. Von den zuständigen Regierungsstellen und internationalen Organisationen werden diese Leute einer komplizierten Nomenklatur folgend entweder als Flüchtlinge (*refugees*), Rückkehrer (*returnees*) oder IDPs (*internally displaced persons*) klassifiziert. Als was sie gelten, hängt unter anderem davon ab, ob sie auf ihren Wegen nationale Grenzen überquert haben oder nicht. Durch die zahlreichen Staatengründungen und Grenzverschiebungen auf dem Balkan wurden immer wieder neue geopolitische Situationen geschaffen, die aus der Sicht der humanitären Bürokratie ebenfalls neue Kategorien notwendig machten. So konnte sich der Status einzelner zwangsmobilisierter Individuen im Lauf der Jahre mehrfach ändern.

Als Flüchtling anerkannt zu sein heißt im aufnehmenden Land zugleich, dass Bürgerrechte nicht oder nur sehr eingeschränkt wahrgenommen werden können, weil der Aufenthalt eines Flüchtlings definitionsgemäß als befristet konzipiert ist. Doch manch eine(r) hat diesen Status eingeschränkter Bürgerrechte bewusst einer Einbürgerung vorgezogen. Auf diese Weise können, der Genfer Flüchtlingskonvention gemäß, eine gewisse Grundversorgung und ein Minimum an Schutz durch Organisationen wie den UNHCR sichergestellt werden.

Menschen wie jene, deren Ankunft an diesem Tag im September 2005 in Šašna Greda erwartet wird, haben zumeist jahrelang in den Häusern und Wohnungen von Verwandten, in Notunterkünften oder in Lagern auf dem Territorium des heutigen Serbien-Montenegro verbracht, bevor sie den Entschluss fassten (oder sich ökonomisch und psychisch dazu imstande sahen), wieder zurückzukehren. Dass als Folge der Kriege ganze Landstriche weiterhin mit zerstörten Versorgungsstrukturen und dem Fehlen jeder ökonomischen Perspektive zu kämpfen haben, macht für viele die Rückkehr in die geographische Heimat wenig verheißungsvoll; sie ziehen es vor, in städtische Umgebungen mit Anschluss an den Arbeitsmarkt auszuweichen, selbst wenn sie dort niemanden von früher kennen und die Perspektiven auch dort nicht rosig sind.

Die meisten Rückkehrwilligen organisieren die Reise selbst, häufig mit der finanziellen Unterstützung der internationalen Organisationen. Viele sind jedoch so alt oder so mittellos (oder beides), dass sie auf die umfassende Begleitung und Betreuung angewiesen sind. In mancher Hinsicht fungiert das UN-Flüchtlingswerk bei diesen *assisted returns* wie ein Reiseunternehmen. In seinem Auftrag werden Busse gechartert, LKWs gemietet, Hotelzimmer gebucht und Broschüren verteilt. In einem Hotel in Belgrad treffen sich die IDPs, verbringen dort eine Nacht und brechen am nächsten Morgen mit Bussen in ihre Heimatdörfer in Kroatien oder in Bosnien auf. Nach der Ankunft am Zielort erhalten die Heimkehrer vom UNHCR materielle und logistische Unterstützung bei der Wohnungssuche, dem Häuserbau, der Renovierung ihres alten Besitzes.

Die Serben, die mit dem Bus und einem begleitenden LKW in Šašna Greda eintreffen, kommen überwiegend aus der Gegend um Niš. Einige Verwandte sind anwesend, um beim Ausladen zu helfen. Die Mitarbeiter des Roten Kreuzes übernehmen ebenfalls Transportaufgaben. Prall gefüllte Koffer, Taschen und Säcke werden von der Pritsche des LKWs heruntergewuchtet. Keine Möbel, keine sperrigen Gegenstände, nur Kleidung und Wäsche – Habseligkeiten, Flüchtlingsgepäck. Nicht auf alle Rückkehrer wartet eine Wohnung oder gar ein Haus. Die wenigsten können sich ein Appartement in einer jener wenigen, aber dafür umso auffälligeren Mustersiedlungen leisten, die in Folge eines neuen Gesetzes zum sozialen Wohnungsbau entstanden sind. Und manche, wie eine alte Frau im schwarzen Kleid, haben nicht einmal einen Bekannten oder eine Verwandte, die sie empfangen.

Die alleinstehende Frau wird nach ihrem Transfer deshalb nicht in eine private Umgebung, sondern in eines der Lager gefahren, die von den humanitären Organisationen und den Regierungen im ehemaligen Jugoslawien *collective centers* genannt werden. Es liegt auf dem Gelände der Fabrik Technika, unweit des Zentrums von Sisak, am Rande einer typischen Arbeitersiedlung mit mehrgeschossigen Mietshäusern aus der jugoslawischen Ära. Das Barackenlager wurde vor Jahrzehnten für Saisonarbeiter und andere zeitweilig in der Fabrik Beschäftigte errichtet. Seit dem Krieg von 1991 bis 1995 dienen die zehn langgestreckten und einstöckigen Holzhäuser als Sammellager. Nach der Umwidmung zunächst gedacht für kroatische Flüchtlinge, die aus Bosnien-Herzegowina, Serbien und dem Kosovo kamen, leben hier heute auch Roma und obdachlose Rückkehrer.

Die Einrichtung entspricht längst nicht mehr den international geltenden Standards der Hygiene oder allgemeinen Lebensqualität. Die Barackensiedlung wurde irgendwann einmal mit dem Vorsatz gebaut, dass ihre Nutzungsdauer nur wenige Jahre betragen solle. Aber in einer Welt der Provisorien ist die offizielle Halbwertszeit temporärer Architektur für die Betreiber alles andere als verpflichtend. Das Technika-Lager wird staatlich geleitet, der UNHCR schießt Mittel zu.

Allerdings nimmt diese finanzielle Unterstützung kontinuierlich ab, weil die internationale Gemeinschaft die Situation in Kroatien und in den anderen Staaten des ehemaligen Jugoslawien nicht länger als oberste Priorität einstuft. Zudem haben die Regierungen von Kroatien, Bosnien-Herzegowina und Serbien-Montenegro im Januar 2005 in Sarajevo den Beschluss verabschiedet, das Flüchtlingsproblem bis 2006 zu lösen. Niemand, schon gar nicht die Mitarbeiter von OSZE, UNHCR und anderen internationalen Organisationen, die das Geschehen beobachten, hält das wirklich für realistisch. Aber der dahinter stehende politische Wille ist groß. Denn mit der Lösung des Flüchtlingsproblems verbessern sich fast zwangsläufig die Voraussetzungen für die beteiligten Staaten, Beitrittsverhandlungen mit der EU aufzunehmen.

Der Betrieb der meisten *collective centers* wurde deshalb bereits eingestellt. Nun sollen auch die verbleibenden Lager zügig abgewickelt werden. Mit anderen Worten: Ein Lager wie in Sisak oder das noch größere, ebenfalls in einer ehemaligen Arbeitersiedlung untergebrachte Lager von Krnjaća in einem Vorort von Belgrad sind kollektive Behausungen auf Abruf, deren Ende längst entschieden und deren tatsächliche Schließung nur noch eine Frage der Zeit ist.

Für die alte Frau in ihrem schwarzen Kleid, die allein zurückgekehrt ist, um ihren Lebensabend auf kroatischem Boden zu verbringen, ist die Ankunft im Sammellager von Sisak damit auch die Ankunft an einem Ort, den es eigentlich nicht mehr geben soll. Wer hier lebt, fristet ein Dasein als Phantom der Mobilität, mit äußerst begrenzten Möglichkeiten rechtlicher und materieller Teilhabe an der umgebenden Gesellschaft. Bereits die Anerkennung als Flüchtling oder *internally displaced person* verweist die betroffenen Individuen und Kollektive im Namen der Menschenrechte auf einen Status außerhalb der politischen Ordnung. Aber weil der Tatbestand, dass es zehn Jahre nach Dayton und sechs Jahre nach dem

Ende der NATO-Kampagne in Serbien und im Kosovo noch Flüchtlinge und IDPs gibt, die EU-Ambitionen der Nachfolgestaaten Jugoslawiens beeinträchtigt, droht den Bewohnern von *collective centers* wie dem Technika-Lager in Sisak auch noch die Aberkennung ihres Status als Flüchtling oder IDP. Fallen sie jedoch ganz aus dem durch die Genfer Flüchtlingskonvention und die internationale Gemeinschaft gespannten Netz, werden diese Leute sofort zu Sozialfällen, ohne Hoffnung auf eine Besserung ihrer ökonomischen Situation oder politischen Repräsentation.

3 POLITIK DES PROVISORIUMS

Status »Flüchtling«

So wie die im Lager von Sisak abgelieferte alte Frau im schwarzen Kleid allein, inmitten ihrer kargen Besitztümer, auf dem Rasenstück zwischen zwei der verwitterten Baracken sitzt, skeptisch beäugt von den anderen Bewohnern, bietet sie das wahrlich erschütternde und zugleich gespenstische Bild einer Existenz, in der alles provisorisch geworden ist. Dieses Bild ist nicht unbekannt. Weite Teile der Öffentlichkeit wähnen sich im Besitz eines anschaulichen Wissens von den Schicksalen der unfreiwillig Entwurzelten überall auf der Welt. Die Not des individuellen Flüchtlings ist ein beliebtes und immer wieder preisgekröntes Motiv der Pressephotographie. Begegnet man diesem Schicksal in der Wirklichkeit, ist die Erschütterung im Angesicht der konkreten Verlorenheit und Hilflosigkeit medial längst derart vorbereitet, dass sich die eigenen Empfindungen von Mitleid und Scham schon bekannt anfühlen, während man den Schmerz der konkreten Anderen zum ersten Mal betrachtet. Die humanitären Organisationen rechtfertigen ihr Handeln mit Hilfe appellativer Bilder der entblößten Menschlichkeit, wie der Philosoph Giorgio Agamben ausführt: »Die ›flehenden Augen‹ des ruandischen Kindes, mit dessen Photographie man Geld sammeln möchte, das man aber ›jetzt schwerlich noch lebend antreffen wird‹, sind die vielleicht prägnanteste Chiffre des nackten Lebens in unserer

Zeit, deren die humanitären Organisationen in einem exakt symmetrischen Verhältnis zur staatlichen Macht bedürfen.«[1]

Die Flüchtlingserfahrung wird in solchen Bildern generalisierbar. Das Flüchtlingsregime, in dem Staaten, suprastaatliche und nicht-staatliche Organisationen sowie die Massenmedien zusammenwirken, hält die Flüchtlinge mit allen, auch visuellen und narrativen Mitteln an ihrem Platz. Das betrifft ihre Identität als Flüchtlinge ebenso wie ihre Lokalisierung im Lager oder in lagerähnlichen Unterkünften. Wiederkehrende Themen in der medialen und institutionellen Erzählung vom Flüchtling sind: Hunger, Hilflosigkeit, Abhängigkeit, Entwurzelung und leichte Kriminalisierbarkeit. Und so muss die humanitäre Hilfe kompensieren, was an Handlungsfähigkeit und politischer Repräsentation fehlt.[2]

Eine Methode der Kompensation besteht darin, die Figur des Flüchtlings zu universalisieren. Dieser erscheint dann als besonderer Menschentyp – nicht zuletzt im photographischen oder filmischen Bild.[3] In seiner Videoinstallation *How to Make a Refugee* von 2000 zeigt der Künstler Phil Collins ein Team britischer Bildreporter, die 1999 in einem mazedonischen Lager Aufnahmen einer kosovarischen Flüchtlingsfamilie arrangieren. Alles an der Visualisierung der Opfer muss stimmen. Belichtungsmesser tauchen vor Collins' versteckter Kamera auf, man hört Regieanweisungen, ein Junge soll seine Narben vorzeigen.

Als Stereotyp wird der Flüchtling zu einer vielfältig kontrollierbaren Figur. Diese soll nicht nur räumlich, sondern auch *diskursiv* erstarren, wie ein Standbild ihrer selbst.[4] In seiner materiellen und medialen Unbeweglichkeit, darin besteht das Paradox des Flüchtlings. Weniger unterwegs als gewissermaßen stehend bewegt, ist er gerade dadurch extrem instabil und verletzlich. Und wenn ein Bild eben jene Schutzbedürftigkeit ikonographisch in den »flehenden Augen« oder einer ähnlichen Chiffre erfasst, dann trägt es maßgeblich zum

Selbstbild der internationalen Gemeinschaft bei. Die Sorge um Menschen, die sich auf der Flucht befinden und eine provisorische Existenz in den Zonen der erzwungenen Mobilität fristen, vermittelt ein Gefühl planetarischer Solidarität in der Einen Welt. Diese Sorge hat nach dem Zweiten Weltkrieg zur Gründung der UN, zur Aufnahme der Arbeit des UNHCR und zum Abkommen über die Rechtsstellung der Flüchtlinge (Genfer Flüchtlingskonvention) geführt. Das Emblem des UNHCR, ein in Krisenregionen allgegenwärtiges Symbol, ist die graphische Kurzformel dieser Selbstverpflichtung auf die sorgende Bereitstellung von humanitärem Schutz. Eingerahmt von den – Frieden symbolisierenden – Olivenzweigen, die auch die Erdkugel im Logo der Vereinten Nationen bekränzen, behüten zwei stilisierte Hände eine menschliche Figur. Die Hände sind, nimmt man die Figur als Maßstab, übergroß; sie schließen diese ein, wie die Wände und das Dach eines Hauses. Obdach für die obdachlos Gewordenen zu schaffen ist eine der Hauptaufgaben des 1950 gegründeten Amtes des Hohen Flüchtlingskommissars der UN.

»Die Erzählung vom Schutz hat sich über viele Jahrhunderte entwickelt, aber das heutige Klima ist auf besondere Weise herausfordernd und komplex«, heißt es in einer Selbstdarstellung des UNHCR. »Gegenwärtige globale Migrationsmuster in einer Welt, die aufgrund verbesserter Kommunikation rasch schrumpft, betreffen nicht nur Flüchtlinge und Asylsuchende, sondern auch die oft ineinander verschränkten Bewegungen von Millionen ökonomischer Migranten auf der Suche nach einem besseren Leben, Menschenschmuggler und ihre Milliardengeschäfte sowie die globalen Auswirkungen des Krieges gegen den Terrorismus.«[5] Seit der Genfer Flüchtlingskonvention von 1951, die 1954 in Kraft trat, zieht die »Erzählung vom Schutz« eine Verbindung zwischen dem Status des Flüchtlings, den das Abkommen definiert und der durch den UNHCR kontrolliert, bewilligt und verweigert wird, und dem Schutz, den der UNHCR bietet. Dieser Schutz umfasst das Leben, die Freiheit und die Rechte der anerkannten Flüchtlinge, der so genannten Konventionsflüchtlinge. Nach dem 11. September sehen allerdings selbst führende UNHCR-Funktionäre die eigene Schutz-Mission ausgerechnet durch das erhöhte Sicherheitsaufkommen gefährdet, das den Krieg gegen der Terrorismus oft genug in einen Krieg gegen Migranten und Flüchtlinge ausarten lässt.[6] Trotzdem hält der UNHCR gegenüber Regierungen und Kriegsparteien im Namen der Schutzbefohlenen an seiner Mission fest. Nicht zuletzt betrifft dies die Bereitstellung von Unterkünften für die, die ihre Häuser und Wohnungen aufgeben mussten. Wie das Emblem des UNHCR symbolisiert, ist die physische Behausung in provisorischen Architekturen ein sichtbares Zeichen der Sorge um Menschen auf der Flucht.

Mehr noch als der Flüchtling im Sinne der Genfer Konvention ist heute, in den Zeiten der *mixed flows,* der »illegale« Migrant der Inbegriff dieser entblößten Menschlichkeit. *Clandestini, indocumentados, sans papiers, irregular migrants* – immer neue Bezeichnungen entstehen für die Subjekte selbst organisierter, grenzüberschreitender Bewegung. Trotzdem hat der Begriff Flüchtling seine Bedeutung sowohl für die Betroffenen wie für die Unterstützerszene nicht verloren. An der französischen Kanalküste etwa, wo viele Illegalisierte auf eine Möglichkeit warten, nach England zu kommen, sprechen die Leute, um sich von der offiziellen Terminologie abzugrenzen, über sich selbst als *refugiés*, als Flüchtlinge. Einerseits lässt die immer größere Verwirrung nicht nur der betroffenen Individuen, sondern auch bei Behörden und humanitären Organisationen, wenn es darum geht, den Status von Personen in grenzüberschreitender Bewegung festzulegen, die vereinheitlichende Rede vom »Flüchtling« unangemessen erscheinen. Andererseits ist es geboten, dass sich die kritische Analyse den bürokratisch-juristischen Kategorien der Flüchtlingspolitik und des Migrationsmanagements verweigert. Das immer undurchdringlicher geknüpfte Netz der Bezeichnungen korrespondiert mit den zunehmend lückenlosen Erfassungen der Grenzkontrollen und dem beständig wachsenden System von Lagern innerhalb und außerhalb der EU. Auch Agamben verwendet den Begriff »Flüchtling« nicht in kategorialer Unterscheidung von »illegalen« und anderen Migranten, sondern gerade in der Absicht, sich von einer derartigen Typologie abzugrenzen.

Der Status des Flüchtlings steht nach der Genfer Konvention von 1951 jeder Person zu, die sich »aus der begründeten Furcht vor Verfolgung wegen ihrer Rasse, Religion, Nationalität, Zugehörigkeit zu einer bestimmten sozialen Gruppe oder wegen ihrer politischen Überzeugung [...] außerhalb des Landes befindet, dessen Staatsangehörigkeit sie besitzt, und den Schutz dieses Landes nicht in Anspruch nehmen kann oder wegen dieser Befürchtungen nicht in Anspruch nehmen will.« Seit mit dieser Definition gearbeitet wird, hat sie Probleme verursacht. Sie zwingt zu einem Handeln, das jenes komplexe Ineinander von Flucht und Migration unterschlägt, das vom UNHCR inzwischen selbst eingeräumt wird.

In den Verantwortungsbereich des UNHCR fallen heute anerkannte Flüchtlinge, Bewerber auf die Anerkennung als Flüchtlinge (Asylsuchende), Rückkehrer, intern Vertriebene (IDPs) und rückgekehrte IDPs – derzeit insgesamt etwa 20 Millionen Menschen weltweit, aber nur ein Bruchteil der Migranten, die sich weltweit mehr oder weniger prekär, mehr oder weniger unsicher fern der Heimat bewegen. Der Daseinsgrund des Flüchtlingskommissariats sieht die Einteilung der Migration in »gewaltsam« und »freiwillig« (oder »ökonomisch«) vor; unterschieden werden Formen der Mobilität, die geschützt gehören, von solchen, die eines derartigen Schutzes nicht bedürfen, weil sie von keiner durch politische, ethnische oder religiöse Verfolgung ausgelösten Gefahr für Leben und Sicherheit angestoßen sind. Nun konstruiert sowohl die Anerkennung wie die Nichtanerkennung des Status der Schutzbedürftigkeit eine bestimmte juristische und politische Identität. Dem anerkannten Flüchtling als Objekt humanitärer Sorge steht der erfolglos Asyl Begehrende als Objekt polizeilicher Ermittlung gegenüber. Die schützenden Hände des UNHCR haben daher auch eine ausschließende Funktion; sie trennen Flüchtlinge und Migranten, obwohl diese Trennung in vielen Fällen nur schwer begründbar ist.

»Temporärer Schutz«

Der Status des Flüchtlings mag zwar ein gewisses Maß an Sicherheit und Freiheit gewährleisten, doch sind die Lebensumstände in den Aufnahmeländern für Flüchtlinge oft degradierend. Die schützenden Hände schließen die anerkannten Flüchtlinge in diesem Status auch ein und immobilisieren sie so. Die Flüchtlingsheime formen ihre Bewohner – in der Fremd- wie in der Selbstwahrnehmung. Die Identitätskonstruktion »Flüchtlinge aus dem Lager« hat eine politische Funktion, wie Maria Wöste vom Niedersächsischen Flüchtlingsrat sagt.[7] Eine solche Konstruktion wird etwa dann wirksam, wenn Flüchtlinge in der Bundesrepublik Deutschland, die im Status der »Duldung« eine gewisse lokale Integration erreicht haben, wieder in lagerähnliche Unterkünfte eingewiesen werden, um auf diese Weise ihre soziale Identität zu manipulieren. Denn als Insassen eines Flüchtlingsheims sind sie so unerwünscht wie das Lager selbst.

Besonders deutlich wurde die Fragwürdigkeit des Flüchtlingsstatus, als der UNHCR und die internationale Gemeinschaft unter dem Eindruck der massenhaften Flucht während des Bosnienkriegs eine Sonderregelung einführten, um das aufwendige Anerkennungsverfahren, wie es die Genfer Konvention vorsieht, abzukürzen. Unter dem Titel *temporary protection*, zeitweiliger Schutz, propagierte der UNHCR in Kooperation mit der EU und Ländern wie der Bundesrepublik Deutschland, Italien, den Niederlanden, Schweden, der Schweiz oder Österreich eine Lockerung der Prozeduren, um so die große Zahl von Flüchtlingen – die als außergewöhnlicher *mass influx of displaced people* juristisch konzipiert wurde – bewältigen zu können.[8]

Diese demonstrative Flexibilisierung der Aufenthaltsarten brachte die Betroffenen allerdings in Situationen, in denen der erteilte Schutz vor Verfolgung und »ethnischer Säuberung« mit einer Steigerung des provisorischen Charakters ihrer Existenz einherging. Weil die aufnehmenden Länder nicht gewillt waren, eine andere Perspektive als die der möglichst schnellen Rückführung der Flüchtlinge in ihre Herkunftsländer zu akzeptieren, hielten sie sich mit Maßnahmen zur Integration zurück.

Die Flüchtlingsunterkünfte, wie sie etwa in der Bundesrepublik Deutschland entstanden, wo Anfang der 1990er Jahre parallel zu den Ankömmlingen aus den Kriegsgebieten auch die Aussiedler aus der ehemaligen Sowjetunion, Polen und Rumänien eintrafen und untergebracht werden mussten, waren der architektonische Ausdruck der Zeitweiligkeit dieses Schutzes. Ihr Aussehen und ihren technokratischen Charakter verdankten die temporären Containerdörfer, die man zumeist am Rande der Kommunen errichtete, wo noch freie Flächen angemietet werden konnten, zunächst pragmatischen Notwendigkeiten. Andererseits war die Existenz der Flüchtlinge in Deutschland aus Sicht der Politik und der einheimischen Bevölkerung fest an den provisorischen Charakter dieser Architektur geknüpft. Für die Subjekte des »vorübergehenden Schutzes« war ein Leben in Deutschland nach dem Containerdorf nicht vorgesehen.

Der UNHCR unterstützte die aufnehmenden Länder in dieser Auffassung, indem er von der Einleitung individueller Asylverfahren im Falle der so genannten »De-facto-Flüchtlinge« abriet.[9] Seine vorrangige Aufgabe sah das Flüchtlingskommissariat darin, Unterkünfte verfügbar zu machen. Die soziale und legale Integration spielte in den ersten Jahren der *temporary-protection*-Aktivität eine untergeordnete Rolle. Da der Aufenthalt von vornherein als befristet definiert war, bedeutete der vorübergehende Schutz oft soziale und ökonomische Isolation. Möglichkeiten, an den Gesellschaften der Gastländer zu partizipieren, gab es aufgrund des Status als »vorübergehend« Schutzbedürftiger kaum, Entwicklungen hin zu Sesshaftigkeit und Ansiedelung waren unerwünscht. Zu den flüchtlingspolitischen Maximen dieses Programms gehörte es, den Container buchstäblich als Behälter zu betrachten. Von hier sollte kein legaler Weg in die Welt außerhalb des Containerdorfs führen.

Die Anwendung des *temporary-protection*-Programms bot der EU eine Gelegenheit, im Zusammenspiel mit dem UNHCR und (seit den späten 1990er Jahren) verstärkt der IOM, die Genfer Flüchtlingskonvention stillschweigend zu revidieren und zu beschneiden. Die EU-Mitgliedsländer und Staaten wie die Schweiz konnten einerseits ein humanitäres Profil zeigen, weil sie »unbürokratisch« auf die Krisen im ehemaligen Jugoslawien reagierten; andererseits erlaubte ihnen diese Sonderregelung zu verhindern, dass die »temporären« Flüchtlinge den Status von »anerkannten« Flüchtlingen gemäß der Genfer Flüchtlingskonvention erhielten. Dieser Status hätte sie mit einem hohen Maß an (sozialen, politischen, ökonomischen) Rechten ausgestattet. Stattdessen wurden ihnen während der 1990er Jahre und nach dem Beginn des Kosovo-Krieges 1999 immer wieder neue Aufenthaltsfristen gesetzt. Verunsicherung und Prekarisierung waren Methode.

In Italien stellte man beispielsweise Kosovo-Albaner

Ende der 1990er Jahre unter »vorübergehenden Schutz« und später, nach dem Bossi-Fini-Gesetz von 2002, vor die Entscheidung, ob sie in einem fortdauernden Zustand der ökonomischen und juristischen Unsicherheit in Italien bleiben oder den Weg zurück in den zerstörten Kosovo antreten wollten. Von Beginn an hatte das Angebot des »vorübergehenden Schutzes« die kosovo-albanischen Flüchtlinge in ein typisches Dilemma gebracht: Entweder sie ließen sich auf ein umständliches, in Italien mit oft jahrelanger Wartezeit und schlechten ökonomischen Perspektiven verbundenes Verfahren zur Anerkennung als Konventionsflüchtling ein, das in ungewisser Zukunft ein hohes Maß an Rechten versprach; oder sie akzeptierten den »vorübergehenden Schutz« als Soforthilfe ohne juristische und politische Nachhaltigkeit.[10]

Hier spielen Überlegungen zu Zeit, Sicherheit und materieller Versorgung zusammen. Das schnelle, vermeintlich Zeit sparende Handeln der Staaten soll jede Dauerhaftigkeit des Aufenthalts der Personen unterbinden. So wird das Sicherheitsempfinden der Flüchtlinge den ökonomischen und sicherheitsbezogenen Kalkülen der aufnehmenden Staaten geopfert.

Als »Lastenverteilung«, die durch die Folgen der Kriege im ehemaligen Jugoslawien erforderlich geworden war, trieben die EU und ihre Mitgliedsstaaten die Harmonisierung einer Asylpolitik voran. Diese Politik zielt mehr und mehr darauf ab, Zugänge und Aufenthalte im Interesse der Staaten bedarfsweise zu regeln. Wer als Flüchtling anerkannt wird, für wie lange und zu welchen Bedingungen, ist Gegenstand fortwährender Verhandlungen innerhalb der EU. Immer neue Gesetze und Verfahren beeinträchtigen die Rechtssicherheit und Lebensplanungen der Flüchtlinge. Allerdings steuern diese Veränderungen durchaus in eine bestimmte Richtung: Wie die Politologin und Rechtswissenschaftlerin Danièle Joly schreibt, entspricht das von den Mitgliedsstaaten favorisierte Modell »einem Regime des selektiven, temporären und rotierenden Asyls mit eingeschränkten sozialen Rechten.«[11]

An die Stelle des Begriffs vom »vorübergehenden« ist im EU-Jargon inzwischen der Begriff des »subsidiären Schutzes« getreten. Und es ist aufschlussreich, welche Bedeutung in diesem Zusammenhang das politische Instrument des Provisoriums gewinnt. So heißt es in einem EU-Papier zur »Definition des Begriffs Flüchtling und Subsidiärer Schutz«, der »Bedarf an subsidiärem Schutz [ist] in der Regel eher vorübergehender Natur«; »Personen, denen subsidiärer Schutz gewährt wurde«, werden deshalb »bestimmte wichtige Rechte und Leistungen, etwa der Zugang zu Arbeit und Eingliederungsprogrammen oder die Erteilung einer mehrjährigen Aufenthaltsgenehmigung, nur schrittweise gewährt.«[12] Mit anderen Worten: Die Staaten warten ab. Und die Betroffenen sind zum Warten verurteilt.

Warten auf die Abschiebung

In einer Welt, in der Freiheit, Beschleunigung und augenblickliche Bedürfnisbefriedigung die Norm sind, ist »Warten eine Schande«, stellt der Soziologe Zygmunt Bauman fest. »Warten ist etwas, für das man sich schämen muss, weil es als Zeichen von Trägheit oder niederem Status angesehen und bewertet wird, als Symptom der Zurückweisung und Signal für den Ausschluss.«[13] Wo gewartet wird, hat längst eine Abwertung stattgefunden. Das Bild der Wartenden gehört zum festen Repertoire der Vorurteile gegenüber Nicht-Einheimischen. Weil Flüchtlinge und Asylbewerber in den Aufnahmeländern kaum Möglichkeiten haben, einer Erwerbsarbeit nachzugehen, halten sie sich während der wärmeren Jahreszeit in den Übergangsheimen und anderen Unterkünften im Freien auf.

Die Mehrheitsgesellschaft zieht daraus ihre Schlüsse und setzt dieses Verhalten mit Faulenzerei und Müßiggang gleich. Die Psychologie des Wartens und der Pause ist ein Instrument der Zermürbung. Erstaunlich konsequent werden in der Umsetzung einwanderungspolitischer Entscheidungen Perspektiven und Lebenszeit zerstört.

»Tote Zeit« nennen die Effizienzoptimierer in der Wirtschaft die Stunden, die Angestellte und Arbeiter untätig in Airport-Lounges oder in Pendelzügen zubringen; als »tote Zeit« werden auch die Phasen des Wartens bezeichnet, die Touristen auf dem Weg zum Urlaubsziel durchleben. Aber während »tote Zeit« in diesen Fällen als ein Problem wahrgenommen wird, machen die Staaten der EU und ihre Partner die »tote Zeit« im Kampf gegen die Migration zum Teil der Lösung. Der Verlust von Lebenszeit wird als Gewinn an Kontrolle und Abschreckung verbucht.

Die Stillstellung der Bewegung überführt dauerhaft jedes Erwarten in bloßes Warten. Es ist eine perfide Ironie jeder Freiheitsberaubung, dass die »tote Zeit« von Gefangenen und Internierten selbst hergestellt wird. Auch die im Wartestand eines Sammellagers oder eines Abschiebegefängnisses verbrachte Zeit muss von den Insassen buchstäblich totgeschlagen werden. Im Englischen ist eines der Worte für Pause: *break*. Die erzwungene Pause bricht mit der eigenen Zeit … bis zum Zerbrechen am Verlust der eigenen Zeit. Die unfreiwillig eingelegte Pause ist der Raum einer spezifischen Temporalität, das Labor eines Zeitentzugs durch Zeithäufung.

Räume des Wartens sind Räume der Immobilität. Sie werden nicht nur an schwach frequentierten, abgelegenen Orten eingerichtet, sondern auch im Herzen der baulichen Infrastrukturen des Verkehrs von Personen und Waren – in europäischen Flughäfen, Bahnhöfen und Schiffshäfen. In Frankreich nennt man die geschlossenen Bereiche an solchen Knotenpunkten *zone d'attentes*. Über das Land verteilt gibt es etwa 120 dieser »Wartezonen«, wobei sich allerdings 95 Prozent aller aufgegriffenen Personen in der berüchtigten, 2001 eingerichteten Zone d'attente pour personnes en Instance 3 (ZAPI3) am Pariser Flughafen Roissy-Charles de Gaulle wiederfinden. Die Journalistin Anne de Loisy hat hier sechs Monate undercover, als Mitarbeiterin des Roten Kreuzes, recherchiert. In ihrem 2005 veröffentlichten Bericht kann sie zeigen, wie in der gigantischen Mobilitätsmaschine Roissy alltäglich das Recht auf Mobilität gebeugt und ein demütigendes und entmutigendes Regime des Wartens exekutiert wird.[14]

In der Bundesrepublik Deutschland werden die Räume im exterritorialen Transitbereich von internationalen Flughäfen im Zuge des so genannten Flughafenverfahrens »als Crafträume im Sinne des Gesetzes« angesehen, wie das Oberlandesgericht Frankfurt am Main 1996 entschied. In diesen Wartezonen, mitunter in unmittelbarer Nähe zu »regulär« wartenden Flugreisenden, verbringen die Personen jedoch oft mehr Zeit als die von Rechts wegen erlaubten 19 Tage; Bundesgrenzschützer lassen deshalb von den Asylbewerbern oder Papierlosen Freiwilligkeitserklärungen unterzeichnen, die eine Ausweitung ihres Aufenthalts im Transitbereich ermöglichen sollen, nach dessen Ablauf ansonsten entweder das Abschiebegefängnis oder direkt die Abschiebung droht.

Am Flughafen Frankfurt wurde neben dem geschlossenen Transitbereich ein Internierungslager für oft monatelange Aufenthalte von Menschen eingerichtet, die hier auf den Ausgang ihres Verfahrens warten; ebenso existieren Gewahrsamszellen der Bundespolizei, in denen es immer wieder zu Misshandlungen an Asylbewerbern kommen soll. Bei Vollstreckung der Abschiebung kommt es zudem immer wieder zu Situationen, in denen Touristen oder Geschäftsreisende neben Zwangspassagieren im selben Flugzeug sitzen. Dass die abgeschobenen Personen gegen ihren Willen und unter Anwendung von Gewalt transportiert werden, war lange kein

Thema, bis am 28. Mai 1999 der 30-jährige Sudanese Aamir Ageeb an Bord der Lufthansa-Maschine LH 558 nach Kairo starb, weil ihn Grenzschützer derart brutal gefesselt hatten, dass er erstickte; Opfer einer ähnlichen Misshandlung mit Todesfolge war bereits im August 1994 der Nigerianer Kola Bankole geworden, ebenfalls in einer Lufthansa-Maschine.

Die Praktiken der Abschiebung und der Immobilisierung im Transit werden seit den 1990er Jahren von Aktionsbündnissen gegen Abschiebung kritisiert. Kampagnen wie *deportation.class* skandalisierten darüber hinaus den Umstand, dass an den Abschiebungen nicht nur der Staat, sondern auch Unternehmen wie Fraport oder Lufthansa beteiligt sind. Die Aktionen attackierten das Image der Fluglinien, und sie erwiesen sich auch deshalb als wirkungsvoll, weil sichtbar gemacht werden konnte, wie sehr Reiseindustrie und Migrationsmanagement miteinander verflochten sind. Üblicherweise werden darüber keine Worte und Bilder verloren.

Menschenrechtsorganisationen und Flüchtlingshilfen kämpfen vermehrt gegen die Bedrohung durch Abschiebung, indem sie diese Politik als eine Politik öffentlich kenntlich zu machen versuchen, die fundamentale Rechte bricht, auch wenn sie das Recht auf ihrer Seite wähnt. Die Raumordnungen und Gebäudetypen, in denen die Freiheit der Bewegung eingeschränkt oder ganz genommen wird, spielen hier eine wichtige Rolle. Angeklagt werden die menschenunwürdigen Unterkünfte des Wartens und der toten Zeit. Und nicht nur in Flughäfen werden diese Unterkünfte eingerichtet, sondern an den unterschiedlichsten Orten, wo die Grenzen des Nationalstaats und des formellen Arbeitsmarkts Räume der Willkür und der Unbeweglichkeit produzieren.

Die Architektur des sozialen Todes

Das bundesdeutsche »Ausreisezentrum« ist der paradoxe Ort des Regimes des Wartens schlechthin: Von hier aus sollen die Menschen, denen keine nationale und staatsbürgerliche Identität zugeschrieben werden kann und die sich deshalb in den Stand von »Ausreisepflichtigen« versetzt sehen, in ein Ausland verschwinden, von dem nur die Papier- und Staatenlosen selbst wissen, ob es ihre Heimat sein könnte. Aber sie dürfen, wegen der fehlende Passpapiere, nicht im Schnellverfahren abgeschoben werden, weshalb sie oft länger bleiben als die 18 Monate, die Gesetzgebung und Verfassung erlauben. Einerseits wird das Regime des Wartens in der Abschiebehaft zu einer Taktik der Zermürbung. »Das Schlimmste an der Haft war, dass ich nicht wusste, wie lange sie dauert«, sagte ein Mosambikaner, der im polizeilichen Abschiebegewahrsam eines sechsstöckigen Gefängnis-Plattenbaus inmitten von Schrebergärten im Berliner Stadtteil Köpenick eingesessen hat.[15] Andererseits wird die Weigerung, zur Feststellung der eigenen Identität beizutragen, unter diesen Bedingungen zu einer Form des Widerstands: Ausgerechnet ihre Nicht-Identifizierbarkeit verleiht der »illegalen« Migrantin eine minimale politische Identität.[16]

Papierlose, »ausreisepflichtige« Migranten erhalten etwa in »Ausreisezentren« der Bundesrepublik Deutschland eine »psychosoziale Betreuung«, in der sie in »eine gewisse Stimmung der Hoffnungs- und Orientierungslosigkeit versetzt werden sollen«, wie der Leiter der »Clearingstelle Rheinland-Pfalz für Flugabschiebung und Passbeschaffung« zu Protokoll gegeben hat.[17] Auch laut dem im Juli 2004 verabschiedeten und im Januar 2005 in Kraft getretenen »Gesetz zur Steuerung und Begrenzung der Zuwanderung und zur Regelung des Aufenthalts und der Integration von Unionsbürgern und

Ausländern«, dem so genannten Zuwanderungsgesetz, soll in den »Ausreiseeinrichtungen« die »Bereitschaft zur freiwilligen Ausreise« durch »Beratung und Betreuung« erreicht werden.[18]

Zwar soll die staatlich induzierte »Hoffnungs- und Orientierungslosigkeit« die freiwillige Ausreise nach sich ziehen, doch in der Realität tauchen etwa ein Drittel bis die Hälfte der Migranten, die in den »Ausreisezentren« einsitzen, in der Bundesrepublik Deutschland in die Illegalität ab.[19] So entsteht der Eindruck, dass die Lager sowohl zum Bleiben wie zum Gehen animieren, dass sie Migranten ebenso illegalisieren wie entmutigen, um aber gleichzeitig sicherzustellen, dass dem schwarzen und grauen Arbeitsmarkt, der ethnisch segmentiert ist, die billigen Arbeitskräfte nicht ausgehen.

In mancher Hinsicht überleben die Personen, denen die Rechte und Privilegien eines politischen Bürgertums teilweise oder ganz entzogen, die räumlich und zeitlich von den Orten der Herkunft getrennt sind, als »soziale ›Zombies‹« (Bülent Diken). Dies gilt insbesondere für Menschen auf der Flucht – vor Krieg, Armut, Vergewaltigung, unsicheren gesellschaftlichen und politischen Verhältnissen. Die Provisorien, die in der informellen und irregulären Mobilität entstehen, um diese zu regulieren, sind Orte, an denen Leben und Tod tendenziell ununterscheidbar werden. In einer Welt, in der sein oder ihr symbolisches Kapital radikal entwertet und in der für viele die Zukunft versperrt ist, begleitet den Flüchtling oder die »illegale« Migrantin die eigene Vergangenheit in geisterhafter Form.[20]

Die deprimierende Rede von den Zombies verläuft quer zur euphorischen Rede vom »Gespenst der Migration«, die Theoretiker wie Antonio Negri und Michael Hardt bevorzugen (in Anlehnung an Marx' »Gespenst des Kommunismus«). Letztere versuchen im Bild des Gespenstes die politische Subjektivität einer neuen Klasse der Nomaden und Deserteure zu fassen, die sich – in ihrer und durch ihre Mobilität – dem globalen Empire widersetzt.[21] Es ist wiederholt darauf hingewiesen worden, dass diese gespenstische Mobilität nur verstanden werden kann, wenn man berücksichtigt, dass sie unlösbar an die Kämpfe gegen die Einschränkung und Kontrolle von Mobilität gebunden ist.[22] Schon bevor sie in einem Flüchtlingsheim oder in einem »Ausreisezentrum« landen, bewegen sich die Migranten wie Gespenster in einem Schattenreich. Diese geisterhafte Existenz am Rande der Unsichtbarkeit ist eine Überlebensstrategie, die vor dem polizeilichen Blick schützen soll. Sie ist aber auch das Resultat eines Zusammenwirkens von Gesetzgebung, politischen Institutionen und Massenmedien. Entweder werden die Migranten als Opfer auf ihr Nur-Mensch-Sein reduziert, oder sie werden als Außergesetzliche zu »Nicht-Personen« gemacht, wie der Philosoph Alessandro Dal Lago ein Buch über den »Ausschluss der Migranten in einer globalen Gesellschaft« betitelt hat.[23] So oder so teilt man ihnen spezifische Räume zu, in denen und mit denen Mobilität kontrolliert wird – formelle Räume in Gestalt offener oder geschlossener Lager-Provisorien ebenso wie die informellen Zonen der Illegalität, in die jederzeit die Staatsmacht intervenieren kann.

Ein Projekt der Migration kann noch so zukunftsgerichtet sein, sobald es in das System der Provisorien gerät, nimmt es einen phantomalen Charakter an. In der Bewegung eingefroren, in die Wartehaltung gezwungen, führt dieses System die Einzelnen in den vorübergehenden oder endgültigen sozialen Tod: »Wir sind längst tot. Sangatte ist der Friedhof der Lebenden«, wird 2002 ein Insasse des ehemaligen nordfranzösischen Grenzlagers in einem Zeitungsbericht zitiert.[24] In der Bundesrepublik Deutschland ist dieses System durch die Schaffung von Zonen der begrenzten Bewegungsfreiheit im Zuge der so genannten Residenzpflicht gekennzeichnet, die es Asylbewerbern untersagt, die Grenzen des Landkreises, in dem sie gemeldet sind, zu überschreiten. In Verbindung mit einer Wohnortsverpflichtung auf das jeweilige Heim entsteht eine verstreute Matrix von Gemeinschaftsunterkünften. »Wie durch ein virtuelles Netz wird der Raum parzelliert, die Flüchtlinge gleichmäßig über diesen verteilt, verwaltet und festgehalten«, schreibt der Psychologe und Politikwissenschaftler Tobias Pieper, der den Beginn eines dezentralen Lagersystems in der Bundesrepublik, das auch den Interessen der Wirtschaft an billigen Arbeitskräften entspricht, auf die Jahre unmittelbar nach dem Anwerbestopp von 1973 datiert.[25]

So werden Menschen auf Orte verteilt, deren räumliche und soziale Struktur auf Nicht-Aktivität, auf Warten und Ausharren, ausgerichtet ist. Hier sollen Hoffnung und Orientierung verloren gehen – zumindest zeitweilig. Diese behördlichen Festsetzungen gehören längst nicht mehr zu einem erzieherisch-disziplinierenden Programm, mit dem man Normalität und staatsbürgerliche Identität produziert. Vielmehr zielen diese Orte, deren Gleichförmigkeit und Gleichgültigkeit sie als Nicht- oder Un-Orte qualifizieren, darauf ab, Individualität und Identität infrage zu stellen: Damit markieren sie das Ende der politischen Subjektivität. Theodor W. Adorno hat 1944 das Ende der Sesshaftigkeit zu einem Signum der Spätmoderne erklärt. »Will man der Verantwortung fürs Wohnen ausweichen, indem man ins Hotel oder ins möblierte Appartement zieht, so macht man gleichsam aus den aufgezwungenen Bedingungen der Emigration die lebenskluge Norm.«[26] Und die, die nicht einmal die Wahl haben, ob sie die migrantisch-nomadische Existenz der Sesshaftigkeit als Lebensstrategie vorziehen, »wohnen wenn nicht in Slums so in Bungalows, die morgen schon Laubenhütten, Trailers, Autos oder Camps, Bleiben unter freiem Himmel sein mögen.«[27] Dieses Panorama einer zentrifugalen Obdachlosigkeit beschreibt auch, wie die Teilnahme am politischen Leben einer Gemeinschaft verloren geht. Die Einklammerung des

Politischen erhält ihre äußere Gestalt in den Architekturen des Provisoriums, im Design des post-politischen Raums, in der Urbanität des sozialen Todes.[28]

Zelt-Systeme

Diese Urbanität muss schnell auf- und abgebaut werden können. Sie soll billig und funktional erscheinen sowie darauf angelegt sein, längeres Bleiben eher zu verhindern, statt ihre zeitweiligen Bewohner aufzufordern, den Aufenthalt zu verstetigen. Eine der gängigsten Methoden, kurzfristig Unterkünfte zu schaffen, ist die Umwidmung existierender Bauten. Der Zusammenhang von Nutz- und Notarchitektur wurde in Bezug auf das ehemalige Jugoslawien bereits angedeutet. Leer stehende oder schnell zu räumende Gebäude, die zu anderen Zeiten der Unterbringung von Soldaten, Arbeitern, Schülern, Alten oder Touristen gedient haben, werden zu Unterkünften, in denen eine Bevölkerung auf der Wanderung vorübergehend festgesetzt wird. Anders als in vielen Katastrophen- und Kriegsgebieten in Afrika oder Asien konnte und kann in Europa auf eine teilweise verlassene oder dysfunktional gewordene Struktur von Gebäuden und Siedlungsformen zurückgegriffen werden. Allerdings hat beispielsweise die Massenflucht nach Albanien und Mazedonien während des Kosovokriegs von 1999 gezeigt, dass auch diese Möglichkeiten der Neunutzung begrenzt sind, sobald die Zahl der Flüchtigen zu groß wird. In solchen Ausnahmesituationen tritt die Maschine der internationalen Flüchtlingshilfe in Aktion, setzen sich die Transportflugzeuge mit Tonnen von blauen und weißen Kunststoffplanen des UNHCR und anderer Organisationen in Bewegung, und es entstehen Zeltstädte nach Mustern, wie sie in Jahrzehnten weltweiter Krisenlogistik entwickelt worden sind.

Die Metapher der Maschine ist hier bewusst gewählt und soll andeuten, dass die Bereitstellung provisorischer Architektur als eine Produktion von Raum zu betrachten ist, die nicht auf den Bau vertikaler, physischer *Monumente*, sondern horizontaler und ephemerer *Systeme* zielt. Zelte sind der Bautyp des Übergangs schlechthin. Sie sind vergleichsweise leicht und ohne großen Aufwand zu transportieren. Ihre Ursprünge in der Lebensweise nomadischer Völker, aber auch ihre aktuellen Verwendungen machen sie, um mit Gilles Deleuze und Félix Guattari zu sprechen, zu »nomadischen Maschinen«.

In mancher Hinsicht kann das Zelt als eine Ausnahmearchitektur gelten, die die logischen Fundamente der westlichen Architektur herausfordert.[29] Diese Herausforderung wird von Architekten wie Peter Eisenman und Architekturtheoretikern wie Anthony Vidler mit dem Begriff des »Diagramms« assoziiert.[30] Das Diagramm steht für eine Strategie der Mobilität und Modularität von Architektur. Die Strategie des Diagramms weicht von der traditionellen Vorstellung eines »Plans« ab und soll den Bedingungen einer Gegenwart der Datennetze und Verkehrsströme, in denen sich auch gesellschaftliche Formen zunehmend verflüssigen, besser entsprechen. Derart interpretiert, ist eine Architektur der Systeme und Diagramme ein utopisches politisches Projekt, das sich gegen Architekturen der Unterdrückung, Disziplinierung und Freiheitsberaubung richtet: Die »nomadischen Maschinen« halten der statisch-monumentalen Architektur des Staates ihre Wendigkeit, ihre Flexibilität und ihren kollaborativen Geist entgegen. Von der »Tent Embassy« der australischen Ureinwohner in Canberra, die zwischen 1972 und 1992 bestand,[31] bis zu den weltweit beachteten Zeltdörfern von Regimekritikern in Kiew (2004) oder Beirut (2005) reicht die Verbindung zwischen kritischem Aktivismus und textiler Mobil-Architektur. In nichtnomadischen Gesellschaftsordnungen kann die Zeltarchitektur aber auch alle mit ihr verbundenen emanzipatorischen Assoziationen einbüßen, wie 1986 in Hofheim im Taunus, als ein Zeltlager für Flüchtlinge aus Eritrea errichtet wurde, um »als abschreckendes Zeichen« zu dienen, »dass für weitere Flüchtlinge kein Platz mehr ist.«[32] Sie wird dann zum Symbol des Unerwünschten, zum Ort, an dem sich die Fremden sammeln.

Das Zelt mag eine Architektur der Ausnahme sein, doch scheint diese Ausnahme ihrerseits etwas Regelhaftes angenommen zu haben. Eine Architektur, die ein Höchstmaß an Neutralität und Funktionalität, an Mobilität und Modularität aufweist, ist nicht mehr automatisch das Ergebnis eines utopischen Urbanismus der 1960er Jahre. Vielmehr spiegeln sich in ihr die Aktualität und Realität von Raumverhältnissen wider, die vom Prinzip des Provisoriums geprägt sind. In der zukunftstrunkenen Nachkriegsmoderne wurde das Ideal eines befreiten improvisierenden und flexiblen Handelns gepflegt. Aber die Architektur und Stadtplanung der mobil-modularen Einheiten, Zellen und Megastrukturen ist längst der Pragmatik des Krisenmanagements und der Mobilitätskontrolle gewichen. Tief ist das Provisorische in jene Rationalität eingelassen, die heutige Politik und Ökonomie bestimmt.

Die gegenwärtig zu beobachtende Stadtentwicklung steht im Zeichen gewandelter Migrationsformen und zunehmend mobiler Verhältnisse – und dies längst nicht nur im Hinblick auf Verkehrsplanung. Dass die »städtische Zukunft von einer zunehmend mobilen Bevölkerung geprägt« sein wird, bedeutet für Planung und Soziologie, dass sich die Großstädte auf Pendelexistenzen einstellen müssen: »Diese brauchen Räume, Stätten, Orte für den jeweiligen Aufenthalt.«[33] Weil man nicht weiß, wie die Mobilität sich entwickelt, sollten die Architekturen »für Zuwanderer« am besten funktional weitgehend undefiniert bleiben, für alle Eventualitäten offen, empfiehlt der Stadtsoziologe Hartmut Häußermann.[34] So fühlt sich niemand eingeschränkt oder festgelegt.

Containerdörfer

Auf der Rothenhauschaussee, einem Teilstück der B5 hinter dem Stadtteil Bergedorf im Südosten Hamburgs, fährt man im Februar 2006 an den weitläufig verteilten Parzellen des Kleingartenvereins 614 ebenso vorbei wie an verwaisten Ausstellungsflächen für Musterhäuser. Die Autobahn verläuft parallel, ein Wohngebiet lässt sich in der Entfernung erkennen, der Elbdeich ist nicht weit, und ein Straßenschild weist den Weg zur nahen Gedenkstätte KZ Neuengamme. In dieser prototypischen Peripherie, wo die Stadt zur Grauzone ausfranst, erstreckt sich, nur durch einen Graben von der Straße getrennt, ein Gelände mit 50 leer stehenden Barackenblöcken. Die Bauten stammen von einem belgisch-holländischen Unternehmen mit dem schönen Namen De Meeuw, die Möwe. Die Spezialisten für mobile Nutzarchitekturen (Werbeslogan: »Naturlijk! Flexibel bouwen met De Meeuw«) gehören zu den wichtigen Zulieferbetrieben, die im europäischen Geschäft mit provisorischen Quartieren mitmischen. Jeder Block besteht aus fünf Metallcontainern, davon jeweils vier zum Wohnen und einer für sanitäre Einrichtungen. Die Container benötigen kein Fundament, ein flaches Dach wird von oben auf das Ensemble geschraubt. Die Anlage, in der maximal 350 Leute gelebt haben, wurde einige Wochen zuvor komplett geräumt. Durch die Fenster sieht man noch verbliebene Standardmöbel, Stockbetten und billige Kleiderschränke. Vereinzelt zeugen Spitzengardinen und Klebebilder an den Fenstern vom vergangenen Leben in dieser Übergangssiedlung. Das Gelände ist bepflanzt, sauber geschnittene Hecken und Rasenstücke lassen auf gärtnerische Pflege schließen.

1992 wurde dieses Übergangsheim – von einem Mitarbeiter der zuständigen Sozialbehörde im Gespräch auch »Flüchtlingsdorf« genannt – für Aussiedler vor allem aus der ehemaligen Sowjetunion rund um das Gebäude eines einstigen Altersheims erbaut.[35]Anfangs standen kaum ausreichend Unterkünfte für die Neubürger zur Verfügung. Im ganzen Land wurden Hotelzimmer angemietet und Gebäude zweckentfremdet, bis nach und nach offene Siedlungen wie jene an der B5 hinter Hamburg-Bergedorf entstanden, auf Grundstücken, die von den Kommunen angemietet wurden, auf denen stadtnahe Betreibergesellschaften solche und ähnliche »Wohnunterkünfte« betreuten. Einige der Aussiedler blieben jahrelang auf dem Gelände, bis ihnen irgendwo in Hamburg Wohnraum zugeteilt wurde. Manche zogen in das nur wenige Kilometer entfernte »Pavillondorf« von Curslack, eine ebenfalls aus Modulelementen zusammengesetzte, aber einladender gestaltete Kleinsiedlung. Nach und nach veränderte sich im Lauf der Jahre die Bewohnerschaft der Siedlung an der B5. An die Stelle der Aussiedler traten vermehrt Asylbewerber und Menschen in Wohnungsnot, die hier für eine geringe Miete untergebracht wurden. Als der Pachtvertrag für das Grundstück nach 13 Jahren ausgelaufen und keine weitere Nutzung der Containersiedlung vorgesehen war, verlegte man auch die letzten verbliebenen Bewohner in Wohnungen. Dann setzte die Sozialbehörde einen Versteigerungstermin an. Denn die Container konnten durchaus weiter verwendet werden, irgendwo, wo die Auflagen zur Haltbarkeit solcher Unterkünfte locker gehandhabt werden. Das Anwesen ging an den Meistbietenden. Seitdem fahren gelegentlich Tieflader vor und schultern die eine oder andere zerteilte Baracke. Das Ziel: Bulgarien. Dort soll der Käufer der Siedlung einen Interessenten haben.

Die Container ziehen aber nicht an den Stadtrand und von dort nach Bulgarien, sondern sind längst auch zu einem Element innerstädtischer Urbanität geworden. Der Journalist Uwe Rada hat in Berlin, einer Stadt, die mit dem Bau der Mauer »zu einem Provisorium der Weltgeschichte« geworden ist, ein Insistieren des Provisoriums auch nach dem Mauerfall

beobachtet. Dieses Andauern des Temporären und Behelfsmäßigen betrifft »nicht nur provisorisch genutzte städtische
Räume, Brachen oder Investitionsruinen. Provisorisch im
Sinne von vorläufig, unsicher oder prekär ist auch die Ökonomie der Stadt geworden.«[36] So wie sich in den Eingängen von
Einkaufszentren fliegende Händler niederlassen, beobachtet
Rada, wuchert in der Stadt eine parallele Stadt, die »Container City«. Denn längst beschränkt sich die Ausbreitung der
genormten Behälter nicht mehr auf die logistischen Routen
und Räume des globalen Handels. Anders als die bürgerliche
Architekturkritik es wahrhaben will, sind die Logistiker, Ar-
beitszeitoptimierer und Containerentwickler die Baumeister
der neuen, vom Provisorischen gezeichneten Städte. Für
viele Großunternehmen wird der Container zur Alternative,
wenn die Standortentscheidung Sorgen bereitet. So entstehen
mobile Bürozentren, die fünf bis zehn Jahre halten, ab- und
woanders wieder aufgebaut werden können.[37]

Auch im Bereich der transportablen Not- und Interven-
tionsarchitekturen ist den weichen Zelten durch den Metall-
container ein ernsthafter Konkurrent erwachsen. In Fortsetzung der mobilen Behelfsarchitektur der Nissenhütten und
Wohnwagenheime, prägend für das ganze 20. Jahrhundert,
wurde der Wohncontainer zu einem der wichtigsten Bau-
elemente für provisorische Unterkünfte. Wohncontainer, zu
»Systemräumen« oder »Raumzellensystemen« zusammen-
gefügt, werden zu Containerdörfern (mit oder ohne Zelt-
Annex), die in der Nähe von Baustellen ebenso entstehen wie
dort, wo Asylbewerber untergebracht werden sollen.

Dabei kennzeichnet das Provisorische eine Tendenz zur
Hybridität. Statt einheitlich-homogener Lösungen entstehen
immer wieder Ensembles unterschiedlicher architektonischer
Typen. Neben- und ineinander angeordnet und verschachtelt:
Zelte, Container, Wohnwagen, Sportstadien oder Turnhallen.
Wie die 20 Zelte eines zwischen 2002 und 2003 betriebenen

Lagers in einer leer stehenden Fabrikhalle auf der griechischen Insel Chios, wo ein Großteil der Bootsflüchtlinge nach der Überfahrt von der türkischen Küste landet.[38] Oder wie in der 25 000 Quadratmeter großen Wellblechhalle bei Sangatte, in der 20 Baustellen-Wohncontainer der Firma Portakabin sowie 20 kleinere und größere Militärzelte auf dem Betonboden aufgereiht waren, dazu ein Container mit Krankenstation und Stillraum.[39]

Im Hamburger Hafen, in Neumühlen, liegt das Wohnschiff »Bibby Altona« mit einer Aufnahmekapazität von etwa 600 Personen, bestehend aus rund hundert gestapelten Containern auf einem schwimmenden Ponton. Das in Rostock gebaute Kasten-Gebilde wurde 1993 von der Stadt Hamburg gechartert, damals noch unter dem Namen »Floatel Altona«, bis es 1995 von dem britischen Schifffahrtsunternehmen Bibby übernommen und umgetauft wurde. Das seitdem unter der Flagge der Bahamas mehr liegende als segelnde Schiff diente zunächst als Unterbringungsprovisorium für Übersiedler aus der DDR und Aussiedler und wurde später zur Zentralen Erstaufnahme-Einrichtung für Flüchtlinge umgewidmet.

Das Containerschiff, das in den ersten Jahren dem Verantwortungsbereich der Hamburger Sozialbehörde angehörte, wurde 2003 der Innenbehörde zugeordnet. Damit bekräftigte die Politik unwillkürlich auch die vornehmlich polizeiliche Kontroll- und Abschreckungsfunktion dieser Architektur. Ankunft und Abschiebung bilden in dem schwimmenden Containerstapel eine Einheit. Und in einer Stadt, in der täglich die riesigen Containerschiffe elbabwärts fahren, ist bereits die Verbindung von Wohnen, Container und Schiff eine überdeutliche politisch-symbolische Geste. Die konkreten Wohn- und Lebensverhältnisse auf der »Bibby Altona« wurden durch Menschenrechtsgruppen vielfach kritisiert. Die Verbindung von Macht und Container, wie sie sich hier verkörpert, macht das utopische Projekt eines kritischen Nomadismus zur Makulatur.[40]

Sichtbarkeit und Unsichtbarkeit des Provisoriums

Am 10. Dezember 2002 fuhr das zehn Meter hohe Containerschiff »Transit« der Reederei Köln-Düsseldorfer, die ansonsten auf touristische Rheinschifffahrt spezialisiert ist, im Köln-Deutzer Hafenbecken ein. Doch fiel das Anlegen schwer, weil Mitglieder der Flüchtlingsinitiativen Rom e.V., kein mensch ist illegal und Pro Roma mit Abseilaktionen an der Kaimauer und einer Besetzung des Schiffsdaches das Manöver behinderten. Man wollte auf den Skandal aufmerksam machen, dass das Wohnungsamt Köln hier bis zu 300 Frauen, Männer und Kinder einzuweisen plante, überwiegend Roma-Flüchtlinge aus dem ehemaligen Jugoslawien, die aus anderen Unterkünften der Region – etwa dem vielkritisierten Containerlager in Köln-Kalk, das auf einem verseuchten Industriegelände stand – an diesem Ort zusammengezogen werden sollten. Ein weiteres Problem bestand darin, dass die neu eingetroffene Containerarchitektur neben einem bereits installierten Schiff mit Containerunterkünften ankern sollte. Hier waren Asylbewerber untergebracht, die mit sehr viel kürzeren Aufenthaltsdauern zu rechnen hatten. Schlaglichtartig, exemplarisch verdichtet zeigte sich im Deutzer Hafen an diesem Dezembertag im Jahr 2002 das Container-Kontinuum eines Europas der Provisorien und unterschiedlichen Wartezeiten.

Provisorien wie die Containerschiffe von Hamburg und Köln, deren Sichtbarkeit durch zivilgesellschaftliche Akteure zumindest kurzzeitig erhöht werden konnte, werden zunehmend versteckt. So verlegt die Hamburger Innenbehörde ihre Zentrale Erstaufnahmeeinrichtung Ende 2006 in eine so genannte Landesgemeinschaftsunterkunft auf einer bereits existierenden, stacheldrahtumzäunten, kamera- und polizeiüberwachten Anlage in einem Waldgebiet in der Nähe von Boizenburg, Mecklenburg-Vorpommern. Der Chartervertrag mit der Reederei Bibby laufe aus, die »Bibby Altona« sei ohnehin nur noch zur Hälfte ausgelastet gewesen, teilte die Behörde im April 2005 mit. Diese Verlagerung vom Wasser in den Wald und die Zusammenlegung der Flüchtlingsangelegenheiten zweier benachbarter Bundesländer ist symptomatisch. Die Behörden können damit argumentieren, dass die Zahl von Flüchtlingen sowie Aus- und Übersiedlern, die nach 1989 exzeptionell angestiegen war, abgenommen hat. Dazu kommt die effektive Reduktion der Asylbewerberzahlen in Folge der Politik der Abschottung und des Exports von Migration durch die EU. So scheint sich das Phänomen der staatlich organisierten Provisorien vom Territorium der EU langsam zu verabschieden. An diesem Anschein wird jedenfalls intensiv gearbeitet.

Doch das Verhältnis von Sichtbarkeit und Unsichtbarkeit in der Politik des Provisoriums ist widersprüchlich. Einerseits verschwinden die Lager in Waldgebiete oder exterritoriale Räume, andererseits finden die Einrichtung und der Betrieb von Flüchtlingsunterkünften und »Ausreisezentren« immer auch auf der Bühne des Theaters der Souveränität statt. Es sind performative Akte mit Signalwirkung.[41] Und die souveräne Macht ist auf diese Inszenierung angewiesen. Das System der staatlich geführten Zwangsunterkünfte mag die Kommunikation mit der Öffentlichkeit verweigern, aber es hat zugleich die Funktion, Bilder zu liefern. Je nach Öffentlichkeit werden diese als Bilder der Abschreckung oder der Absicherung wahrgenommen. Die Zurschaustellung souveräner Macht bedient sich bestimmter, lokalisierbarer, häufig exterritorialer Orte, an denen auf durchaus *spektakuläre* Weise die Ordnung des Rechts aufgehoben wird. In den Bildern dieser Ausnahmezustände wird erkennbar, welche potenzielle Macht, welche *potenza* der für die Rechtsbeugungen verantwortliche Souverän für sich beansprucht. Der ganzen Welt führt die souveräne Macht ihre Fähigkeiten und Möglichkeiten vor, die Unterscheidungen von Norm und Handlung, politischem und nacktem Leben beliebig und ohne Rechtfertigung aufzuheben.[42] Diese Bilder sollen die *Evidenz der Souveränität* vermitteln. Aber dafür müssen sie gar nicht ausschließlich das reibungslose Funktionieren des Lagers, der Folter, der Rechtsbeugung zeigen. Die Aufhebung des Rechts wird genauso gut im Fehlschlagen, in der Havarie, in den Unfällen des Systems sichtbar, auf bisweilen noch bedrohlichere Weise. Gerade Bilder des Desasters oder von obrigkeitlichen Willkürakten verdeutlichen das Ausmaß der Kontrolle und Entrechtung etwa in der EU-Migrationspolitik. Ein wiederkehrendes Motiv ist das Bild der brennenden Unterkunft von Flüchtlingen, Asylbewerbern, Obdachlosen: Die Spur des Feuers in provisorischen Unterkünften zieht sich von den Bränden in den Asylbewerberheimen in Rostock-Lichtenhagen (1992) und Lübeck (1996) bis zum Feuer im britischen Abschiebegefängnis Yarl's Wood in der Nähe von London (2002), über die Brände von Pariser Hotels, in denen Papierlose wohnten (2005), bis zum brennenden Abschiebegefängnis auf dem Amsterdamer Flughafen Schiphol (2005).

Mobilität und die Frage des Lagers

Die Bilder brennender Abschiebegefängnisse lenken das öffentliche Interesse je für einen kurzen medialen Moment auf die Politik des Provisoriums in Europa. Migranten, Asylbewerber, Flüchtlinge und andere Menschen ohne eigenes Obdach erscheinen in diesen Momenten besonders hilfsbedürftig, abhängig und ausgeliefert. Sie nähern sich jener Figur des *homo sacer*, die Giorgio Agamben als die juristische Verkörperung des »nackten Lebens« beschreibt. Dieses Leben sei auf paradoxe Weise heilig, weil es nicht geopfert, sondern nur getötet werden kann.[43] Nach Agamben wird das nackte Leben durch den Ausnahmezustand erzeugt. Im Ausnahmezustand, den zu verhängen als ultimativer Akt der Souveränität gilt, setzt der moderne Staat das Recht außer Kraft und schafft rechtsfreie Räume. Die Ursache für diese Politik des Ausnahmezustands erkennt Agamben in einer Krise des modernen Nationalstaats. Sie zeige sich in der Auflösung der funktionalen Verbindung zwischen einem bestimmten Territorium, einer bestimmten Rechtsordnung und der Zugehörigkeit zur Nation qua Geburt. Die Konzentrations- und Vernichtungslager des Nationalsozialismus sind das extreme Symptom dieser Krise. In ihr geht der Staat dazu über, das biologische Leben zu seiner direkten Aufgabe zu machen, indem er es tötet.

Im »Schwellenraum der Ununterschiedenheit«,[44] so Agamben, werden die Differenzen von Ausnahme und Regel, Faktum und Recht, biologischem Körper und Anwendungsnorm aufgelöst. Agamben ist nicht der Erste, der in den Gründungsakten der abendländischen Moderne wie der Erklärung der Menschenrechte von 1789 die entscheidende Voraussetzung für die »biopolitische Spaltung« zwischen »Mensch« und »Bürger«, zwischen dem Humanitären und dem Politischen entdeckt: Dem nationalen Staat als dem neuen Subjekt der Souveränität wuchs die Möglichkeit zu, jederzeit eine normative Unterscheidung zu treffen – zwischen denen, die dazugehören und politisch partizipieren, und denen, die im Außen der nationalen und politischen Gemeinschaft warten müssen. Dialektisch zugespitzt: Ausgerechnet der Mensch, dem die besondere sozio-politische Identität als Bürger geraubt wurde, wird nicht länger als Mensch betrachtet und behandelt.[45]

Ob sie es wollen oder nicht: Internationale Körperschaften wie der UNHCR oder die IOM, die Caritas oder das

Rote Kreuz arbeiten an der Produktion des »nackten Lebens« mit. Zu Recht betont Agamben die entpolitisierenden Effekte einer Politik der Menschenrechte, die sich in der Verwaltung von Zwangsmobilität in den Lagern und temporären Unterkünften der humanitären Organisationen äußert: »Die Trennung zwischen Humanitärem und Politischem, die wir heute erleben, ist die extreme Phase der Entfernung zwischen den Menschenrechten und den Bürgerrechten.«[46]

Agamben begreift nun die abendländische Moderne aber auch als mythische Verklammerung von Recht und Unrecht, die unweigerlich auf die nationalsozialistischen Lager und, gewissermaßen in der Fortsetzung, auf Guantánamo zuläuft. Diese messianische Lesart ist problematisch. Als der »neue biopolitische *nómos* des Planeten«[47] wird das Lager zu einer tendenziell beliebigen Kategorie. Lager ist dann überall, wo in Wirklichkeit sehr differenzierte Formen des erzwungenen, organisierten und mitunter selbst organisierten Aufenthalts anzutreffen sind. Agamben mag sich von seiner totalisierenden Definition des Lagers erhoffen, sie könne zur Orientierung in den Realitäten der Gegenwart beitragen und das Feld für eine »neue Politik« eröffnen.[48] Aber wenn er das Lager als eine Zone der Ununterschiedenheit von Ausnahme und Recht kennzeichnet – gibt dies auch darüber Aufschluss, wie genau die rechtliche und politische Position von Menschen im Zustand der Mobilität an konkrete Orte der Kontrolle und Stillstellung gebunden ist?

Ein Lager, so lässt sich sagen, ist ein administrativer Raum, in dem Männern und Frauen, die kein Verbrechen begangen haben, ihr Recht auf Mobilität verweigert wird.[49] Die bundesdeutschen Abschiebegefängnisse und »Ausreisezentren« gehören zu einer internationalen Lager-Matrix der Immigration Removal Centers (IRC), Centres de rétention administratives (CRA) oder Centri di permanenza temporanea e assistenza (CPTA), die sich innerhalb und außerhalb der EU aufspannt, um die Mobilität von Menschen zu regulieren und das Recht auf Bewegungsfreiheit systematisch zu suspendieren. Man könnte, unter Verwendung einer Hegel'schen Formel, von einem *System der Aufhebung* sprechen: Während die Personen »aufgehoben«, also in Gewahrsam verbracht oder interniert werden, um auf ihren Rücktransport oder auf die Fortsetzung ihres migrantischen Projekts zu warten, werden zugleich maßgebliche Rechte »aufgehoben«, das heißt: suspendiert, außer Kraft gesetzt. Die Rechtsordnung erkennt das migrantische Subjekt an (als »illegale Ausländerin«) und schließt es in einem der »Zentren der temporären Dauer« in diese Ordnung ein. Durch diese Einschließung jedoch wird es – unter Berufung auf das Einwanderungsrecht – aus jenem physischen und gesellschaftlichen Raum ausgeschlossen, in dem die Rechtsordnung etwas gilt.[50] Mag es noch so viele Status-Unterscheidungen zwischen den Insassen geben, die Unterscheidung zwischen dem Politischen und dem Biologischen ist im Raum des Lagers zumindest fraglich.[51]

Aus nachvollziehbaren Gründen ist der Begriff des Lagers umstritten. Einige wenden gegen eine allzu elastische Auslegung ein, man sollte den Namen »Lager« nur jenem juristisch-politischen Ort geben, an dem tatsächlich der Ausnahmezustand reproduziert wird und damit die Rechtlosigkeit total ist. Mit ebenso verständlichem Nachdruck verwenden den Begriff wiederum Forscher und Aktivisten, die sich mit der Entstehung eines Gürtels exterritorialer »Flüchtlingsquartiere« und »Begrüßungszentren« in Nordafrika beschäftigen, der das »Lager-Universum von ›Aufnahmeeinrichtungen‹, desozialisierenden Massenunterkünften, Abschiebehaftanstalten und Ausreiselagern« im Inneren der EU und ihrer Mitgliedsstaaten ergänzt.[52] Seit im Februar 2003 Pläne der britischen Regierung bekannt wurden, ganze Regionen jenseits der EU-Grenzen in die Abwehr von Migration einzubinden und »sichere Häfen« und »Schutzzonen«

einzurichten,[53] setzte unter den Innenministern der EU ein Wettbewerb um immer mehr Effizienz verheißende Vorschläge und um beschönigende Wörter ein. »Begrüßungszentrum«, diese Prägung Otto Schilys, hätte es beinahe zum Unwort des Jahres 2004 gebracht. Vor diesem Hintergrund fordern die euphemistischen Sprachregelungen der EU-Ausgrenzungspolitik geradezu dazu heraus, von Lagern zu sprechen. Und in der Tat: Wenn Flüchtlingspolitik und Migrationsmanagement in zunehmendem Maße als Einschließung unter Ausschließung der Öffentlichkeit geschehen, ist ein Maß an Entrechtlichung erreicht, welches die Rede vom Lager angemessen erscheinen lässt.

Andere werfen hingegen ein, der Begriff werde in dem Moment unscharf, wo darunter auch solche Einrichtungen verstanden werden, zu denen etwa karitative Organisationen regelmäßig Zutritt haben und in denen, aufgrund einer gewissen öffentlichen Kontrolle, nicht alles möglich und erlaubt ist. Smaïn Laacher, Autor eines Buches über das Centre d'hébergement et d'accueil d'urgence humanitaire von Sangatte bei Calais,[54] das von 1999 bis 2002 vom Roten Kreuz in Zusammenarbeit mit dem französischen Staat betrieben wurde, um den »illegalen« Verkehr von Flüchtlingen über den Ärmelkanal nach Großbritannien zu kontrollieren, erkennt in der oft spekulativ-dramatisierenden Verwendung des Lagerbegriffs auch die Gefahr, dass man die Zustände für die Betroffenen auf diese Weise eher unerträglicher macht, als dem Kampf gegen solche Einrichtungen zu dienen. Durch eine solche Anprangerung werde zugleich Stigmatisierung befördert. In Sangatte sei es den französischen Polizeikräften nicht möglich gewesen, nach Belieben zu handeln, weil Aktivisten und Journalisten erfolgreich Druck auf die Verwaltung ausgeübt hätten. Ihre Präsenz, aber auch die des Roten Kreuzes, hätte die zivilgesellschaftliche Kontrolle der staatlichen Mobilitätskontrolleure zumindest ansatzweise erlaubt. Ein Resultat dieser im Laufe der drei Jahre zunehmend durch die Medien produzierten Aufmerksamkeit war die Schließung der Einrichtung. Aufgrund dieser in Grenzen erfolgreichen öffentlichen Kontrolle der Kontrolleure sei der Begriff des Lagers hier deshalb unangebracht gewesen.[55]

Den Skandal, den Sangatte als Symptom französisch-britischer Einwanderungspolitik darstellt, relativiert eine solche Kritik der Begriffe nicht. Zudem hat die Schließung dieser Sammelunterkunft die Situation der Migranten in Nordfrankreich nicht verbessert. Inzwischen ähnelt die Lage in Calais oder Boulogne den Zuständen in Nordafrika. Die papier- und obdachlosen Einwanderer, die auf eine Gelegenheit warten, über den Ärmelkanal nach England zu gelangen, sammeln sich an bestimmten Punkten in der Stadt, wo Menschenrechtsorganisationen Essensausgaben einrichten. Schutz vor der Polizei, die versteckte Lager allerdings mit allen Mitteln, auch unter Einsatz von Tränengas, aushebt, suchen die Migranten – wie in Marokko – in den umliegenden Wäldern oder Parks, in verlassenen Gebäuden im *terrain vague*, unter Brücken, in Bunkern, wo sie behelfsmäßige Schlafstätten, Hütten und Zelte bauen oder auf dem nackten Boden schlafen.[56]

Zwischen der fremdorganisierten Sammelunterkunft von Sangatte und den selbst organisierten, regelmäßig von Sondereinheiten der französischen Polizei zerstörten Provisorien an der französischen Kanalküste gibt es beträchtliche Unterschiede. Aber es ist in der Tat fraglich, inwiefern der Begriff des Lagers hier weiterhelfen würde. Vielmehr ist eine Differenzierung, wie Laacher sie in Bezug auf Sangatte vornimmt, erforderlich, um den Typologien und Vokabularen des Migrationsmanagements eine eigenständige Terminologie entgegenzusetzen. Die Definition des Lagers als Reproduktionsstätte des Ausnahmezustands verkennt vor allem eine Dimension, die in anderen Erklärungen des Begriffs eine wichtige Rolle spielt: die Dimension der Zeit, die spezifische Temporalität dieser

Orte. Wörterbuchdefinitionen des Lagerbegriffs sprechen von vorübergehendem Verbleiben und provisorischen Wohn- und Übernachtungsplätzen. Wichtig sind gerade die Erfahrung des Vorübergehens, die Ungewissheit der Dauer, die Zwangsposition des Wartens als Lebensinhalt. An die Stelle des Begriffs Lager ließe sich daher auch der des Provisoriums setzen.

Um die Sache weiter zu verkomplizieren (beziehungsweise zu präzisieren), könnte man von einem permanenten *Kurzschluss* zwischen dem Provisorischen und dem Endgültigen sprechen, wie es der Soziologe Federico Rahola tut. Bei den Bewohnern einer Emergency Temporary Location im Kosovo, einem offenen Lager für vertriebene, obdachlos gewordene Roma und Ashkali in der Nähe der kosovarischen Hauptstadt Priština, beobachtete Rahola Ende 2000 die Aushöhlung eines jeden normalen, biographischen Zeitempfindens.[57] Ein Merkmal dieser Enteignung von Eigenzeit ist die ungeklärte (und häufig unklärbare) Frage, wie lange eine bestimmte Lagersituation aufrechterhalten wird, ob die Möglichkeit, die Welt der Provisorien zu Heimkehr oder Weiterreise zu verlassen, nah ist oder in weiter Ferne liegt. Das Ineinanderfallen des Vorübergehenden und des Dauerhaften in diesen ständigen Übergangslösungen, die weitgehend aufgehobene Unterscheidung zwischen privatem und öffentlichem Leben und die Negation der biographischen Zeit verhindern jede Zukunftsplanung.

Übergangsstädte für Jahrzehnte

Vertriebene und Flüchtlinge lernen teilweise jahrelang in Übergangslagern, das Projekt Rückkehr zu verschieben oder zu vergessen. Eklatant ist dies in Flüchtlingsunterkünften, die – überwiegend jenseits der Grenzen der EU – seit Jahren und Jahrzehnten existieren und die längst nicht mehr den

Vorstellungen von einer provisorischen Unterbringung entsprechen.

Als das Flüchtlingslager von Jenin im Westjordanland 1953 gegründet wurde, lebten die Menschen zunächst in Zelten. Nach und nach wurden an deren Stelle Hütten und Häuser gebaut; im Laufe der Jahrzehnte entwickelte sich an der Peripherie Jenins eine dicht bewohnte Kleinstadt mit 13 000 Einwohnern, die bis heute den Status eines Flüchtlingslagers besitzt und von der United Nations Relief and Works Agency (UNRWA), der seit 1949 für die Lösung der palästinensischen Flüchtlingsfrage zuständigen Behörde der Vereinten Nationen, verwaltet wird. Nach der Schlacht um Jenin im April 2002, die 400 Gebäude zerstörte und über 2000 Menschen obdachlos machte, beschlossen die Geberländer und die Hilfsorganisationen, das von den Kampfhandlungen zwischen Palästinensern und Israelis betroffene Zentrum des Flüchtlingslagers an gleicher Stelle neu zu errichten. Die Architektin Hidaya Najmi entwarf die Gebäudetypen, die nach dreijährigem Wiederaufbau inzwischen auf der von den UN »ground zero« genannten Tabula rasa ein neues Quartier bilden. An die Stelle der verwinkelten, organisch gewachsenen, überaus engen Flüchtlingsmedina sind großzügig proportionierte Gebäude mit Innenhöfen und Balkonen getreten, alle in einem cremigen Weiß gefasst. Auch die schmalen Gassen wurden erweitert. Das keinem Außenstehenden verständlich zu machende komplexe urbane Gewebe eines über Jahrzehnte gewachsenen Flüchtlingslagers erscheint plötzlich plausibel und rational. Auf den erweiterten Straßen kann sich ein öffentliches Leben entwickeln, das in den alten Gassen undenkbar gewesen wäre; allerdings – und dies war ein Dilemma der Planer – gestatten die veränderten Dimensionen auch den Panzern der israelischen Streitkräfte, das Zentrum des Lagers zu durchfahren.[58] Die Erneuerung des Lagers erleichtert die Kontrolle seiner Bewohner.

Dabei ist die spezifische Urbanität der über zwei Dutzend Flüchtlingslager im Gaza-Streifen und in der Westbank nicht zuletzt durch ihre Unlesbarkeit charakterisiert. Ein Gang durch Daheisha, einem Lager im Süden von Bethlehem, das sich auf den ersten Blick kaum von den anderen Stadtteilen unterscheidet, macht deutlich, wie sehr die Häuser und die Grundstücke ineinander verzahnt sind, wie labyrinthisch die Wegeführung ist, wie sehr man sich hier von mitgebrachten Vorstellungen über Stadtplanung verabschieden muss. Hussein Abdelkader Shahin, der Leiter des örtlichen UNRWA-Büros und eine Art inoffizieller Bürgermeister, erklärte im Gespräch das komplizierte Verhältnis der Hausbauer zu dem Grund und Boden, auf dem sie bauen. Denn ihnen gehört aufgrund ihres Flüchtlingsstatus offiziell nichts. In den meisten Fällen wurde das Land der Flüchtlingslager in der Westbank von der UNRWA in den 1950er Jahren von Jordanien für 99 Jahre gepachtet und dann an die Flüchtlinge gewissermaßen untervermietet. Manche, die eine entsprechende Befugnis erhalten, geben diesen Status der Besitzlosigkeit à la Vereinte Nationen auf, ziehen von Daheisha in eines der angrenzenden »normalen« Quartiere oder in die Stadt Al-Dohah, um dort regulär Besitz zu erwerben; doch die meisten bleiben und bauen weiter. So wuchsen die Lager, und zwar weniger nach außen, denn der Pachtgrund der UNRWA ist jeweils begrenzt, als nach innen; koordiniert durch die Bedürfnisse und Kompetenzen der Einzelnen und der Gemeinschaft, aber nur bedingt planvoll; informell, aber nicht chaotisch.

Die Urbanisierung der Flüchtlingslager vollzog sich architektonisch und historisch in drei Etappen: Zunächst wurden in den 1950er Jahren die Zelte durch gemauerte Baracken abgelöst, die auf den Parzellen errichtet werden konnten, die die UNRWA den Familien zur Verfügung stellte; in den 1960er bis 1980er Jahren wurden diese Gebäude nach und nach individuell modernisiert und teilweise erweitert; in den

1990er Jahren änderte sich die Bauweise noch einmal, wurde einförmiger, insbesondere bedingt durch den verstärkten Einsatz von Beton und Zement.[59] So unterschiedlich auch der Ausbau der Infrastruktur, von Straßen, Elektrizitäts- und Wasserversorgung verlief, ist die Verstädterung der Lager eine seit langem beschlossene und entschlossen betriebene Sache. Sie wird paradoxerweise begleitet von der politischen Rhetorik um das Recht auf Rückkehr der Palästinenser. Einst verlassene Dörfer und Städte werden aus der Vergangenheit fortwährend als Zukunft einer Gegenwart des Improvisierens und des Provisorischen projiziert. Inzwischen gehören die palästinensischen Flüchtlingslager zu den Orten mit der weltweit höchsten Bevölkerungsdichte – höher als in südostasiatischen Metropolen wie Hongkong oder Shanghai. Sie sind gebauter und gelebter urbaner Ausdruck der erstarrten Bewegung.

4 URLAUB IM EIGENEN LAND

Ein Traum von Tanger

Wenn in den letzten Jahren von der marokkanischen Hafenstadt Tanger die Rede war, dann ging es meist um die Auswanderung nach Europa. Und tatsächlich findet man an der Küstenpromenade und in den kleinen Gassen der Altstadt viele heruntergekommene Hotels, in denen sich Auswanderungswillige einquartiert haben. Im Hafengebiet trifft man auf Trauben von Kindern, die auf ein Versteck in einem Lastwagen oder einem Container auf dem Weg nach Europa hoffen – ein zunehmend aussichtsloses Unterfangen.

In Marokko hat es immer Emigration gegeben. In den 1930er Jahren wanderten aus der Rif-Region östlich von Tanger Zehntausende Marokkaner nach Algerien aus, um in den Farmen der französischen *colons* zu schuften. In den 1950er Jahren begann die Migration nach Europa – zunächst nach Frankreich, dann in die Benelux-Staaten, nach Deutschland und schließlich nach Spanien. In der Bundesrepublik leben heute etwa 100 000 Personen marokkanischer Herkunft, in ganz Europa dürften es 2,5 Millionen sein; das sind etwa 10 Prozent der Bevölkerung Marokkos. Auch aus den anderen Maghreb-Staaten, aus Algerien und Tunesien, sind die Menschen nach dem Zweiten Weltkrieg nach Europa gegangen, aber kein Land hat die Emigration so konsequent gefördert und so immense Auswanderungsquoten erreicht wie Marokko.

Auch aus Tanger sind viele Marokkaner emigriert. Doch Tanger ist keineswegs nur ein Ort, den Menschen verlassen, sondern Tanger ist auch ein Anziehungspunkt für Menschen, die in Europa leben – und das vor allem im Sommer. Jedes Jahr im Juli und August findet ein regelrechter Exodus statt. Autos, die wegen ihrer vollen Beladung auf dem Dach in Spanien als »Kathedralen-Autos« bezeichnet werden, setzen sich in Bewegung, rollen von Westeuropa und verschiedenen Orten in Spanien aus die Costa del Sol entlang bis hinauf nach Algeciras: Von hier aus gehen die Fähren nach Tanger. Überall auf dem Weg wird auf diese Fähren hingewiesen, und in Containerbüros an den Autobahnraststätten können auch spontan noch Tickets erworben werden. Die Schilder, die diesen Exodus leiten, sind mehrsprachig, doch kann man da neben Spanisch nicht etwa Englisch oder Französisch lesen, sondern Arabisch. Tatsächlich richten sich diese Schilder auch nicht an Besucher aus dem Westen, sondern an eine ganz spezielle Art von Touristen, die so genannten Marocains résidant à l'étranger (MRE), also an jene Marokkaner, die im Ausland leben, an die Emigrierten.

Von der Spur der Emigranten handelt dieses Kapitel. Wenn über Migration gesprochen wird, dann geht es gewöhnlich um das Einwanderungsland. Doch die Auswanderung prägt auch das Herkunftsland – die Migration hat immense Rückwirkungen, es entstehen weitere Provisorien, ständige Übergangslösungen.

Obwohl sich Tanger durch Renovierungsmaßnahmen bemüht, für Touristen aus dem Westen attraktiv zu werden, gilt die Stadt bei den Marokko-Besuchern heute nur als heruntergekommene Hafenstadt mit ein, zwei Sehenswürdigkeiten. Bis weit in die 1970er Jahre hatte Tanger einen ganz anderen Ruf: Hier lag eine *City of the Dream* – so der Titel einer Stadtbiographie von Iain Finlayson.[1] Am Ende des 19. Jahrhunderts war Tanger der Brückenkopf, von dem aus die europäischen Kolonialmächte versuchten, ihre Einflusssphären in Marokko abzustecken. Hier befanden sich die diplomatischen Missionen Frankreichs, Spaniens, Großbritanniens und des Deutschen Reiches. Als nach dem Vertrag von Algeciras 1906 Marokko in ein französisches und ein spanisches Protektorat aufgeteilt wurde, blieb Tanger unter internationaler Verwaltung. In dieser Zeit wurde es zum Anziehungspunkt der europäischen und US-amerikanischen »Aussteiger«-Kulturwelt, welche den Ort attraktiv fand – höchst »fremd«, höchst »international« und höchst korrupt und käuflich zudem. Von dieser goldenen Zeit ist heute nicht mehr viel zu spüren. Zwar ist die Altstadt renoviert worden und die Basare, die »Soccos«, sind durchaus einen Spaziergang wert. Auch kann man in Lifestyle-Magazinen lesen, dass es wieder »in« ist, den Spuren von Beat-Poeten wie William S. Burroughs durch Tanger zu folgen. Doch Tourismus aus dem Westen gibt es nur noch wenig: Ein paar britische Pauschaltouristen in den vereinzelten Hotelklötzen an der Küste, ein paar Traveller auf der Suche nach Tangers vergangenem Ruhm – das war's.

Es sind die Besucher marokkanischer Herkunft, die Tanger im Sommer bevölkern. Für manche MRE ist Tanger nur der Hafen, an dem die Autofähre aus Europa anlegt; für sie geht es gleich weiter etwa in die östlicher gelegene Rif-Region, von wo aus viele Menschen als »Gastarbeiter« nach Westeuropa gingen. Viele aber bleiben in der Stadt. Tatsächlich ist Tanger nur im August überall bewohnt und belebt – so wie ein Ferienort. Im Rest des Jahres stehen ganze Viertel leer. Die Jalousien sind verschlossen, und auf den Straßen trifft man kaum Fußgänger. Läden gibt es in diesen Vierteln nur wenige. In einem Lebensmittelgeschäft im Viertel Idrissia erzählt der Besitzer, dass auch er früher in Frankreich gearbeitet habe. Und zwar in Cap D'Agde, einem der Zentren des Feriengebietes Languedoc-Roussillon, das die französische Regierung in den 1960er Jahren buchstäblich aus dem Boden stampfte. Offenbar muss er den touristischen Gezeitenwechsel von Leere im Winter und Fülle im Sommer vermisst haben, denn ansonsten ist es schwer zu erklären, warum er sich ausgerechnet hier angesiedelt hat.

Drei Viertel sind es, die den Emigranten gehören: Idrissia heißt eines, Mebrouka ein weiteres und Hammet Belgique ein drittes, weil dort viele Auswanderer aus Belgien und den Niederlanden in Immobilien investiert haben. Diese Viertel sind nicht leicht zu finden, auf den Stadtplänen für Touristen sind sie nicht eingezeichnet. Andere Pläne aber gibt es nicht: Tanger ist ohne Stadtplanung und Kartographie weitergewuchert, oftmals illegal oder quasi-legal, angetrieben nicht zuletzt von der unermüdlichen Bautätigkeit der Auswanderer. Für viele Migranten war das eigene Haus im Herkunftsland der Traum schlechthin. Gleich das erste gesparte Geld wurde in die eigenen vier Wände gesteckt, schließlich gingen die meisten Auswanderer ja zu Beginn davon aus, dass sie nur vorübergehend in der Fremde bleiben würden. Der Hausbau war oft ein Projekt, das sich über Jahre erstreckte: Gebaut wurde, wenn das Geld und die Zeit es erlaubten. Und gebaut wurde für die ganze Familie – auch die Kinder und womöglich die Enkel sollten in den Häusern Platz finden. Manche Migranten kehrten dann im Alter tatsächlich zurück und setzen sich im Herkunftsland zur Ruhe. Manche aber stellten fest – nachdem das Haus fertig war –, dass sie längst zu Bürgern des Einwanderungslandes geworden waren. Oft gab es einfach kein »Zurück« mehr. Einige fanden sich schulterzuckend damit ab, andere versuchten es dennoch mit der Rückkehr und bemerkten dann schmerzlich, dass sie in der »Heimat« nicht mehr zurechtkamen. Die Kinder der Auswanderer waren ohnehin im Einwanderungsland aufgewachsen. Die folgende Generation kannte Marokko nur aus dem Urlaub. Und so wurden viele Häuser mehr und mehr zu schlichten Feriendomizilen – genutzt nur im Juli und August.

Die lokalen Bauunternehmer reagierten bald auf das Interesse der Migranten an Wohneigentum und zogen schnell mehrgeschossige Häuser mit Eigentumswohnungen hoch, um sie zum Verkauf anzubieten. Viele Auswanderer sahen Immobilien im Herkunftsland als Geldanlage – investiert wurde also nicht nur von jenen Auswanderern, die direkt aus Tanger stammten, sondern von Personen aus der ganzen Umgebung.

Doch wie hat man sich solche Viertel vorzustellen, in denen planlos und billig gebaut wurde? Alle Häuser in Idrissia, Mebrouka und Hammet Belgique wirken vage modernistisch. Der Baustil musste unterschiedliche Interessen vereinen. Zum einen schien den Auswanderern das traditionelle arabische Haus, das architektonisch nach innen, auf einen Patio hin ausgerichtet war, nunmehr als gestrig. Sie wollten funktionale Häuser mit großen Fenstern und Balkonen. Zum anderen planten die lokalen Immobilienanbieter die Häuser so, dass möglichst viele parzellierte Eigentumswohnungen hineinpassten. Insofern ist die Bauweise preiswert, symmetrisch und ohne viel Schnickschnack – es sieht hier aus, als seien lauter Kästen oder auch Module über- und nebeneinandergestapelt worden. Allerdings schmückt die meisten Häuser eine Art Ornament: Linien oder Flächen in manchmal durchaus grellen Farben, die das Kastenförmige an den mehrgeschossigen Häusern noch unterstützen. Manchmal sieht man auch kleine Türmchen auf den Dächern, die dem Haus etwas »Arabisches« verleihen sollen. Jedenfalls lässt sich diese Bauweise durchaus mit jener einer Feriensiedlung vergleichen, in der ebenfalls das Ökonomische und das Funktionale gepaart werden mit einigen ornamentalen Verschönerungen, die eine Anmutung des Lokalen oder des Historischen hervorrufen sollen.

Die Postmoderne der Auswanderer

Solche Viertel gibt es inzwischen überall in Marokko. Weiter östlich etwa liegt Nador – die zentrale Stadt der Rif-Region. Ebenso wie Tanger hat auch Nador eine enge Verbindung mit Europa. Gegründet wurde die Stadt als Garnisonsstützpunkt der spanischen Kolonialtruppen außerhalb der Mauern von Melilla.[2] Und die Beziehung zu Melilla prägt auch heute noch das Leben in Nador. Zwar hat die Stadt einen Hafen, und auch von hier aus geht eine Fähre direkt nach Almeria in Spanien. Doch Nadors Hafen ist weit entfernt von der Bedeutung Tangers für den internationalen Warenverkehr – in Tanger ist der Hafen in den letzten Jahren ausgebaut worden, weil die Stadt Teil einer Freihandelszone mit der EU ist. Zwischen Nador und Melilla dagegen blüht der Kleinhandel – genauer gesagt: der Schmuggel. Tatsächlich bestimmt der Schmuggel die Regionalwirtschaft im nördlichen Marokko ganz entscheidend. Das Rif ist noch heute eine der ärmsten Regionen Marokkos, wofür nicht zuletzt die spanischen Kolonialherrschaft verantwortlich ist: Da das spanische Mutterland ebenfalls unterentwickelt war, gab es im spanischen Protektorat fast überhaupt keine Modernisierung.

Die Grenze hier ist keineswegs so hermetisch verschlossen, wie es die Medienberichte von den hohen, mit Stacheldraht bewehrten Grenzzäunen suggerieren. Der Übergang bei Bni Ansar ist ein Ort des chaotischen Kommens und Gehens – das kleine Nadelöhr quillt fast über vor lauter Autos und schwer bepackten, meist weiblichen Fußgängern. Am Morgen sieht man oft schlanke Frauen in wallender Kleidung über die Grenze kommen, die sich abends in korpulente Personen verwandelt haben – unter den Gewändern tragen sie Schmuggelware. Stattlich aussehende Beamte der Guardia Civil beobachten das turbulente Geschehen, aber kontrolliert wird hier wenig. Daran hat auch niemand Interesse, denn der Schmuggel nutzt nicht nur den Marokkanern. Melilla hat überhaupt keine wirtschaftliche Substanz. Hier werden Waren aus Europa verkauft – und das mit Erlaubnis der EU steuerfrei. Melilla gilt ähnlich wie Gibraltar oder die Kanaren als europäische Peripherie, und der Steuererlass soll die Wirtschaft ankurbeln. Und so werden die illegalen Geschäfte von den Spaniern und sogar von der EU aktiv unterstützt, denn Melilla ist ein riesiger Basar unter freiem Himmel.[3]

Auf der anderen Seite, in Nador, lebt man nicht nur vom Import von Waren aus Europa, sondern auch vom Export, dem Export von Arbeitskräften. Aus dem Rif sind viele Menschen in die westeuropäischen Länder ausgewandert, insbesondere als »Gastarbeiter« in die Bundesrepublik. Die Migranten wiederum haben in und um Nador investiert – hauptsächlich ins eigene Heim. In dieser Gegend sind die Häuser der Auswanderer auffälliger als in der Großstadt Tanger: Vor dem Hintergrund der Armut heben sich deren Bauten deutlich ab. Die Bauweise ist durchaus ähnlich – besonders in den neuen Siedlungen, die am Stadtrand von Nador wachsen und wachsen, ohne dass eigentlich klar ist, ob sich all diese Wohnungen auch tatsächlich verkaufen oder vermieten lassen. Aber im Großraum Nador gibt es nicht nur deutlich mehr Einfamilienhäuser, zumeist in kleineren Siedlungen, auch das Ornamentale ist auffälliger als in Tanger. Die traditionelle üppige und kleinteilige Verzierung des Patios als »Agora« der Großfamilie im arabischen Haus ist nun nach außen gekehrt. Besonders der Bereich der Haustür wird gern reich verziert, oft mit industriell gefertigten Haustüren, Gittern und Kacheln. Zusammen mit den grellen Farben der Außenanstriche ergibt sich ein allgegenwärtiges Panorama der Verkitschung des »Arabischen«.

Die Ähnlichkeit in der Bauweise, die man als *Auswanderer-Postmoderne* bezeichnen könnte, ist eigentlich überraschend: Schließlich sind die meisten Bauten hier nur quasi-legal entstanden und die Siedlungen danach wild weitergewuchert. In einem Interview mit einem Bewohner Nadors hat der US-amerikanische Forscher David A. McMurray einen plausiblen Grund herausgefunden.[4] Sein Gesprächspartner Haddou hatte in der Vorstadt von Paris einen Job auf einer Baustelle. Dort bat er eines Tages den Architekten, ihm doch einen Grundriss für sein Haus zu zeichnen. Was dieser dann auch tat: In ein paar Minuten auf einem Stück Papier am Ende eines Abends, den er mit Kartenspiel und Alkohol verbracht hatte. Haddou gab sein Haus gemäß diesem Plan in Auftrag. Allerdings wurde es nicht exakt so gebaut, sondern die lokalen Architekten passten sein Haus unbemerkt dem Stil an, den sie kannten – und sie kannten wenig mehr als einfache, mehrgeschossige Häuser. »Erst später hab ich herausgefunden«, erzählte Haddou, »dass die Bauzeichner in Nador keine echten Architekten waren. Ich glaube nicht mal, dass sie eine richtige Ausbildung hatten. Die haben sich mehr oder weniger gegenseitig ausgebildet. Daher werden die gleichen drei oder vier Designs immer wiederholt. Es gibt ein paar Unterschiede hier und dort, aber nicht viel.«[5]

Die Investitionen der Auswanderer haben die Struktur des Ortes stark verändert. Zunächst hat die Bautätigkeit dafür gesorgt, dass der Arbeitsmarkt sich erweiterte: Migranten strömten in die Stadt. In Nador kamen die billigen Arbeitskräfte oft aus der Gegend um die Stadt Ouarzazate im vergleichsweise noch ärmeren Süden von Marokko.[6] Zudem sorgten die Rückkehrer für einen Wandel auf den Konsumentenmärkten der Stadt: Nadors erste Shopping-Mall wurde von einem Remigranten gebaut. Lange war der große Markt für den Absatz der geschmuggelten Produkte der Souk Oulad Mimoun am Rande des Zentrums. In den 1980er Jahren errichtete die Stadtverwaltung dann ein Einkaufszentrum mitten in der Stadt, das bald Hauptumschlagplatz für den parallelen

Warenhandel wurde – dieser Markt ist landesweit als Souk de Melilla bekannt.[7] Zu Beginn der 1990er Jahre kam schließlich die Shopping-Mall mit dem Namen Grand Maghreb hinzu. Der Initiator hatte zuvor in Deutschland gearbeitet. Die Idee brachte er von einem Aufenthalt in den Vereinigten Staaten mit, seine Kontakte in Deutschland nutzte er für die Finanzierung: Fast ein Drittel der Bausumme sammelte er bei einem ganzen Netzwerk von Emigranten.[8] Attraktiv sein sollte das Center für ein internationales Publikum – zur Zeit der Entstehung war die Grenze zu Algerien noch offen, und viele kamen zum Einkaufen nach Nador. In diesem Center bündelten sich also globale Verbindungslinien.

Doch der Traum von einem veritablen Einkaufszentrum nach US-Vorbild hat sich nicht erfüllt. Wer das Grand Maghreb heute besucht, der bemerkt schnell, dass der Basar die Ordnung der Ladenlokale überwuchert hat. Angeboten wird hier eine Mischung aus Schmuggelwaren, Secondhand-Textilien aus Europa sowie billiger Massenware insbesondere aus China. Dennoch weht im Grand Maghreb ein Hauch des Mondänen. Hier trifft man weitaus mehr jüngere Leute, und im konservativen Nador ist die heruntergekommene Mall ein Freiraum für Anbandelungen zwischen den Geschlechtern.

Eine Art Freiraum ist auch das Vier-Sterne-Hotel Ryad, eines der auffälligsten Gebäude von Nador, welches ebenfalls von jenem Rückkehrer aus Deutschland realisiert wurde. Hier sollten eigentlich die Einkaufstouristen aus Algerien untergebracht werden, doch die blieben nach 1994 aus. Zwar übernachten im Sommer in den hübschen Zimmern einige Touristen aus dem Westen, aber Nador liegt nicht auf der Reiseroute durch Marokko – Sehenswürdigkeiten hat die Stadt nicht. Und so hat auch das Ryad die ursprünglichen Erwartungen nicht erfüllt. Außerhalb der Touristensaison übernachten dort hauptsächlich marokkanische Geschäftsreisende. Die Bar des Hotels ist einer der ganz wenigen Orte mit einer Alkohollizenz, und selbstverständlich gibt es hier Prostitution.

Das Management von Abwesenheit

Nador ist nur ein Beispiel dafür, wie sehr die Auswanderung auch die Herkunftsländer verändert hat. Heute ist das Geld, das die Migranten reinvestieren oder zu ihren Familien daheim schicken, zu einer Hauptquelle für Devisen in so genannten Entwicklungsländern geworden. Das gilt allerdings nicht für die ärmsten Länder: Das subsaharische Afrika erhält kaum Geldsendungen, weil die Länder dort allein aufgrund der geographischen Entfernung zum Westen nur eine sehr geringe Auswanderungsquote haben. Am meisten profitieren Entwicklungsländer mit einem mittleren Einkommen wie Marokko.[9] Das Königreich konnte, nach einer Zeit der Stagnation in den 1990er Jahren, die Geldrückflüsse steigern – von etwa 2 Milliarden Dollar zur Jahrtausendwende auf 3,6 Milliarden im Jahr 2003.[10] Dadurch katapultierten die Migranten das Land auf Platz vier der größten Empfänger von Rimessen unter den Entwicklungsländern. Den größten Anteil der insgesamt etwa 93 Milliarden erhielt 2003 Indien, dann folgten Mexiko und die Philippinen.[11]

Die Daten sind mit Vorsicht zu genießen, denn erfasst werden nur die offiziellen Geldflüsse, und selbst die nicht immer genau. Viele Migranten lassen ihr sauer verdientes Geld lieber durch allerlei halboffizielle Kurierdienste überbringen. In den letzten Jahren jedoch haben auch die Banken ein Interesse an der Abwicklung der Rückflüsse entwickelt. Das hing zum einen mit der Vereinfachung des internationalen Devisenverkehrs zusammen. Zum anderen witterten die Banken ein lukratives Geschäft – für Überweisungen in Entwicklungsländer lassen

124

sich hohe Gebühren berechnen. Lange Zeit war das Business komplett in den Händen von *money transfer operators* wie Western Union mit weltweit 24 000 Agenturen. Als ein solcher Operator fungierte auch die Firma Thomas Cook – ein Name, den man sonst eher mit Tourismus in Verbindung bringt.

Nun bedeuten die Zahlen wenig, wenn man sie nicht vergleicht. In Marokko sind 3,6 Milliarden Dollar 9,7 Prozent des Bruttosozialprodukts. Der Betrag entspricht in etwa der Gesamtmenge der ausländischen Direktinvestitionen – allerdings im gesamten Nordafrika.[12] Die Zuflüsse aus der Entwicklungshilfe werden deutlich in den Schatten gestellt: Es handelt sich um das Sechsfache dessen, was Marokko jedes Jahr aus dem Westen erhält.[13] In manchen Ländern Lateinamerikas wie El Salvador oder Nicaragua ist der Anteil der Rückflüsse an der Wirtschaftskraft des Landes noch weit größer. Somit sind es nicht mehr westliche Regierungen, sondern die Migranten, die den größten Anteil an »fremder Hilfe« in den Entwicklungsländern organisieren. Es handelt sich um eine Art Transnationalisierung von unten. Erneut erscheinen die Migranten als Agenten einer Schattenglobalisierung: Sie leiten in vielen privaten, kleinen Beträgen einen monumentalen Kapitalfluss zurück ins Land der Herkunft. Dieser Fluss erhöht dort das Konsumniveau, fördert den Hausbau und unterstützt die Entstehung eines lokalen Kleinunternehmertums. Zudem bilden die Überweisungen eine Art Versicherung für die Daheimgebliebenen. Eine Versicherung gegen Krankheiten, Naturkatastrophen oder ökonomische Krisen – in solchen Fällen steigen die Überweisungen der Migranten rasant an.

Wie Krise, Migration und Geldüberweisungen zusammenhängen, das zeigte sich zu Beginn der 1990er Jahre besonders deutlich in Ecuador. Das Land stürzte in seine größte bisherige Wirtschaftskrise, was sogleich die größte Auswanderungswelle der nationalen Geschichte nach sich zog. Der überwiegende Teil der Leute ging nach Spanien – heute bilden die Ecuadorianer dort die größte Gruppe unter den Migranten, und nicht etwa, wie man angesichts ihrer Medienpräsenz vermuten könnte, die Marokkaner. Zwischen 1997 und 2001 erhöhten sich die Rückflüsse von 643 Millionen Dollar auf 1,4 Milliarden – also auf etwa 10 Prozent des Bruttoinlandsprodukts.[14] Damit wurde dieses Geld zur zweitgrößten Quelle von Devisen gleich nach den Ölexporten. Inzwischen übernehmen die Rimessen in den Entwicklungsländern die Funktion einer »de facto Sozialpolitik«.[15] Sie erlauben es dem Staat, sich gemäß dem neoliberalen Dogma mehr und mehr aus der Wohlfahrtspolitik zurückzuziehen. Manche vermuten, dass einige Staaten ein regelrechtes Interesse an der Krise entwickeln, denn die Krise sorgt dafür, dass es Migration gibt, und die Migranten wiederum sorgen für Devisen.[16] Dadurch allerdings wird billige Arbeitskraft zum Hauptexportgut solcher Staaten, was dazu führt, dass im Land selbst immer weniger entwickelt und produziert wird. Die Rimessen funktionieren wie unproduktive Renten, die aus dem Ausland überwiesen werden. Es liegt im Interesse dieser kurzsichtigen Politik, dass der Strom von Migranten in den Westen nicht aufhört. Man braucht immer neue Migranten, denn oft führt die Ansiedlung der so genannten zweiten Generation zu einem Versiegen der Überweisungen. Ein Land wie Marokko würde also nur dann tatsächlich bei der Verhinderung von Auswanderung helfen, wenn der Westen für andere Devisenquellen sorgt.

Inzwischen versuchen Nichtregierungsorganisationen wie etwa Migration et développement in Marokko, die Rückflüsse zu organisieren und insbesondere in den Dörfern in notwendige Projekte zu kanalisieren – den Bau von Schulen zum Beispiel. Die vordergründig positiven Effekte können jedoch unerwünschte Nebenwirkungen haben. Zwar warten die Leute hier nicht mehr auf den Staat, sondern regeln die Dinge in »Eigenverantwortung«, doch diese Verantwortung liegt letztlich im Ausland. Vor Ort entstehen nur neue Abhängigkeiten. Der US-amerikanische Politikwissenschaftler Devesh Kapur weist darauf hin, dass die Überweisungen oft dazu führen, dass die im Land verbliebenen Familienmitglieder aufhören, nach Arbeit zu suchen, und einfach auf das Geld aus dem Ausland warten.[17] Warten wird so auch zur Hauptbeschäftigung von vielen jungen Männern in den »Migra-Dörfern«, die, geblendet vom Reichtum der Auswanderer, nach einer Gelegenheit suchen, ebenfalls in den Westen zu gehen – so entstehen jene *salles d'attentes*, von denen im ersten Kapitel die Rede war. Darüber hinaus steigen aufgrund der aus dem Ausland finanzierten Bautätigkeit die Preise für Immobilien. Oft werden die Wohnungen für die lokalen Bewohner unerschwinglich. Sie ziehen woanders hin, was die Leere der Orte noch verstärkt. Eine ganze Infrastruktur entsteht für Personen, die eigentlich überhaupt nicht präsent sind: für Leute, die fehlen, die pendeln, die im Sommer vorbeischauen, die warten.

Mit dieser höchst relevanten Abwesenheit müssen die Auswanderungsländer umgehen. Bereits 1981 hat der französische Migrationsforscher Abdelmalek Sayad davon gesprochen, dass die Aufmerksamkeit, wenn es um Migration geht, zu sehr auf dem Einwanderungsland liegt. Denn dort gebe es eine neue Präsenz von Personen, eine Präsenz, die fühlbar sei, die bearbeitet und gemanagt werden müsse. Die Auswanderung stelle dagegen eine bloße Abwesenheit dar, und diese Abwesenheit werde zumeist einfach nur festgestellt oder möglicherweise übertüncht und geleugnet.[18] Die wachsende volkswirtschaftliche Bedeutung der Rimessen aber gebietet auch das Management der Auswanderung. Und so hat auch Marokko in den letzten Jahren die MRE auf neue Weise entdeckt.

Zu Beginn der Auswanderung hat der marokkanische Staat die Emigranten als natürliche Erweiterung der Bevölkerung über die Grenzen des Landes hinaus betrachtet. Während der »bleiernen Jahre«, in denen König Hassan II. jede Opposition brutal unterdrückte, standen die Migranten pauschal unter Verdacht. Insofern sind die Migranten auch ein Thema für Driss El Yazami, Mitglied im Ausschuss für Gerechtigkeit und Aussöhnung, der nach dem Amtsantritt des neuen Königs Mohamed VI. eingesetzt wurde, um die damaligen Verbrechen aufzuklären. El Yazami erklärt, dass die Auswanderer in jener Zeit primär als mögliche Agenten einer Modernisierung nach westlichem Vorbild gesehen wurden – und damit als potenzielle Quelle von Gefahr für die Monarchie. Der Staat hatte eine Organisation geschaffen, die sich um die Belange der Emigranten kümmern sollte, doch die Stiftung Hassan II fungierte in erster Linie als politische Kontrollinstanz. Zwar waren die Recherchen des Ausschusses zum Zeitpunkt des Gespräches noch im Gange, aber nach El Yazami mehrten sich die Hinweise, dass es während jener »bleiernen Jahre« sogar ein Lager für unliebsame Migranten gegeben hat, die während ihrer Heimatbesuche festgenommen wurden – vermutlich trug es den Namen »der Komplex« und lag in der Nähe von Rabat.

Die Stiftung Hassan II gibt es heute noch, aber mittlerweile hat sich das Verhältnis der Organisation zu den Auswanderern verändert. Die genauen Aktivitäten der Stiftung sind nicht immer nachvollziehbar, denn in solchen Körperschaften werden auch Familienmitglieder des Regenten oder palastnahe politische Freunde mit Posten und Geldern versorgt. Das erklärte Ziel ist jedenfalls eine Stärkung der Verbindung der MRE mit ihrem Heimatland. Dies soll vor allem durch Werbung für Kultur, Religion und Sprache erreicht werden.[19] Inzwischen existiert auch ein Ministerium, das sich um die Belange der Migranten kümmert. Dort bemüht man sich um ein modernes Image – verkörpert vor allem durch die Ministerin selbst, Nouzha Chekrouni. In ihrem Büro im

Zentrum der Hauptstadt erklärt die weltläufige Dame die Strategie dieses Ministeriums. Während die Regierung in den 1970er Jahren die politische Tätigkeit von Migranten zu verhindern suchte, will die Ministerin gemäß einer Weisung des neuen Königs die Repräsentation der MRE verbessern: Sie sollen beispielsweise für das marokkanische Parlament kandidieren können, selbst wenn sie eine französische, belgische oder deutsche Staatsangehörigkeit besitzen. Dieser Sinneswandel der Monarchie hat vor allem mit den Rimessen zu tun. Dabei ist das Angebot der politischen Repräsentation taktischer Natur: Wenn die Emigranten sich mit ihrem Herkunftsland politisch befassen, so die Annahme, dann bringen sie auch Geld ins Land. Weitere Überlegungen der Ministerin gehen in Richtung Konsum. In der Tourismusplanung der Regierung, im so genannten Plan Azur, spielen die Auswanderer eine nicht unbeträchtliche Rolle. So setzt sich die Ministerin dafür ein, dass die Hotels den MRE Rabatte gewähren. Dies trägt der Tatsache Rechnung, dass viele Migranten zweiter Generation die Häuser verkauft haben, die ihre Eltern im Schweiße ihres Angesichts erbaut hatten.

Heute bilden die Auswanderer innerhalb der marokkanischen Gesellschaft eine eigene Schicht – mit einem höchst ambivalenten Image. Auf der einen Seite werden sie bewundert: Sie sind Marokkaner, die es zu etwas gebracht haben, und sie verfügen über reichlich Geld, zumindest geben sie sich den Anschein. Auf der anderen Seite lösen all die neuen Häuser und Konsumgüter, also die Zurschaustellung der Rückflüsse, auch Neid und Missgunst bei den Einheimischen aus. Zudem werden die MRE häufig wie Touristen betrachtet, Touristen aus dem Westen, denen man zwar das Geld aus der Tasche ziehen möchte, die man ansonsten aber als unmoralische Vagabunden betrachtet, die für eine Lockerung der Sitten sorgen. Die MRE wiederum beklagen sich darüber, als bloße Geldsäcke zu gelten. Auch bei ihren Familien: Die Familie, so heißt es immer wieder, würde das Geld zum Fenster hinauswerfen und hätte keine Vorstellung davon, wie hart es im Westen verdient werden müsse. Ansonsten blicken die Migranten bisweilen mit einem westlichen Blick auf Marokko – alles ist zu langsam und nicht organisiert genug. Zudem gibt es ständig Ärger mit der autoritären Bürokratie, mit der die Auswanderer oft notgedrungen in Kontakt treten – wegen Papieren, dem Hausbau oder anderen Investitionen. Am Ende von Abdelhak Serhanes Roman *Kinder der engen Gassen* wird geschildert, wie ein MRE auf dem Amt mehrere Tage auf eine Bescheinigung warten muss. Dabei wird er gequält von sadistischen Bürokraten und neidischen Büroangestellten – intensiver sind die Verhältnisse zwischen den Einheimischen und den jungen MRE selten beschrieben worden.[20]

Im Herkunftsland – das gilt nicht nur für Marokko – sind die Auswanderer und ihre Nachkommen nicht nur eine neue Schicht in der Bevölkerung, sie bewohnen auch einen vollkommen neuen Raum. Abdelmalek Sayad hat geschrieben, dass die Migranten in einem Paradox leben – sie sind in ihrem Herkunftsland anwesend, obwohl sie abwesend sind. Gleichzeitig sind sie im Einwanderungsland abwesend, obwohl sie anwesend sind.[21] Diese anwesende Abwesenheit schreibt sich in den Raum ein. Wenn die Migranten in der Sommerzeit anreisen, dann ist ihr Raum zweifellos durch Vertrautheit charakterisiert. Sie besitzen ein eigenes Haus, sie kennen das Viertel, und der überwiegende Teil hat auch Familie gleich in der Nähe. Doch das Leben im Herkunftsland hat auch etwas Anonymes für die Auswanderer. Denn sie leben in einem Raum am Rande einer Stadt, aus der sie oft gar nicht selbst stammen. Dieser Raum ist temporär, er entsteht während des Sommerurlaubs, und man muss nationale Grenzen überschreiten, um diesen Raum zu erreichen. Schließlich unterhalten die Bewohner eine äußerst eingeschränkte Beziehung zur Realität und zu den Menschen im »eigenen« Land, weil sie ja nur in den ausgedehnten Aufenthalten im Juli und August dort leben. Ebenso wie Touristen interessieren sie sich kaum für die politischen und sozialen Verhältnisse, sondern vielmehr für das Funktionieren der Infrastruktur und für die eigene Sicherheit. So könnte man sagen, dass dieser spezifische Raum charakterisiert ist durch eine paradoxe »touristische Intimität«.

In solchen Räumen anwesender Abwesenheit ist zudem das Alltagsleben weitgehend aufgehoben: Im Juli und August wird hier Urlaub gemacht, also nicht gearbeitet, und während der restlichen zehn Monate ist das Leben fast vollständig suspendiert. Die Filmemacherin Aysun Bademsoy hat ähnliche Prozesse in der Türkei beobachtet. In ihrem Film *Am Rand der Städte* beobachtet sie Rückwanderer aus Deutschland, die sich an der Küste bei der Hafenstadt Mersin in teure Siedlungen zurückgezogen haben, wo sie als »Deutschländer« mit anderen Rückkehrern etwa aus den Niederlanden zusammenleben – deutlich getrennt vom Rest der ansässigen türkischen Gesellschaft. Wie diese Siedlungen funktionieren, erklärte Aysun Bademsoy in einem Interview: »Hier hat man es mit Inseln zu tun, die Siedlungen heißen ja auch Paradies, Flamingo oder Tor zum Meer – eine isolierte Welt, aber mit Swimming Pool.«[22]

Am Rand von Tirana

Die Räume der Migranten können je nach Herkunftsland sehr unterschiedliche Formen annehmen, doch inzwischen sind solche Räume überall in den Randbereichen Europas entstanden. Ein besonders offensichtlicher Fall ist Albanien. Es mag sein, dass die Auswanderungsquote Marokkos hoch erscheint: In Albanien liegt sie weit darüber. Von 1990 bis heute ist etwa ein Viertel der albanischen Bevölkerung emigriert, vornehmlich nach Griechenland (etwa 600 000 Menschen) und Italien (etwa 200 000).[23] Für diese extreme Zahl von Auswanderern gibt es hauptsächlich zwei Gründe. Zunächst war Albanien vor dem Fall der kommunistischen Regierung 1990 ein verschlossenes Land. Der Staat gewährte seinen Bürgern keine Freizügigkeit – selbst Umzüge innerhalb des Landes bedurften langer bürokratischer Genehmigungsprozeduren. Nach dem Ende der kommunistischen Herrschaft konnten die Albaner zum ersten Mal seit 1945 Erfahrungen mit der Bewegungsfreiheit machen, und so nutzten vor allem abenteuerlustige junge Männer die sich auftuende Möglichkeit, durch Arbeitsmigration etwas von der Welt zu sehen.

Der zweite Grund hat mit der wirtschaftlichen Lage im Land zu tun. Die war schon 1990 alles andere als rosig, und sie verschlechterte sich zunächst sogar. Nach einer Belebung der Wirtschaft nach 1993 stürzte das Land 1996 wieder in die Krise. Der Zusammenbruch eines abenteuerlich anmutenden Investitionssystems sorgte in den ersten Monaten des Jahres 1997 dann für bürgerkriegsähnliche Zustände, von denen sich das Land nur langsam erholte. Der größte Teil der Auswanderer verließ Albanien während dieser akuten Krisen – also nach 1990 und 1997. Im Grunde handelte es sich um ökonomische Flüchtlinge, die sich in jenen Jahren über Land nach Nordgriechenland oder mit dem Boot an die Küsten Apuliens aufmachten. Der albanische Migrationsforscher Kosta Barjaba nannte diese Auswanderung in einem Gespräch »Überlebensmigration«.

Nach dem Ende der Unruhen hat sich die politische Lage zwar einigermaßen stabilisiert, und auch die Wirtschaft wächst wieder, doch Statistiken besagen, dass in Albanien über 40 Prozent der Bevölkerung weniger als zwei Dollar am Tag zur Verfügung haben.[24] Dazu kommen erhebliche Probleme mit der Infrastruktur – die Häuser im staatlichen Besitz verfallen, für den Straßenbau vor allem in den Städten reicht das

Geld nicht, und im Sommer 2005 konnte die Stromversorgung vorübergehend nur für zehn Stunden am Tag gewährleistet werden. Ökonomisch gesehen ergibt die Auswanderung selbst für gut ausgebildete Albaner Sinn: Ein Dorflehrer an einer höheren Schule nimmt, wenn er im Sommer für drei Monate in der griechischen Landwirtschaft arbeitet, von dort mehr als sein Jahresgehalt mit nach Hause.[25]

Deutlich sichtbar ist die Armut in den ländlichen Regionen und den Städten des Nordens. Besucht man jedoch heute Tirana, die Hauptstadt, erhält man einen ganz anderen Eindruck. Tirana boomt – so scheint es zumindest. Wer in der Dämmerung durch die Straßen der Innenstadt streift, den erinnert außer ein paar Gebäuden aus alten Tagen nur noch wenig daran, dass dies einmal die Hauptsstadt eines komplett isolierten, paranoiden kommunistischen Staates war. Die Dämmerung ist die Zeit der Korsos der albanischen *jeunesse dorée*, die sich, was die Mode betrifft, kaum von ihrem westeuropäischen Pendant unterscheidet. Selbstverständlich wird die Kleidung nicht wie im Westen in den Filialen der notorischen Ketten in den Fußgängerzonen erworben, sondern auf großen Märkten vor der Stadt, in denen kopierte und gestohlene Ware verkauft wird. Doch inzwischen ist selbst das offizielle Angebot der Läden durchaus vielfältig.

Sehr häufig kommt man an Baustellen vorbei – man könnte auch sagen: Tirana ist ein einziger Bauplatz. Im Zentrum entstehen hauptsächlich repräsentative Gebäude im Stile dessen, was der serbische Architekt Srdjan Jovanović Weiss für Belgrad einmal als »Turbo-Architektur« bezeichnet hat.[26] Der Begriff lehnte sich an die serbische Musikrichtung Turbo-Folk an – eine grelle Mischung aus volkstümlichen Weisen mit orientalischer Anmutung und stampfenden Dancefloor-Rhythmen, deren Protagonistinnen, zumeist liiert mit lokalen Gangstern, mit ihren auffällig geschminkten Gesichtern sowie glamourösen Miedern und Miniröcken unverhohlen ihren

Reichtum und Spaß am Konsum zur Schau trugen. Die Fassaden der lokalen Turbo-Architektur in Tirana funktionieren ganz ähnlich wie die beschriebene Musik. Der Stil ist eine wilde Mischung, eine Art Post-Postmoderne, in der kopiert wird, ohne dass die architektonischen Verweise oder die Kombination der Verweise noch irgendeine Bedeutung hätten. Die Liaison mit der lokalen Mafia ist offensichtlich, und die Fassaden haben stets eine nach außen gewandte, wuchtige, angeberische Anmutung des Technoiden, ausgestattet mit viel getöntem oder verspiegeltem Glas. Diese Gebäude sollen eben ganz ohne falsche Zurückhaltung zeigen, dass Albanien aufgeschlossen hat zum State of the Art des derzeitigen Kapitalismus.

Doch der Eindruck Tiranas erschöpft sich nicht in diesem Turbo-Kapitalismus. Im Jahre 2000 wurde der Künstler Edi Rama, der erst 1998 aus seinem Pariser Exil nach Albanien zurückgekehrt war, zum Bürgermeister gewählt. Rama schrieb sich primär deswegen ins Stadtbild ein, weil er die Hausbesitzer dabei unterstützte, ihren Häusern einen auffälligen Außenanstrich zu verpassen. Vom kräftigen Grün bis zum zarten Rosa – in Tirana ist alles erlaubt, und manches Mal wirkt die Stadt wie ein kitschiges Bild von Friedensreich Hundertwasser. Diese Farbkosmetik findet man nicht nur im Zentrum von Tirana, sondern ganz genauso an den Rändern der Stadt. Nun wird an der Peripherie noch mehr gebaut als in der Stadtmitte – Tirana wächst vom Rand her. Genaue Zahlen über die Einwohner der Stadt gibt es nicht. Obwohl ein Zensus 2002 eine Zahl von etwa 350 000 ergeben hat, gehen viele Schätzungen von bis zu 800 000 Menschen aus. Jedenfalls hat sich die Einwohnerzahl der Stadt in den letzten 15 Jahren verdoppelt bis gar verdreifacht. Ebenso wie die Bevölkerung hat sich auch die bebaute Fläche in Tirana mehr als verdoppelt – über die Hälfte aller Gebäude in der Stadt wurde nach 1991 errichtet.

Die Bautätigkeit am Rand von Tirana ist durch und

durch von der Migration geprägt – und zwar nicht nur von der Auswanderung, sondern auch von der Binnenmigration. In Albanien ist die Armut äußerst ungleich verteilt. Während der Korridor zwischen Tirana und der Hafenstadt Dürres boomt, sind die ländlichen Gebiete im Norden und vor allem im Nordosten des Landes noch weiter zurückgeblieben. Aus diesen Landesteilen haben sich die meisten Menschen nach Griechenland oder Italien aufgemacht. Ein Teil der Migranten hat Albanien dabei endgültig den Rücken gekehrt und bemüht sich um Assimilation im Einwanderungsland. Viele jedoch bringen das ersparte Geld persönlich nach Hause – das Vertrauen in die Banken ist seit dem Zusammenbruch des Sparsystems 1997 nachhaltig erschüttert. Mit dem Geld wird zumeist gebaut – das Eigenheim galt immer schon als sichere Investition. Doch die Rückflüsse haben eine immense Wanderungsbewegung innerhalb von Albanien ausgelöst, denn die »Leute aus dem Norden« ziehen es vor, ihre Investition ins Eigenheim in der boomenden Hauptstadt zu tätigen.

Befördert wurde der Hausbau im fernen Tirana von den völlig unklaren Eigentumsverhältnissen im Land. Im Gespräch betonte Kosta Barjaba, dass man sich den Prozess der Landnahme an den Rändern Tiranas kaum chaotisch genug vorstellen könne: Jemand nimmt ein Grundstück in Besitz, zieht einen Zaun darum, fängt ohne viel Planung an zu bauen und interessiert sich dabei herzlich wenig für das, was um ihn herum vorgeht. Zwar hat die Republik Albanien bereits 1998 ein Stadtplanungsgesetz erlassen, doch in der Realität hält sich einfach niemand daran. Der Grund und Boden gehört dem Staat, und der ist schwach. 1995 und 1998 hat man von staatlicher Seite aus ernsthaft versucht, dem illegalen Bauen entgegenzuwirken, doch die Maßnahmen sorgten für Unruhen in der Bevölkerung.[27] So geben sich die Behörden lieber tolerant, was im konkreten Fall so viel heißt wie: korrumpierbar. Und so wird das Land einfach besetzt. Vom Staat aber wird dennoch viel erwartet, so Barjaba: Er soll Infrastruktur bereitstellen. Wenn das Haus fertig ist, dann verlangen die neuen Einwohner Anschluss; Anschluss an das Verkehrsnetz, Anschluss an die Wasser- und Stromversorgung.

Etwa 95 Prozent der Eigenheime werden in Albanien illegal gebaut. Freilich führt das keineswegs zur Entstehung von Slums. Zwar sind die Gebäude einiger ehemaliger Kombinate von Familien aus dem Norden durch allerlei Umbauten zu reichlich improvisierten Wohnungen umgewidmet worden.[28] Und wenn man einen Spaziergang unternimmt im so genannten Distrikt II, einer Neubaugegend gleich unterhalb des Heldenfriedhofs für die kommunistischen Partisanen des Zweiten Weltkriegs, dann muss man sich auch über ungepflasterte Straßen kämpfen und so manches Mal über Bauschutt steigen. Doch hier entstehen oft durchaus imposante mehrgeschossige Gebäude. Manche befinden sich komplett im Rohbau, manche sind bereits bewohnt. Sobald die erste Etage fertiggestellt ist, ziehen die Familien ein, oder sie vermieten unter, um zusätzliches Geld für den Weiterbau heranzuschaffen. Alles hier ist vorläufig. Manche Familien befinden sich noch im Norden, auf dem Sprung ins neue Haus, dessen Fertigstellungstermin niemand wirklich vorhersagen kann. Letztlich ist nicht einmal klar, ob der Einzug auch tatsächlich stattfindet, denn möglicherweise erhält das Familienmitglied etwa in Italien plötzlich die Möglichkeit, dauerhaft dort zu bleiben, und holt seine Familie nach. Manche Familien wiederum wohnen bereits im neuen Haus, aber diese Familien bleiben stets unvollständig, weil einige Mitglieder ja im Ausland arbeiten. Und für sie gilt ebenso: Genau lässt sich die Zukunft kaum bestimmen. Das Ungeplante und Vorläufige des Ortes bringen auch eine gewisse Unbelebtheit mit sich. Hier und da findet man zwar ein provisorisches Lebensmittelgeschäft, ansonsten aber gibt es keine öffentlichen Räume – keine Plätze, keine Cafés, keine Kirchen.

Die Außenbezirke Tiranas sind Zwischenorte. Auf der einen Seite wirken sie sehr dörflich, ohne aber das dörfliche Gemeinschaftsgefühl auszustrahlen. Die meisten Einwohner hier haben ein Bein im Norden des Landes und eines irgendwo im Ausland – auch sie sind anwesende Abwesende oder abwesende Anwesende. Zwar leben die »Leute aus dem Norden« oftmals in umfangreichen Familienclans, doch viele Bewohner bleiben sich trotzdem fremd. So entsteht eine Anonymität, die an die Struktur US-amerikanischer Suburbs erinnert. Und tatsächlich liegt der Vergleich nicht fern, denn das Prinzip dieser Suburbs ist die Privatisierung: der Rückzug ins familiäre Privatleben auf der einen Seite und die Abschaffung des öffentlichen Raumes auf der anderen.

Allerdings wird die Privatisierung am Rand von Tirana nicht von einer urbanen Mittelschicht betrieben, die aus dem unsicheren Zentrum der Stadt geflohen ist, sondern vielmehr von einer ruralen Unterschicht, die sich in die Stadt hineinschiebt, ohne wirklich Kontakt mit ihr aufzunehmen. Am Gemeinwesen der Polis nehmen die »Leute aus dem Norden« nicht teil; sie lösen ihre Konflikte untereinander autonom, wie sie es aus ihren seit jeher staatsfernen Herkunftsregionen gewohnt sind. Diese Form ländlicher Autarkie in der Stadt wäre jedoch nicht möglich ohne globale Vernetzung, also ohne die transnationalen Rückflüsse derjenigen, die im Ausland arbeiten.

Stadtplanung im modernistischen Sinne findet hier nicht mehr statt. Die Entfaltung der Stadt ist ganz in die Hände privater Akteure übergegangen. Nun hat sich der Modernismus nicht überall gleich abgespielt, und gerade die Städte des Balkans kennen zahlreiche Formen der ungeplanten und quasi-legalen Entwicklung – Athen etwa hat sich in den letzten Jahrzehnten auf ganz ähnliche Weise vom Rand her entwickelt.[29] Allerdings haben sich die jeweils neuen Erweiterungen der griechischen Hauptstadt immer wieder ins Gewebe der Stadt eingefügt. Zudem strahlen die jeweils neuen Viertel ein hohes Maß an Urbanität aus. Überall gibt es Läden, Kioske und Gastronomie. Das Zusammenwachsen von Athen ging einher mit einer Phase der Angleichung der Lebensverhältnisse in Griechenland – getragen von wohlfahrtsstaatlicher Regulation und der Unterstützung der Europäischen Union. Doch in Tirana ist eine solche Integration eher unwahrscheinlich. In Albanien ist Regulation weitgehend abwesend; Tirana ist eine radikal neoliberale Stadt.

Orte wie den Stadtrand von Tirana hat der Philosoph und Stadttheoretiker Henri Lefebvre einmal als *Heterotopien* bezeichnet. »Anomische Gruppen«, schrieb er, »formen heterotopische Räume, deren sich die herrschende Praxis früher oder später erneut bemächtigt.«[30] Solche Räume seien »der andere Ort und der Ort des Anderen, das ausgeschlossen und gleichzeitig einbezogen wird«. Bis zum 16. Jahrhundert, so Lefebvre weiter, war die Stadt selbst im Vergleich zum Land eine Heterotopie, doch dann verschob sie sich in die Vorstadt, wo sich eine Bevölkerung unterschiedlicher Herkunft zusammenfand – Fuhrleute, Handelsgehilfen, Halbnomaden. In den Heterotopien verkörpert sich nach Lefebvre stets eine »ferne Ordnung«, denn früher oder später werden solche Räume ja wieder in die Ordnung integriert. An den Rändern jener Städte, die in den Auswanderungsländern am Rande Europas liegen, kann von der fernen Ordnung aber keine Rede mehr sein. Diese Orte bilden Fliehkräfte des Städtischen und des Gesellschaftlichen, weil es keine Integrationsmechanismen mehr gibt, mit denen sich die Ordnung jener »Orte des Anderen« noch bemächtigen könnte. Vielmehr scheint sich die Stadt selbst in eine Ansammlung von Heterotopien zu verwandeln.

Was hier entsteht, sind Zonen der Formlosigkeit, weit entfernt von herkömmlichen Vorstellungen der Polis und auch der Politik. Entsprechend stellen sie auch ein zentrales Prinzip der Moderne infrage: die Repräsentation. Erstens kann man sich kaum noch ein zusammenhängendes Bild dieser Orte machen, sie lassen sich schwerlich darstellen. Sie sind verwirrend und vieldeutig: ländlich und doch städtisch, chaotisch und doch geordnet, lokal autark und doch global vernetzt. Sie verwischen Unterschiede, sie haben kein Zentrum, sind nicht repräsentativ, sie sind *ständige Übergangslösungen*, höchst prekär und paradox. Zum Zweiten sind diese Orte nicht mit der Kraft der Imagination verwoben: Sie verkörpern keinen Traum von einem besseren Leben, keinen Vorschein der Zukunft, sie werden beherrscht von einem Überlebenskampf in einer verschwimmenden Gegenwart. Und schließlich, drittens, höhlen diese Orte das Prinzip der demokratischen Vertretung aus. Die Bewohner sind »Illegale«, sie leben im Provisorium, und insofern ist völlig unklar, wie sie am Gemeinwesen politisch partizipieren sollen. Die meisten erwarten vom Staat auch keine politische Einbeziehung, sondern ausschließlich Anschluss an die Infrastruktur. Das verbindet sie eben auf erstaunliche Weise mit den Privatisierungstendenzen der Wohlhabenden, die sich in *gated communities* zurückziehen. Oder aber mit Touristen in einer Feriensiedlung, die zu dem Land, in dem sie sich aufhalten, eine lediglich instrumentelle Beziehung unterhalten. Wasser, Strom und eine Straße reichen als Verbindung zum Gemeinwesen. Was hier entsteht, überall in und um Europa, sind ganze Städte, die keine Bürger mehr haben.

5 UTOPIE UND WIRKLICHKEIT DES TOURISMUS

Ein Besuch in Anfi del Mar

Die kurvige Fahrt auf der Küstenstraße im Südwesten von Gran Canaria bietet spektakuläre Ausblicke. 200 Meter stürzt die Steilküste teilweise hinunter zum Meer. Immer wieder zerteilen tief eingeschnittene Schluchten das Gestein – ganz unten kann man kleine Strände mit dunklerem Sand erkennen. Diese Einschnitte boten stets Schutz vor Wind und Sonne, und so wurde dieser Teil der Insel bald besiedelt, nachdem die Spanier Ende des 15. Jahrhunderts die Kanaren in Besitz genommen hatten. Arguineguín war eine der ersten Siedlungen – und der eigenartig klingende Name, so sagt man, soll noch aus der Sprache jener Ureinwohner der Insel stammen, die damals vollständig den spanischen Okkupanten zum Opfer fielen.

Auch heute noch verbreitet Arguineguín eine Aura des Ursprünglichen, denn das Städtchen ist einer der wenigen Orte, in denen es noch ein funktionierendes einheimisches Sozialleben gibt. Die ehemals bitterarmen Fischer haben sich in gutsituierte Ausflugskapitäne für Urlauber verwandelt – aus den weiter südlich gelegenen Touristenzentren San Agustín, Playa del Inglés und Maspalomas kommt man gern mit dem Bus nach Arguineguín, um von hier aus mit dem Boot Puerto Rico oder Puerto de Mogán zu besuchen – eine reine Retortenstadt für Touristen das eine; ein für den Tourismus umgebautes ehemaliges Fischerdorf das andere. Tatsächlich gibt es in dieser Region von Gran Canaria nichts mehr, was nicht zumindest indirekt mit dem Tourismus zusammenhängen würde. Seit dem Bau der ersten Hotels in San Agustín in den späten 1950er Jahren ist der Tourismus über die eigentlich lebensfeindliche Dünenlandschaft von Maspalomas weiter die Küste hochgekrochen bis zur Schlucht von Puerto de Mogán, die in diesen Tagen in den strandfernen Abschnitten einer einzigen Großbaustelle gleichkommt.

Spektakulär an der Küstenstraße im Südwesten ist nicht allein der Blick auf das Meer, sondern vielfach auch der Blick auf die monumentalen Hotelkomplexe, die sich in jeder Bucht mit ihrer Wabenstruktur an die Wände der Steilküsten schmiegen. Mittlerweile gibt es keine Bucht mehr ohne Hotels. In den 1990er Jahren sind die Tourismusentwickler dazu übergegangen, auch die Abschnitte zwischen den Buchten zu besiedeln. Das bedeutete einen erheblichen Aufwand. Denn der schöne Ausblick reicht den Urlaubern nicht; sie benötigen auch eine Bademöglichkeit in unmittelbarer Nähe. Und so musste am Fuß der Steilküste auch gleich ein künstlicher Strand aufgeschüttet werden. Allein die immensen Kosten für die landschaftliche Umgestaltung haben dafür gesorgt, dass die Hotels und Clubs in solchen Abschnitten den Charme des Luxuriösen verbreiten. So gibt es etwa eine Fünf-Sterne-Dependance der Hotelkette Steigenberger. Von der Straße aus sieht man nur ein unauffälliges, gedrungenes einstöckiges Gebäude, weil das eigentliche Hotel sich wie ein Hochhaus am Hang darunter entfaltet.

Noch eindrucksvoller ist die nahe gelegene Appartementanlage Anfi del Mar – möglicherweise weil sie nicht im allgegenwärtigen Weiß gehalten ist. Für den Komplex wurde eine mosaikartige Natursteinverkleidung in einem erdigen Ton gewählt. Zudem sorgt eine starke Bepflanzung mit Palmen und anderen ungewöhnlich anmutenden Gewächsen dafür, dass Anfi gleichzeitig »natürlich« und »exotisch« wirkt. Schon vom Ausmaß her vermitteln die Gebäude ein Gefühl des Giganti-

142

schen und Spektakulären – besonders am Strand ist man von ihnen umgeben wie von den Hängen eines Talkessels. Zugleich hat die Architektur auch etwas Verspieltes. Zwar gibt es die von den touristischen Bedürfnissen vorgeschriebene Wabenstruktur – alle Wohneinheiten benötigen einen ungestörten Ausblick zum Meer hin –, doch die Balkone sind abgerundet, und den Zwischenelementen für Aufzüge und Treppenhäuser haben die Planer eine skulpturale Anmutung verliehen.

Anfi del Mar ist nicht direkt an die Steilküste geklebt wie das Steigenberger, sondern entfaltet sich an einem Hügel, nahe an der Mündung eines ausgetrockneten Flusses. Dennoch war das Projekt höchst ambitioniert. Tatsächlich wurde hier eine Art urbanisiertes Dorf aus dem Nichts geschaffen. 1989 waren die Hänge noch voll mit Geröll, und es gab einen winzigen, wilden Strand. Sage und schreibe 50 Millionen Tonnen Gestein mussten abgetragen werden, damit man drei Jahre später mit den Bauarbeiten beginnen konnte. Auch hier wurde ein künstlicher Strand aufgeschüttet, ebenso wie eine kleine Insel gleich vor der Küste. Zudem erhielt die Anlage eine Marina – einen Yachthafen. 1995 wurden die ersten 261 Appartements des Anfi Beach Club fertig, es folgten der Club Puerto Anfi 1997, der Club Monte Anfi 2000 und der letzte Bauteil, der Club Gran Anfi. Die Bezeichnung »Club« deutet bereits auf den abgeschlossenen Charakter der Siedlung hin. Anfi del Mar steht dabei für ein Modell, das ursprünglich vor 40 Jahren in den Niederlanden entwickelt wurde und das dann vor allem in den USA rasch an Bedeutung gewann: *Timesharing* oder Ferienwohnrecht. Das Konzept ist einfach: Der Kunde erwirbt das Recht, einmal im Jahr eine oder mehrere Woche in einer Wohnung verbringen zu können – bestimmte festgelegte Serviceleistungen inklusive. Die Verträge laufen zwischen 30 und 99 Jahren. Manches Mal gibt es einen richtigen Grundbucheintrag, zumeist aber nur ein Mitgliedszertifikat, in dem das Nutzungsrecht niedergelegt wird.

Die Branche hat freilich einen schlechten Ruf – und daran ist Anfi del Mar nicht unschuldig. Denn bis 1999 stand das von dem Norweger Björn Lyng gegründete Timesharing-Unternehmen Anfi del Mar auf den schwarzen Listen der Verbraucherschützer in den meisten westlichen Ländern – am Strand angesprochene Kunden wurden über den Tisch gezogen. Als die Unzufriedenheit unter den Käufern stieg, trat dann die Firma Canarias Return als Immobilienvermittlerin auf den Plan – angeblich ohne jede Verbindung zu Anfi. Diese GmbH gehörte einem Unternehmen in Amsterdam, dessen Eigentümer wiederum ein anderes Unternehmen war – mit einem Firmensitz »off-shore«, auf den Niederländischen Antillen. *Info Canarias*, die Zeitschrift der deutschen Community auf den Kanaren, konnte diese Briefkasten-Firma wiederum bis zu Björn Lyng zurückverfolgen.[1] Monatelang hielt Canarias Return schließlich jene Kunden hin, die ihre Wohnungen wieder loswerden wollten, um am Ende die entnervten Personen mit gerade mal 20 oder 30 Prozent des ursprünglichen Preises abzuspeisen. Die Wohnungen wanderten dann gleich als »Sonderangebote« zurück auf den Markt. 2001 schließlich stieg die TUI mit 51 Prozent bei Anfi ein, und das, obwohl der deutsche Marktführer lange über die unlauteren Methoden im Timesharing gewettert hatte. Die Gewinne aus den dunklen Machenschaften von Canarias Return, schrieb *Info Canarias*, wurden dabei durch geschickte Transaktionen an die TUI weitergegeben.[2] Bis Ende 2004 waren dennoch fast 90 Prozent der Wohnungen verkauft – und die TUI zog sich aus dem Geschäft wieder zurück.

Im Web finden sich Dutzende von persönlichen Berichten über die illegalen Machenschaften bei Anfi del Mar. Auf der Anlage freilich ist von solchen Problemen nichts zu spüren – sie suggeriert ein Leben fernab solcher Realitäten. Nach außen hin wirkt Anfi del Mar fast abweisend. Wuchtig, wehrhaft erscheinen jene Teile des Komplexes, die der Straße zugewandt sind. Nur kleine Stichstraßen führen in den Komplex hinein. Ein Pförtner kontrolliert einfahrende Autos; Fußgänger werden toleriert. Der zunächst abweisende Charakter ändert sich aber sofort, wenn man an der Rezeption des Anfi Beach Club vorfährt. Die überdachte Einfahrt ist durch kitschige gemalte Dekorationen an der Decke verziert, und über dem Tor zur Rezeption steht: »En Anfi convivimos todas las Naciones en paz«, »In Anfi leben alle Nationen im Frieden zusammen«.

Tatsächlich sind die Inhaber von Ferienwohnrechten in Anfi recht vielfältig: 32 Prozent Briten, 22 Prozent Deutsche, 20 Prozent Skandinavier, 5 Prozent Niederländer und der Rest Belgier, Tschechen, Österreicher, Schweizer, Franzosen und auch Spanier. Der Frieden im Inneren ist selbstverständlich ebenso künstlich wie die ganze Anlage. Als öffentlicher Raum dienen der Strand und eine kleine *plaza* mit Geschäften. Hier gibt es keine Störungen, keine Kriminellen, keine Gewalt, keine sozialen Unterschiede, keinen Stress – alles ist unter Kontrolle, und die Märchenhaftigkeit der Anlage wird von fleißigen Händen immer auf dem gleichen Standard gehalten.

Der Bau und das Betreiben von Hotels oder Ferienanlagen sind hochgradig arbeitsintensiv. Stets werden Bauarbeiter, Gärtner, Reinigungspersonal, Leute für die Küche etc. gebraucht. 1100 Personen arbeiten in Anfi, und diese Belegschaft stammt aus 40 Nationen. In der kanarischen Tourismusindustrie arbeiten in zunehmendem Maße Migranten. Zumeist hinter den Kulissen, aber je nach Herkunft schaffen sie es auch an die Rezeption oder ins Restaurant. Die spanischen Gäste etwa werden sehr gern von einer Lateinamerikanerin mit charmantem Akzent empfangen. Allgemein sind Jobs in der Tourismusbranche saisonabhängig, erfordern zeitliche Flexibilität und erweisen sich als sehr stressreich, auch in emotionaler Hinsicht, etwa im Kundenkontakt. Und sie werden schlecht bezahlt.[3] Mit der am Eingang von Anfi formulierten Utopie ist die Belegschaft aber wahrscheinlich nicht gemeint.

Vor über 20 Jahren schrieb Fredric Jameson einen Aufsatz, in dem er ein Hotel – das Hotel Bonaventure in Los Angeles – als Verkörperung der kulturellen Logik des Spätkapitalismus begriff, als Sinnbild für die neue Gesellschaft der Postmoderne.[4] Auf die gleiche Weise lässt sich heute eine Ferienanlage wie Anfi del Mar, eine Weiterentwicklung des Hotels, als Allegorie für die Verfasstheit der derzeitigen Gesellschaft lesen. Der Ursprung solcher Anlagen ist modern – sie entstehen aus dem Nichts, auf einer zuvor planierten Tabula rasa, und sie ersetzen die Natur durch ihre eigene Natürlichkeit, durch ihr eigenes *landscaping*, wie es in der Fachsprache der Planer heißt. Ganze Gelände werden hier der staatlichen Kontrolle entzogen und an Projektentwickler, *developer*, übergeben, die in der Konzeption solcher Anlagen agieren wie eine Behörde. Oft genug werden dabei Gebäude viel größer, als ursprünglich erlaubt – in Spanien war und ist es eine gängige Praxis, dass solche Einrichtungen illegal über den ursprünglichen Entwurf hinauswachsen und nachträglich »legalisiert« werden. Die Anlagen entstehen also in einer Art Ausnahmezustand.

Die Ausnahme charakterisiert auch ihr gesamtes Funktionieren. Obwohl im Geiste der Moderne geplant, wird hier keine Utopie mehr für die gesamte Gesellschaft entworfen. Diese Komplexe schließen eine Utopie in sich ein, die von Personen mit den entsprechenden Mitteln vorübergehend in Anspruch genommen werden kann. Die Lebensweise hat einen provisorischen und prekären Status. Der touristische Aufenthalt ermöglicht eine Zeit der Muße außerhalb der Normalität von Alltag und Arbeit. Der Urlaub ist ein Ritual der »Anti-Struktur«, wie der Anthropologe Jeremy Boissevain sagt.[5]

Die Bewohner solcher Anlagen sind auf eine paradoxe Weise anwesend und abwesend zugleich. Die Touristen sind immer schon da, ihnen wird hier ständig ein Zimmer freigehalten. Jede Person, die in einem Reisebüro einen Katalog durchblättert, ist potenziell bereits hier eingezogen. Sind die

Urlauber dann tatsächlich angekommen, wird alles dafür getan, dass sie sich wie »zu Hause« fühlen, obwohl ihre Heimat doch woanders ist. Nun ist die Urlaubsreise gewöhnlich zeitlich begrenzt. Inzwischen jedoch gehen Ferien und permanenter Aufenthalt fließend ineinander über. Manche Personen besitzen wie erwähnt Ferienwohnrechte und kommen mehrfach im Jahr, andere verbringen regelmäßig den gesamten Winter in solchen Anlagen, wiederum andere setzen sich als Residenten im Alter dort zur Ruhe. Sie alle sind ebenfalls anwesend und abwesend zugleich. Auch wenn diese Personen das ganze Jahr hier wohnen, kümmern sie sich in den seltensten Fällen um korrekte Aufenthaltspapiere, weil ihnen das bürokratische Prozedere zu aufwendig ist. Offiziell also befinden sie sich noch in ihrem Heimatland. Tatsächlich unterhalten sie auch eine viel direktere Beziehung zu ihren Herkunftsorten als zum Aufnahmeland; die Bewohner von Anfi haben bessere Verbindungen mit Manchester oder Düsseldorf als mit Las Palmas de Gran Canaria. Das alltägliche Leben im Aufnahmeland interessiert die Bewohner von Ferienanlagen meist wenig. Was sie benötigen, ist vor allem ein konstant angenehmes Klima und die Bereitstellung von Infrastruktur. Sie leben wie auf einer Insel; zu viel Realität würde den Ausnahmecharakter des Aufenthalts stören.

Dass diese Mischung aus modernistischer Planung und eingezäuntem Paradies, aus Absonderung und globaler Vernetzung, aus Privatisierung und Prekarität eine Allegorie der Gesellschaft darstellt, diese Deutung mag an dieser Stelle etwas voreilig erscheinen. Tatsächlich handelt es sich um einen Vorgriff – die einzelnen Punkte sollen in der Folge ausgeführt werden. Dafür gilt es, eine lange Reise anzutreten. Zur Urgeschichte der modernen touristischen Utopie in Prora auf der deutschen Ostseeinsel Rügen und im Languedoc-Roussillon an der französischen Mittelmeerküste. Zur Realität des Tourismus zwischen Freizeitstädten, Bauspekulation und Kriminalität im mediterranen Spanien. Zu den jüngsten Projekten der europäischen Tourismusindustrie im marokkanischen Saïdia. Und schließlich zu den bizarren Umwidmungen der touristischen Infrastruktur im Libanon und in Israel bzw. den besetzten Gebieten.

Dabei geht es nicht darum, die Geschichte des Tourismus zu erzählen oder eine Taxonomie des touristischen Wohnens zu erstellen, sondern darum, die gesellschaftlichen Folgen des Lebens in Provisorien auszuloten. Die Struktur und Architektur der Ferienorte scheint oft der ernsthaften Analyse nicht wert. Von den Besuchern werden sie im Vorbeigehen benutzt und unter dem Aspekt des Komfortablen genossen, während die Kritiker traditionell die Nase rümpfen. Von einem bürgerlich-elitären Standpunkt aus wird der Tourismus als Massenphänomen verdammt – als Ideal gilt hier die individuelle Reise. Aber auch die Gesellschaftskritik in den 1970er Jahren hat am Tourismus kein gutes Haar gelassen – beklagt wurden die architektonische Verschandelung der Landschaft, die ökologischen Nebenwirkungen oder der Verlust der »ursprünglichen« Kultur in der ansässigen Bevölkerung. Selbst die Architekten beschäftigen sich nur begrenzt mit der Ferienarchitektur. Zwar ist es in den letzten Jahrzehnten eine attraktive Aufgabe geworden, das eine oder andere Luxushotel in den Metropolen zu bauen oder umzugestalten, doch der Bau von Anlagen in den Feriengebieten Europas gilt als wertloser Brotjob. Viele arbeiten hier anonym – in einem Gespräch in Las Palmas de Gran Canaria bezeichnete der kanarische Architekt José Luis Gago den Bau von Ferienanlagen als »schwarze Geschichte der Architektur«. Erst in letzter Zeit gibt es eine Annäherung: So hat das niederländische Architekturbüro MVRDV ein Buch über architektonische Planung an der *Costa Iberica* veröffentlicht und die Architektenkollegs verschiedener Städte in Spanien einen Band mit dem Titel *La Arquitectura del Sol_Sunland Architecture*.[6]

Zu Beginn der touristischen Erschließung der europäischen Küsten jedoch war der Tourismus noch eine Art Experimentierfeld für ambitionierte Architekten. Vor über 30 Jahren schrieb der Architekt Georges Candilis, der in den 1960er Jahren maßgeblich für die Umgestaltung der südfranzösischen Region Languedoc-Roussillon zu einem Feriengebiet verantwortlich war, dass der Urlaub »zum immer entscheidenderen Element in der Entwicklung und Ordnung des Raumes« werde. In der zunehmenden Bedeutung der Freizeit im Leben der Menschen sah Candilis ein neues Zeitalter heraufdämmern – eine Entwicklung hin »zu neuen Formen und zu neuen menschlichen Gruppierungen, zu neuen Beziehungen dieser Gruppen untereinander, zu neuen Konzeptionen des Lebens, der Arbeit, der Kommunikation, die eine neue städtebauliche Auffassung bedingen«.[7] Nun waren diese Worte noch erfüllt vom Fortschrittsgedanken der Moderne, doch im Kern formulierte Candilis die entscheidenden Fragen: Wie verändert der Tourismus, verstanden als eine bestimmte Form der Migration, zum einen die Ordnung des Raums und zum anderen die Formen des Sozialen? Das sind Fragen, die als kritische Fragen erstaunlicherweise gerade in den Tourismusdestinationen kaum gestellt werden.

Obwohl in Spanien in jedem Jahr ungefähr so viele Touristen einreisen, wie das Land Einwohner hat, findet man in den Buchhandlungen Rubriken zu allem und jedem, doch nicht zum Thema Tourismus. Zwar gab es auch hier in den 1970er Jahren durchaus Kritik, doch erst in letzter Zeit entwickelt sich eine umfangreichere Auseinandersetzung. Oft sind deren Protagonisten Künstler. So fand 2004 in Barcelona eine Ausstellung mit dem Titel *Tour-isms. The Defeat of Dissent* statt, die eine »kritische Analyse« leisten wollte, entlang der Leitfrage: Welchen Einfluss hat »dieses globale Phänomen der derzeitigen Gesellschaft«?[8] Lange Zeit, meinten zwei der Ausstellungsmacher, Jorge Luis Marzo und Montse Romani, bei einer Unterhaltung in Barcelona, wurde der Tourismus in Spanien ausschließlich als Motor der Modernisierung gesehen – als Mittel zur wirtschaftlichen Entwicklung oder als Medium der Befreiung von Francos miefigem Konservatismus. Einige hundert Kilometer weiter südwestlich, in Valencia, erzählt der Soziologe und Journalist José Miguel Iribas, der sich seit 20 Jahren mit der Ferienstadt Benidorm befasst, dass er den Redakteuren seiner Zeitung *El País* immer wieder erklärt, dass sie nicht nur eine Rubrik zum Thema Reisen brauchen, sondern auch eine zum Thema Tourismus. Das seien zwei verschiedene Dinge. Der Frage der Ausstellung jedenfalls nach dem Einfluss des Tourismus in der heutigen Gesellschaft, dieser Frage lohnt es nachzugehen. Dafür muss man zunächst die Ursprünge des Massentourismus aufsuchen – und damit auch die Utopie des Tourismus.

Die Utopie des Tourismus

In dem kleinen Dokumentationszentrum des Nazi-Seebads Prora auf Rügen findet sich eine überraschende Zeichnung. Sie zeigt die vollendete Anlage in ihrem monumentalen Glanz – bevölkert von leger gekleideten, perfekt gebauten Menschen, die sich am Strand vergnügen oder auf der Promenade flanieren. Das Überraschende an dem Bild ist seine Aktualität; die Szene hat eine frappierende Ähnlichkeit mit Bildern aus Katalogen, die man heute in Reisebüros ausgehändigt bekommt. In diesen Broschüren wird der Vorstellung der Ferienanlagen viel Platz eingeräumt – die Besucher wollen offenbar sehen, wo und wie sie untergebracht sind. Szenen wie auf jenem Bild haben sich in Prora nie abgespielt, denn die Anlage wurde nie fertiggestellt. Heutzutage ist Prora von diesem imaginierten Glanz weit entfernt. Der Großteil der Anlage ist Ruine. Doch diese Ruine ist erstaunlich. Über vier

Kilometer lang erstrecken sich die höchst funktionalen Bauten an der Küste – jeder Bewohner sollte einen Ausblick aufs Meer haben. Diese Szenerie ist schon seltsam genug, doch noch seltsamer wirkt die Tatsache, dass diese leer stehenden Gebäude derzeit die wahrscheinlich größte Touristenattraktion auf Rügen sind. Die Besucher wandern in den Ruinen eines vergangenen Massentourismus umher – oder vielmehr: in den gebauten Plänen eines vergangenen Tourismus. Nie ist hier ein Urlauber tatsächlich eingezogen. Prora eröffnet den Blick auf eine Zukunft, die historisch geworden ist; auf eine Utopie, die sich überlebt hat.

Eine Reise nach Prora freilich ist auch ein Trip in die Urgeschichte des Tourismus. Was hier in Rohbau verblieb, ist an vielen anderen Stellen in Europa auf ganz ähnliche Weise Wirklichkeit geworden – später, nach dem Weltkrieg. Am 2. Mai 1936 wurde der Grundstein gelegt: Robert Ley, Leiter der Deutschen Arbeitsfront und des Ferienwerks Kraft durch Freude, wollte hier das »gewaltigste Seebad der Welt« entstehen lassen. Auf den Tag genau war es damals drei Jahre her, dass die Nationalsozialisten im Rahmen der Gleichschaltung die Gewerkschaften aufgelöst hatten. Bei der Wahl des Datums handelte es sich nicht um einen Zufall, denn Ley wollte den Arbeitern zeigen, dass das Regime dem Proletariat weit größere Verheißungen zu bieten hatte, als die alten Interessenvertretungen je durchzusetzen vermochten. Seit der Machtübernahme durch die Nazis hatte Kraft durch Freude konsequent die Freizeitangebote für die einfachen Leute erweitert. Die Organisation sicherte preiswerte Kontingente von Eintrittskarten für Konzerte, Theatervorstellungen oder Museen. Sie ermöglichte den Zugang zu teuren Sportarten wie Reiten, Segeln und Tennis. Zudem entwickelte sich KdF zum größten Reiseveranstalter der Welt – Tagestouren und Wochenendtrips im Inland wurden ebenso angeboten wie Skiurlaube oder Kreuzfahrten zu damals unendlich weit entfernten Destinationen wie Norwegen, Griechenland, Italien, Jugoslawien und Portugal, dort insbesondere zur Insel Madeira. Bis zum Ausbruch des Krieges wurden so sieben Millionen Urlaubsreisen verkauft.[9]

Das modernste und zukunftsweisendste Projekt von KdF jedoch war die Planung von fünf neuen Seebädern, von denen Prora das erste sein sollte. Dabei handelte es sich in jenen Tagen um ein völlig neues Modell. Denn hier wurde nicht nur ein Hotel an einen Ort gebaut, der per se Besucher anzog, sondern dieser Ort wurde komplett neu geschaffen. Die einzigen Ausgangsbedingungen waren gewisse natürliche Voraussetzungen – Sonne und Strand. Die KdF-Funktionäre begaben sich auf die Suche nach einer Tabula rasa, einem leeren Gebiet, und fündig wurden sie eben auf Rügen, wo sie Malte von Veltheim, den Fürsten von Pubus, wie auch immer »überzeugten«, ihnen dieses Gebiet per Handschlag abzutreten. So unbestimmt wie das Terrain waren die Besitzverhältnisse – auch das ist durchaus ein Vorgriff auf spätere Phasen der Tourismusentwicklung. Die Suche nach einer Tabula rasa war in jenen Tagen aber nicht ganz freiwillig. In der schwierigen wirtschaftlichen Situation kurz nach 1933 hatten sich die kommerziellen Reiseveranstalter und die Hotelbesitzer in den bürgerlichen Strandbädern zunächst erfreut darüber gezeigt, dass KdF ihnen bestimmte Kontingente abnahm – wenn auch zu kleinen Preisen. Mit der Verbesserung der ökonomischen Lage freilich wollte die Branche das proletarische Publikum wieder loswerden, zumal in den Grand Hotels und auf den Kurpromenaden das Bürgertum bereits die Nase rümpfte.

Bis zu diesem Zeitpunkt war das Modell der touristischen Unterkunft noch unangefochten das Hotel – und zwar das Luxus-Hotel oder besser gesagt: der Hotel-Palast. Ein kurzer Blick auf dessen Geschichte lohnt sich, weil in diesen Hotel-Palästen bereits eine Reihe von Entwicklungen des späteren Massentourismus vorweggenommen wurden. Entstanden waren solche von Ausmaß und Gestaltung monumentalen Hotels in den USA im

19. Jahrhundert – erst zu Beginn des 20. Jahrhunderts wurden sie auch in Europa in Betrieb genommen. Das bekannteste Beispiel ist wahrscheinlich das nach seinem Besitzer benannte Hotel Adlon in Berlin, gleich vis-à-vis vom Brandenburger Tor. Als es 1907 eröffnet wurde, galt dieses Hotel als Gipfel der Modernität. In einem vom Adlon herausgegebenen Prachtband sah der Berliner Autor Max Rapsilber das Hotel als Drehscheibe im neuen Mobilitätsgeschehen zu Beginn des Jahrhunderts. Schon damals war die Rede von einem zunehmenden Zusammenwachsen Europas durch die neuen Möglichkeiten der Kommunikation und des Transports. Der Bau reagiere auf radikale Wandlungen und zeuge von »kulturellem Fortschritt«, schrieb Rapsilber.[10] Tatsächlich wurde das Hotel nicht nur der physischen Mobilität gerecht, sondern auch der gesellschaftlichen. Von Anfang an war das Adlon eine Bühne, auf der sich die traditionellen höfischen und die neuen bürgerlichen Eliten auf Augenhöhe begegnen konnten. Diese Begegnung vermittelt auch die Architektur, die auf der einen Seite mit Stilelementen der Vergangenheit spielt und auf der anderen Seite durch die Gestaltung und die Ausstattung den Gipfel des technischen Fortschritts darstellt. Die Zugehörigkeit zur Oberschicht ist zu jener Zeit jedenfalls kein adeliges Privileg mehr, sondern im Adlon käuflich geworden: Wer über die nötigen Mittel verfügt, erwirbt einen abgeschlossenen Ort inmitten der deutschen Hauptstadt, in dem sich ein mit Nostalgie verbrämter Luxus auf höchstem Niveau genießen lässt.[11]

Nun sind die Luxushotels selbst nie verschwunden. In den letzten Jahren hat es sogar einen Boom gegeben – kostspielige »Design-Hotels« liegen im Trend. Dabei ist das Hotel selbst ein Objekt der Begierde geworden. So hat der Kunstbuchverlag Taschen eine Reihe mit Bildbänden herausgebracht, in denen Luxus-Hotels auf den verschiedenen Kontinenten abgebildet sind. Wenn man diese Bücher durchblättert oder auch selbst ein solches Hotel besucht, dann wird schnell deutlich, dass diese Hotels von zwei Anmutungen leben. Einerseits hat die Architektur stets etwas Überwältigendes und Sensationelles – selbst wenn die Hotels nicht offensichtlich in der Art eines Palastes gebaut wurden. Andererseits entwerfen solche Hotels eine abgeschlossene Welt fern der Realität. Sie haben den Charakter eines Resorts – sie machen den Eindruck, als könne man hier auch dann in angenehmer Weise seine Zeit verbringen, wenn draußen Krieg und Zerstörung herrschen. Was im Übrigen auch stimmt, wie sich später noch herausstellen wird. Diese beiden Anmutungen sind für den Tourismus insgesamt entscheidend. In diesem Sinne sprechen Tourismus-Forscher auch von der *tourist bubble*, von der »touristischen Blase«.

»Die Erfahrung des Ortes«, bemerkt der tunesische Tourismusforscher Waleed Hazbun dazu ganz treffend, »wird von der Architektur des touristischen Raumes erzeugt und keineswegs vom Standort selbst«.[12] In Prora schuf KdF eine neue Version der *tourist bubble*. Man überließ die traditionellen Bäder den gehobenen Kreisen und produzierte für die Proletarier ein neues, ein eigenes Resort durch die komplette Neugestaltung eines unerschlossenen Terrains. Das bedeutete im Fall von Prora den Aushub von einer Million Kubikmetern Erdreich. Dabei musste nicht nur der Gebäudekomplex selbst geplant werden, sondern auch die Anbindung des neuen Ortes an das Verkehrssystem. Kurz nach Baubeginn war der Rügendamm fertig geworden, der die Insel dauerhaft mit dem Festland verband. Prora sollte einen eigenen Bahnhof bekommen und Stellplätze für etwa 3000 Autos. Als Architekten wählte die KdF-Leitung den Kölner Clemens Klotz, dem schon damals die Vorgaben wenig Spielraum ließen – jedes Zimmer musste ja einen Blick aufs Meer haben. Das Gebäude ist eine Lösung im Sinne der Neuen Sachlichkeit; schnörkellos, funktional und höchst modern. Entlang der Küstenlinie kreisförmig geschwungen, baute Klotz überwiegend monolithische Stahlbeton-Skelett-Gebäude, wobei er die Unterkunftstrakte landeinwärts in kurzen Abständen durch hervortretende Versorgungstrakte unterbrechen ließ – hier sollten Treppenhäuser, Aufzüge, Bäder und Toiletten sowie Abwurfschächte für Müll und Schmutzwäsche untergebracht werden. Auch seewärts gibt es solche hervortretenden Trakte für die Esssäle, in denen jeweils 2000 Gäste verköstigt werden sollten. In der Mitte der Anlage befindet sich ein riesiger Platz; der anvisierte »Festplatz«. Hier stehen die Rohbauten der so genannten Empfangshallen, in denen unterschiedliche Restaurants, Cafés und Räume für Tanz und Theater geplant waren. Vorgesehen hatte man zudem eine protzige zentrale Festhalle für Veranstaltungen mit allen 20 000 Urlaubern, einen 85 Meter hohen Turm mit einem Höhencafé für 250 Personen, ein überdachtes und beheiztes Schwimmbad sowie eine Kai-Anlage für Boote.[13]

Von Letzterem wurde nichts tatsächlich gebaut, und auch der Rest der Anlage blieb unfertig. Urlauber sind nie eingezogen. Dennoch ist die Aktualität dieses touristischen Projekts erstaunlich. Der ungewohnte Charakter der Anlage fiel bereits der zeitgenössischen Kritik auf. »Obwohl hier Erholungsmöglichkeit für Zehntausende geschaffen werden soll«, schrieb die einflussreiche Nazi-Architekturtheoretikerin Gerdy Troost 1938, »ist es erfolgreich vermieden worden, nun etwa eine Stadt ans Meer zu bauen. In großzügigster Planung entsteht hier ein absolut neues Werk von klarer Zweckmäßigkeit und von guter Form«.[14] Tatsächlich sollte hier keine Stadt entstehen, sondern die Simulation einer saisonal genutzten Stadt mit stets neuen Einwohnern. Alle Elemente des Städtischen sind vorhanden. Es gibt große Wohneinheiten, Straßen und Promenaden, Geschäfte und öffentliche Plätze und sogar Versammlungsorte. Urban wirkt auch die Tatsache, dass die Bewohner stark fluktuieren und durch die Kürze des Aufenthalts weitgehend anonym bleiben sollten. Dennoch schafft der Ort eine gewisse Gemeinschaftlichkeit, die sich vor allem aus der Rolle des Urlaubers selbst ergibt. An solchen Orten ist man anwesend, um den eigenen Körper zu genießen und zu konsumieren. Es handelt sich also durchaus um etwas Neues: um die Simulation einer Stadt im Ausnahmezustand der permanenten Freizeit.

Das Projekt hatte eine utopische Dimension. Zum einen sollte ein Ort wie Prora ein Leben in einer Welt frei von den Zwängen des Arbeitslebens ermöglichen. Vorübergehend, denn selbstverständlich ließ das die Realitäten des Arbeitslebens völlig unangetastet. Aber das war ja auch die Absicht der KdF-Funktionäre, denn mit dem Urlaub sollten der Arbeiterschaft die revolutionären Bestrebungen quasi abgekauft werden. Zum anderen lag der utopische Charakter des Projekts auch in dem Versprechen, dass es immer mehr Orte wie Prora geben würde. Die Freizeit war in der Epoche zuvor ein Privileg des Bürgertums gewesen, und nun sollte die Freizeit demokratisiert werden – eine Option für jedermann. Dieses Versprechen sieht man den modernistischen Gebäuden von Prora heute noch an. Gerade die Gleichförmigkeit der Bauten barg die Möglichkeit, diesen Ort überallhin zu verpflanzen – Prora war wie ein Raumschiff, das hier und dort landen und vor Anker gehen konnte. Und tatsächlich ist Prora in den folgenden Jahrzehnten an den verschiedensten Orten wieder aufgetaucht – in ganz Europa.

Doch zunächst unterbrach der Zweite Weltkrieg die weitere Entwicklung. Die Idee der Neuschaffung eines ganzen Gebiets fand ihre Nachahmer erst wieder, als die Kriegsfolgen langsam überwunden waren und die Europäer dem goldenen »sozialdemokratischen« Zeitalter von Wachstum und Fortschritt zustrebten. In den späten 1950er Jahren entschied die französische Regierung die touristische Erschließung der westlichen Mittelmeerküste. Hier ging es nicht mehr um ein paar Kilometer Strand auf einer Insel, sondern um die komplette Umgestaltung eines Küstenstreifens von 180 Kilometern Länge – von der Region Camargue bis zur spanischen Grenze. Dort gab es zu jener Zeit nicht mehr als Sümpfe, Dünen,

Lagunen sowie einige wenige Dörfer. Deren Bewohner lebten mehr schlecht als recht von der Fischerei, und ihre Unterkünfte bestanden aus notdürftig zusammengezimmerten Hütten. Die Region galt im fernen Paris als »wild« und »zurückgeblieben« und die Einwohner als »Primitive«. Tatsächlich war es bis Mitte des 20. Jahrhunderts durchaus verbreitet, die Küstenregionen als verwaiste und auch ungesunde Gegenden zu betrachten, die einen Besuch nicht wert waren.[15] Daher hatten sich die feinen Leute von Montpellier auf der Suche nach Erholung auch stets von der Küste abgewandt. Ihre freie Zeit verbrachten sie in ihren Anwesen auf dem Land.

So verwaist war jener Teil der Küste, dass es 1939 (wie in Kapitel 2 erwähnt) möglich war, in St. Cyprien und Argelès sur Mer für über ein Jahr etwa 160 000 spanische Flüchtlinge in schnell gezimmerten Baracken und vor allem in Zelten unterzubringen. In den 1960er Jahren freilich war der Strand mehr und mehr zu einem begehrten Aufenthaltsort für Urlauber geworden. Fast 700 000 weniger gut bemittelte Franzosen verbrachten ihre Ferien damals bereits im Languedoc-Roussillon, wobei über die Hälfte wild in den Dünen ein Zelt aufschlug oder den Caravan abstellte. Argelès sur Mer, wo bereits die spanischen Flüchtlinge campierten, ist im Übrigen noch heute die Hochburg des Campings in der Region. Eine weitere Welle von Neuankömmlingen kam schließlich aus Algerien. Als Frankreich 1962 den Kampf gegen die Unabhängigkeit aufgab, mussten die Siedler, die *pieds-noirs*, aus Algerien fliehen. Etwa 100 000 von ihnen ließen sich im Languedoc nieder, was zu Beginn beträchtliche Probleme machte – nicht zuletzt, was die Wohnungssituation betraf.

Die Mischung aus »primitiven« Einwohnern, unkontrollierbaren Einwanderern und »wilden« Touristen hielt man in Paris jedenfalls für Besorgnis erregend. Zudem erschien der Tourismus als boomende Branche, und die Konkurrenz hatte sich gut aufgestellt – zunehmend verbrachten Franzosen ihren

Urlaub an der spanischen Costa del Sol oder der italienischen Riviera. 1963 wurde eine Kommission unter der Führung des Bürokraten Pierre Racine ins Leben gerufen, bald bekannt als Racine-Mission. Und als Mission wurde die Entwicklung des Languedoc-Roussillon in Paris auch gesehen – als neue zivilisatorische Aufgabe im Inneren nach dem Ende des Imperiums. Wie stets bei solchen Projekten, sollten zunächst die Sümpfe trockengelegt und die Mücken und die Malaria bekämpft werden. Deshalb betrachteten viele Bewohner der Region die Pariser Pläne auch als internen Kolonialismus.[16]

Für die Gründung der neuen Côte d'Azur auf »jungfräulichem« Terrain wurde dann 1969 ein Team von sieben Architekten bestellt – als Leiter wurde der bereits erwähnte Georges Candilis verpflichtet. Candilis hatte zu Beginn seiner Laufbahn in Le Corbusiers Atelier des bâtisseurs (ATBAT) gearbeitet. Das war die Agentur, die Le Corbusier gegründet hatte, um in Marseille die Unité d'Habitation zu errichten – eines der wahrscheinlich bekanntesten Gebäude des 20. Jahrhunderts. Bald darauf war Candilis zusammen mit seinem späteren Partner Shadrach Woods nach Marokko gewechselt, damals ein französisches Protektorat. Dort gab es eine Dependance der ATBAT, zunächst in Tanger und dann in Casablanca. Während des marokkanischen Unabhängigkeitskampfes kehrten beide dann zurück, und zusammen mit Alexis Josic gründeten sie das Architektenbüro Candilis Josic Woods. In Frankreich machte das Büro vor allem Furore mit der Planung und Realisierung einer »neuen Stadt« in Toulouse in den frühen 1960er Jahren – Le Mirail. Das Hauptbetätigungsfeld der drei Architekten war der Wohnungsbau, und zwar für die Massen. Und darum ging es ja auch bei der Entwicklung einer Tourismusregion. Und weil Candilis schon einige Studien zum Thema erstellt hatte – zum Tourismus in den Übersee-Departements und in den französischen Alpen –, erschien er den Behörden als der geeignete Mann.[17]

Wenn man heute die Region besucht, die in Reiseführern auch gerne als das französische Florida bezeichnet wird, dann findet man hier keine Ruinen wie in Prora. Dennoch stellt sich der Eindruck ein, dass man die Kulissen einer vergangenen Zukunft durchstreift. An der Küste des Languedoc-Roussillon ist die Moderne selbst historisch geworden.

Sechs von Candilis vermessene »touristische Einheiten« ziehen sich im Halbkreis an der Küste entlang. Am sensationellsten wirkt heute zweifellos La Grande Motte. Zwar macht der Ort mit seinen geraden Alleen, den streng angeordneten Bauten und dem riesigen, äußerst günstig angebundenen Yachthafen zunächst den Eindruck von kühler, rationaler Planung, doch La Grande Motte erschöpft sich keineswegs in einem auswechselbaren, funktionalen »international style«. Besonders auffällig hier sind die hohen Gebäude, die an Pyramiden mit einer abgeschnittenen Spitze erinnern – tatsächlich dienten aztekische Pyramiden als Vorbild. Der Architekt Jean Balladur wollte mit dieser Form zum einen die Umgebung widerspiegeln – das Auf und Ab der Dünenlandschaft sowie die Gebirgssilhouette der fernen Cevennen.[18] Zum anderen aber ging es ihm um eine spektakuläre Architektur, deren Verspieltheit dem Besucher signalisieren sollte: In dieser Stadt gibt es keine Banalität, keinen Alltag. Hier herrscht ein Ausnahmezustand im Namen der Freizeit. Balladur hatte den letztlich paradoxen Versuch unternommen, eine Stadt aus dem Nichts zu planen, die dennoch einen spezifischen Charakter haben sollte. Man kann diesen Versuch durchaus als gelungen betrachten: La Grande Motte ist ein identifizierbarer Ort. Dazu trägt auch das antiquierte Flair bei. Die Stadt wirkt wie ein historisches Monument aus einer früheren Epoche der touristischen Entwicklung.

Es ist eine Herausforderung, einen Ort entstehen zu lassen, der nur dazu dient, dass Menschen von ihrem Zuhause und aus ihrem Alltag fliehen können, und diesen Ort gleichzeitig mit einem Charakter auszustatten, der es den Besuchern erlaubt, sich zumindest zeitweise »wie zu Hause« zu fühlen. Die Architekten mussten eine Struktur schaffen, die es den Menschen ermöglichte, sich »ein Zuhause fern von zu Hause« einrichten zu können. Georges Candilis selbst hat dieses Paradox anders gelöst als Balladur, wie man etwa 100 Kilometer südwestlich sehen kann, in den touristischen Siedlungen von Barcarès-Leucatte. Wenn man heute noch einmal einen Blick in sein Buch *Bauen und Planen für die Freizeit* wirft, dann erscheint es erstaunlich, wie sehr das Hotel damals als Paradigma der touristischen Unterkunft ausgedient hatte. Im Mittelpunkt der Planungen stand die kleine Wohneinheit, das Appartement, das dem zunehmenden Wunsch nach privatem Raum mehr entsprach als ein Hotelzimmer. Candilis befriedigte diesen Wunsch, indem er kastenförmige Module zu gedrungenen Konglomeraten verschachtelte.

Candilis selbst war allerdings nicht gerade ein Anhänger jener Tendenz zur Privatisierung. Die Balkone haben daher einen Zwischencharakter – sie sind privat, aber gleichzeitig verbinden sie durch ihre Anordnung die Privatwohnung mit dem öffentlichen Raum. An öffentlichen Raumsituationen mangelte es auch sonst nicht – in zahlreichen Variationen finden sich in den Siedlungen überdachte und offene Plätze. Diese Plätze waren eher als Plattformen gedacht. Sie sollten keine feste Nutzung suggerieren, sondern für Veränderungen im buchstäblichen Sinne offen sein.

In seinem Buch *Bauen ist Leben* schreibt Candilis, er habe das Haus, welches die Idee des Privateigentums und der Häuslichkeit verkörpert, ablösen wollen zugunsten einer öffentlichen Begegnungssphäre.[19] Die Häuser hielt er nur für »Profitquellen« – das Wesentliche seien »die allgemein zugänglichen Einrichtungen, die öffentlichen und kollektiven Zentren, Orte für Vergnügung, Tanz, Spiel, Theater und Sport«.[20] Heute sind diese Plätze häufig verwaist. Ein paar Kinder und Jugendliche tummeln sich dort, aber gewöhnlich dienen sie nur dem Durchgang. Nachts ist es wie ausgestorben. Als Treffpunkt fungiert der nahe gelegene Strand – eine andere Plattform für multiple Nutzungen, aber ohne dass es notwendig zu gemeinsamen Aktivitäten kommen muss. Die Privatisierung hat offenbar gesiegt. Zudem hat das Languedoc auch das Versprechen nicht einlösen können, einen Tourismus für jedermann zu ermöglichen. Sehr bald wurde die Region zum Anziehungspunkt für reiche Pariser und Lyoner. Das hatte nicht zuletzt mit der Anbindung an Bootsanlegestellen zu tun – in La Grande Motte war der Hafen ein zentrales Element der Planung, und in Teilen von Barcarès-Leucatte wurde das Wasser quasi um die neu entstandenen Häuser herumgeleitet, damit jedes Haus auch mit dem Boot erreichbar war. Preiswerte Unterkünfte gab es von Beginn an kaum. Und so ist das Languedoc-Roussillon heute eine zweite Heimat für die einigermaßen betuchte Mittelschicht, oft auch aus dem Umland, die hier Zweitwohnungen besitzt und häufig auch Yachten im Hafen oder gleich vor der Tür. Keine Ferienmöglichkeit für jeden und jede ist also entstanden, wie im Plan der modernistischen Architekten vorgesehen, sondern ein Resort für die wenigen, die sich den Aufenthalt leisten können. Die demokratische Utopie des Tourismus ist implodiert. Der Massentourismus auf der Suche nach Sonne und Strand, der ging ins benachbarte Spanien, was Candilis eigentlich zu verhindern versucht hatte.[21] Dort landete erneut jenes Raumschiff, das in Prora erstmals gesehen wurde, freilich ohne den französischen Willen zur staatlichen Planung – ohne Utopie.

Touristischer Realismus

»Spain is different« lautete das einprägsame Motto, mit dem Spanien in den 1960er Jahren um Urlauber aus dem Ausland warb. Der Slogan kam aus der Staatskanzlei für Tourismus, die 1962 entstanden war. Deren Chef hieß Manuel Fraga Iribarne, und an ihn erinnert man sich heute wohl mehr wegen seiner Tätigkeiten nach dem Ende der Diktatur: Er gründete nämlich die konservative Partido Popular und war dann der älteste Regionalpräsident Spaniens in Galizien. Schon 1951 hatte Spanien als eines der ersten Länder überhaupt ein Ministerium geschaffen, das die Bezeichnung Tourismus im Namen führte: das Ministerium für Information und Tourismus. Doch in den 1960ern gewannen die Urlaubsreisen so rasant an Bedeutung für die wirtschaftliche Entwicklung des Landes, dass die Regierung eine weitere Körperschaft innerhalb des Ministeriums einsetzte, um das Thema näher ans Zentrum der Macht zu rücken. Dabei war Spanien ganz ohne Zweifel »anders« in jener Zeit, denn es herrschte seit dem Ende des Bürgerkriegs 1939 der Generalissimo Francisco Franco.

Es war am 17. Juli 1936, als eine erste Garnison einen Putsch gegen die Republik wagte – und zwar ausgerechnet in der Exklave Melilla. Bald schlossen sich andere Teile der Kolonialtruppen in Marokko an. Franco befand sich zu dieser Zeit als Militärgouverneur auf der späteren Ferieninsel Teneriffa, in deren Städten auch heute noch zahlreiche Straßen seinen Namen tragen. Heimlich flog er nach Marokko, wo er sich an die Spitze einer Landungstruppe von 34 000 Mann setzte, die dann die Küste von Andalusien stürmen sollte. Diese Truppe bestand aus regulären Soldaten der spanischen Fremdenlegion sowie aus angeworbenen marokkanischen Söldnern aus dem Protektorat. Schon am 18. Juli nahmen die Putschisten die Hafenstadt Algeciras ein. In Andalusien wurde erbittert gekämpft – blutgetränkt waren die Strände, an denen sich heute die Touristen sonnen. Aber nichts erinnert an diese Geschichte. Der Künstler Rogelio López Cuenca, der sich mit der touristischen Entwicklung in seiner Heimatstadt Nerja an der Costa del Sol beschäftigt hat, beklagt diese Vergessenheit. Gerade die buchstäbliche Umwälzung der Erde durch den Tourismus habe dem Regime geholfen, den Bürgerkrieg und die folgenden Gräueltaten an den besiegten Republikanhängern unter dem wirtschaftlichen Erfolg zu begraben.

Dabei hatte es zunächst gar nicht nach Erfolg ausgesehen. Bis Mitte der 1950er Jahre dauerte es, bis der Lebensstandard in Andalusien wieder das Niveau von 1936 erreichte. Auch in Spanien waren die späteren Touristenhochburgen vor dem Boom unterentwickelt oder besser gesagt: bettelarm. »Heute nennen sie es Costa del Sol«, erzählte ein Bauer aus dem Dorf Tajos nahe Málaga dem britischen Historiker Ronald Fraser in den 1960er Jahren, »früher war es einfach die Hungerküste«.[22] Das Gros der Bevölkerung konnte sich entscheiden, entweder auf den Latifundien der Großgrundbesitzer zu schuften oder es selbst mit der Bewirtschaftung eines winzigen Stückes Land zu versuchen – beides reichte kaum für den Lebensunterhalt. Auswanderung war die Folge. In den 1950er Jahren kamen Investoren aus anderen Teilen Spaniens in die Gegend und sorgten für ein wenig wirtschaftliche Dynamik, aber erst der Tourismus brachte eine Wende. Dabei wurde der Name Costa del Sol bereits 1928 erfunden – und zwar von einem Hotelbesitzer in Almería, der auch den Tourismusausschuss der Stadt leitete.[23] Der Zeitpunkt war kein Zufall, denn den Tourismus als Entwicklungsoption für Spanien hatte bereits ein anderer Diktator vor Franco in Erwägung gezogen: Miguel Primo de Rivera.

Doch durch die Wirren des Bürgerkriegs dauerte es bis etwa 1950, bevor ein neuer Anlauf genommen wurde. Im Zentrum der Entwicklung stand zunächst der Ort Torremolinos. Hier hatte es schon im späten 19. Jahrhundert ein Hotel gegeben. Der Brite George Langworthy hatte gemeinsam mit seiner Frau in einem umgebauten Castillo eine Residenz für betuchte Ausländer eröffnet – er ist heute noch in Spanien unter der schlichten Bezeichnung »El Inglés«, der Engländer, bekannt. In Torremolinos wurden zunächst Luxushotels gebaut. Zu Beginn der 1960er Jahre begann jener unglaubliche Bauboom, der im Grunde bis heute jeder Beschreibung spottet. Dieser Boom hatte vom Norden aus die gesamte spanische Mittelmeerküste erfasst – von der Costa Brava zwischen der französischen Grenze und Barcelona über die Costa Blanca rund um den Ort Benidorm bis hinunter nach Gibraltar. Und dieser Boom ist noch nicht zu Ende. Etwa bei Gibraltar beginnt die so genannte Costa de la Luz, die sich bis zur Grenze zu Portugal zieht. Dieser Küstenabschnitt ist derzeit eher als innerspanisches Feriengebiet bekannt, doch die Zukunft soll auch hier den touristischen Developern gehören.

Die Geschichte des spanischen Tourismus lässt sich nicht so einfach erzählen wie jene des Languedoc-Roussillon. Dass Franco eine Staatskanzlei einsetzte, bedeutete keineswegs, dass die Entwicklung an der Küste tatsächlich unter staatlicher Kontrolle ablief. Die Behörden wiesen Zonen für den Tourismus aus – so erging 1965 ein Erlass, der die Costa del Sol zur »Zone des nationalen touristischen Interesses« erklärte.[24] Doch der spanische Staat hatte nicht die Mittel, um nach französischem Vorbild ein Gebiet zu erschließen. So sorgte er primär für die Stabilität der Währung und die Kontrolle der Arbeiterschaft[25] und lockte damit ausländische Firmen an, um die touristische Infrastruktur aufzubauen. Insofern war »Spanien zu verkaufen« – so der Titel eines Buches aus dem Jahre 1979.[26] Der Tourismus in Spanien war immer schon neoliberal: Der Staat schuf die Rahmenbedingungen, um das reisende Kapital zur Ansiedlung zu veranlassen. Verhandlungspartner der ausländischen Firmen waren in den meisten Fällen die lokalen Behörden in den Gemeinden, die sich mit Planungen von solchem Ausmaß kaum auskannten.[27] Daher lief der ganze Prozess real ohne viel Ordnung und Koordination ab.

Bald war in den Zentren wie Torremolinos der Raum ausgeschöpft, und so entstanden um die Zentren herum immer mehr Tentakel mit Hotels und Appartements – die *urbanizaciones.* Später dann wurden die Verbindungsstraßen ebenfalls bebaut. Über die Jahre ist eine chaotische Landschaft entstanden, mit den verschiedensten Gebäude- und Siedlungstypen. Imposante Palasthotels stehen gleich neben funktionalen Appartementkomplexen, manches Mal von monumentalen Ausmaßen. Dazwischen wiederum Siedlungen mit Mehrfamilienhäusern oder mit Chalets – alle Häuser wurden im gleichen Stil errichtet. In Andalusien sind fast 60 Prozent der Küste verbaut.[28] In Torremolinos oder im benachbarten Fuengirola gibt es überhaupt kein Bauland mehr – so kann man von einem Boot aus eine einzige endlose weiße Stadt betrachten. Und der Bauboom will kein Ende nehmen. Da an der Küste nur noch wenig Raum zur Verfügung steht, haben findige Developer das Inland entdeckt: Hier entstehen in großer Zahl Golfplätze und Golf-Resorts. Zwar gab es die auch an der Küste, doch inzwischen sind dort die Golfplätze schlicht und ergreifend überbaut worden. Als Entschädigung für die Entfernung zum Strand wird den potenziellen Interessenten Sport und Exklusivität geboten.

Derweil zieht die Costa nicht mehr nur Besucher aus dem Ausland an, sondern auch Spanier. Insgesamt besitzen bereits rund 20 Prozent der Spanier eine Zweitwohnung in den Touristengebieten.[29] Dennoch ist die Bautätigkeit mit dem Bedarf längst nicht mehr zu erklären. Es gibt eigentlich genug Hotels, Appartements oder Chalets – die Auslastung der Betten liegt bei 70 Prozent. Die Regionalverwaltungen müssen jetzt schon ein Viertel mehr ausgeben, um die weitläufige Infrastruktur instand zu halten, als sie durch Steuereinnahmen am Tourismus verdienen.[30] Dennoch werden weiter Baugenehmigungen erteilt, dennoch wird weiter Land veräußert, denn gerade die Genehmigungen und der Verkauf spülen Geld in die Gemeindekassen. Gebaut wird um des Bauens willen. Zum einen sind es die Bauspekulanten, die hier investieren. 2004 stellte das spanische Nationale Statistikinstitut in einem Report fest, dass die Immobilienpreise in Spanien seit 1999 fast neunzehnmal mehr angestiegen waren als die durchschnittlichen Löhne und Gehälter.[31] Bauen lohnt sich also, auch wenn niemand genau weiß, wann diese Blase zerplatzt.

Zum anderen wird beim Bauen Geld gewaschen. Auch wenn der Drogenhandel auf dem Mittelmeer durch die verbesserten Kontrollen deutlich erschwert wurde, gehört es an der Costa zu den offenen Geheimnissen der Branche, dass die Drogenunternehmer und andere dunkle Geschäftemacher durch Immobilien ihre Einnahmen weißeln.[32] In Großbritannien hatte die Costa del Sol bereits früh den Ruf der »Costa del Crime«, wobei die Briten in die endemische Geschäftemacherei durchaus verwickelt sind. Ihr Stützpunkt Gibraltar, eine Kleinstadt am Fuße des imposanten Felsens, beherbergt dieser Tage nur etwa 30 000 Einwohner, aber etwa 60 000 Firmen. Die meisten besitzen hier kaum mehr als einen Briefkasten.

Von Beginn an lavierte die Bautätigkeit auf der Schwelle zum Illegalen. In den Jahren der Diktatur konnten selbstherrliche Gemeindevorstände Baugenehmigungen nach Belieben verteilen – Protest war ja nicht zu erwarten. Als sich der Wind in Madrid drehte, hatten sich längst lokale Eliten etabliert: Posten wurden nach Herkunft verteilt, und entsprechend hielt man zusammen. Obwohl die boomenden Tourismusgebiete eine massive Einwanderung von Arbeitskräften aus dem Rest von Spanien erfuhren, sind die Touristenorte bis heute Kleinstädte geblieben – ständige Bewohner gibt es jeweils ein paar Zehntausend. Eingewanderte Arbeitskräfte, aber auch die »Residenten« aus dem Ausland haben in der Lokalpolitik nicht viel zu melden.

So lassen sich die Gesetze leicht umgehen. Anlagen etwa werden mit einiger Regelmäßigkeit größer gebaut als genehmigt. Nur ein Beispiel aus dem Jahre 2004: In Estepona, dem letzten größeren Ort an der Costa del Sol nahe Gibraltar, wurde in jenem Jahr ein neues Vier-Sterne-Hotel von beacht-licher Größe eröffnet. Estepona hat nicht im gleichen Maße vom Bauboom profitiert wie etwa das benachbarte Marbella, doch nun freute man sich im Rathaus über das neue Hotel – es würde eine Attraktion für die Touristen darstellen und neue Arbeitsplätze schaffen. Freilich war das Hotel ganz einfach il-legal; es verstieß von seinen Ausmaßen her gegen die Bauver-ordnung der Gemeinde Estepona. Gemessen am ursprünglich genehmigten Plan, das musste der Bürgermeister selbst einge-stehen, stand dort nun ein dreimal größerer Gebäudekom-plex.[33] Selbstverständlich werden solche Ausdehnungen erst bemerkt, wenn der Tag der Eröffnung gekommen ist. Dann kann man gewöhnlich nichts mehr rückgängig machen, und so werden die Gebäude dann nachträglich durch die mitt-lerweile sprichwörtliche »Bauamnestie« legalisiert.

Ganz so einfach ist das Prozedere heute allerdings nicht mehr, denn in den mächtigen Provinzverwaltungen und in Madrid ist inzwischen die Sensibilität gewachsen – es geht eben nicht mehr nur noch um wirtschaftliche Entwicklung um jeden Preis, sondern auch um die Folgen dieser Entwick-lung. In diesem Zusammenhang muss man wohl die Auf-deckung der Korruption in Marbella Anfang 2006 sehen. Verhaftet wurde dort im April Juan Antonio Roca, der Bau-beauftragte. Er war die Person, an die sich die Developer wen-den mussten, wenn sie Baugenehmigungen benötigten. Für seine Zustimmung ließ sich Roca gut bezahlen. Etwa 30 000 Wohnungen entstanden während seiner Amtsperiode illegal. Rocas Karriere begann als Berater unter Bürgermeister Jesús Gil, der selbst ein Developer war, um sich dann nahtlos in ei-nen populistischen Politiker zu verwandeln. Obwohl sich Gil in seinen Anfangstagen als Hüter der Umwelt inszenierte, hat sich während seiner Regentschaft in den 1990er Jahren die be-baute Fläche in Marbella verdoppelt. Diese unglaubliche Ex-pansion ist hauptsächlich darauf zurückzuführen, dass in den letzten Jahren weniger Hotels als vielmehr *urbanizaciones* mit Ferienhäusern und Villen gebaut wurden. Diese Bebauungs-weise führt zu jener ungeregelten Ausbreitung des Gebiets, die man schon lange von US-amerikanischen Vororten kennt und die man dort als *urban sprawl* bezeichnet.

Der Fall Marbella ist keineswegs die Ausnahme. In ei-nem Bericht von 2002 hatte das Kriminologische Institut in Málaga bereits davor gewarnt, dass die Costa del Sol nicht weit davon entfernt sei, von gewählten Politikern beherrscht zu werden, die wenig mehr seien als repräsentative Vertreter von kriminellen Unternehmen.[34] An der Costa del Sol und vielen anderen Orten der spanischen Mittelmeerküste wird der Aus-nahmezustand bis ans Limit geführt. Während der Prozess der Umgestaltung der Landschaft im Languedoc-Roussillon ein Ende fand und die Orte nun eine Geschichte bekommen, wird hier die Vagheit des Terrains aufrechterhalten: Es wird immer neu geplant und gebaut – zumeist im Ausnahme-zustand der Illegalität. Die ständige touristische Umwälzung des Gebiets wird dabei ergänzt durch jene territorialen Ver-werfungen, die durch die landwirtschaftliche Intensivnutzung entstehen. Rund um Almería, also genau zwischen der Costa Blanca und der Costa del Sol, finden sich jene endlosen Land-striche, die kilometerlang mit Plastikplanen bedeckt sind.

Hier arbeiten fast nur Migranten afrikanischer Herkunft. Doch seit einigen Jahren gerät die lokale Landwirtschaft auf einen Schlingerkurs, weil es immer schwieriger wird, mit der Konkurrenz in den Herkunftsländern der Migranten zu kon-kurrieren, insbesondere mit Marokko. Im Jahr 2000 kam es zu rassistischen Ausschreitungen gegen Einwanderer, in El Ejido, einer kleinen Stadt nahe dem Touristenort Roquetas de Mar, fast vollständig umringt von den Planen der Treibhäuser.[35] Wenn man El Ejido besucht, dann sieht man erstaunlicher-weise keine Migranten. Sie verschwinden in der Landschaft, am Rande der Stadt, in armseligen provisorischen Unterkünften. Manche wohnen in so genannten *cortijos*, verlassenen alten Landhäusern oder anderen landwirtschaftlichen Gebäuden aus Stein. Andere wiederum leben in *chabolas*, Hütten aus Karton oder aus Plastik – dem gleichen Plastik, das für die Treibhäuser verwendet wird. Und manche schlafen in Lagerhallen, in denen auch Dünger und Pestizide aufbewahrt werden.[36] Während die touristische Architektur auf Sichtbarkeit drängt, müssen sich die Einwanderer unsichtbar machen. Und während die Migranten in Slums leben, stehen im nahen Touristenort Roquetas de Mar nach Schätzungen 6000 Wohnungen leer – immer bereit für den Einzug von zahlungskräftigen Touristen und Residenten.

An der spanischen Mittelmeerküste kann man angesichts der Mobilität der Bewohner, der unaufhörlichen touristischen Umgestaltung und der intensiven Vernutzung der Umwelt von einer mobilisierten Zone im permanenten Ausnahmezustand sprechen. Ohnehin im Ausnahmezustand befinden sich die Touristen, die gewöhnlich zehn Tage bleiben und deren Tagesablauf von den Bedürfnissen des Körpers bestimmt wird. Der Ausnahmezustand gilt auch für die Migranten, die auf dem Bau arbeiten, hinter den Kulissen der Hotels oder in der Landwirtschaft – ein bedeutender Teil der Einwanderer lebt hier »illegal«. Da, wie schon erwähnt, auch die meisten Residenten nicht offiziell gemeldet sind, weiß eigentlich niemand, wie viele Menschen tatsächlich hier leben. Die Einheimischen schließlich bewohnen eine Umwelt, die sich ständig verändert und deren Infrastruktur und architektonische Gestaltung überhaupt nicht auf ihre Bedürfnisse abgestellt sind, sondern auf jene der Besucher. Sie sind dem eigenen Leben gegenüber seltsam entfremdet.[37] Nur selten sprechen etwa die Bürger von Benidorm über ihre Interessen oder ihre Hobbys – hauptsächlich geht es um Geld. Eine durchaus realistische Haltung.

6 LEBEN IM FERIENDORF

Tanzen und Taumeln in Benidorm

Die Annäherung an den Ausnahmezustand des Tourismus ist nicht leicht. Der Gegenstand ist beweglich und schwer zu greifen; allgemein fehlt es an Theorie.[1] Grund genug, in einem Café in Valencia dem Stadtsoziologen José Miguel Iribas zu- zuhören, wie er über Benidorm, sein Lieblingsthema, doziert. Ähnlich wie Torremolinos für die Costa del Sol war Benidorm der Ausgangspunkt für die touristische Erschließung der Cos- ta Blanca. Beide Orte sind gleichzeitig das, was in Spanien der Utopie des Tourismus noch am nächsten kommt. In den 1960er Jahren war Benidorm noch ein kleiner Fischerort mit drei Pensionen und zehn Betten für fremde Besucher, heute schwillt der Ort im Sommer zu Spaniens fünftgrößter Stadt an. Die Stadt hat damals den Developern keine Grenzen nach oben gesetzt, und so ist die Skyline von Benidorm heutzuta- ge außergewöhnlich. Hier findet man mehr Hochhäuser als irgendwo sonst in Spanien; wie hingetupft sind sie scheinbar ohne viel System in der urbanen Landschaft verteilt. Und es wird ständig an neuen Superlativen gearbeitet. Vor kurzem erst, 2001, ist das höchste Gebäude in Benidorm fertiggestellt worden, ein Hotel selbstverständlich: das Hotel Bali. Es ver- weist mit seinem Namen auf eine andere bekannte Touristen- gegend in Indonesien und ist erbaut im Art-déco-Stil der New Yorker Wolkenkratzer der 1930er Jahre. Das Bali passt perfekt in einen Ort, dessen Markenzeichen die totale touristische Verdichtung geworden ist.

Dass man in Benidorm in die Höhe gebaut hat und damit eben jene Dichte erreichen konnte, das findet Iribas ganz großartig. Er betrachtet die Freizeitstadt Benidorm als Fabrik. Spanien habe eben die Produktivkräfte Sonne und Sand nutzen müssen, und in Benidorm sei das ausgezeichnet gelungen. Immer noch könne man in Benidorm pro Quadratmeter touristisch genutzter Unterkunftsfläche am meisten verdienen. An den Qualitätstourismus glaubt Iribas nicht. Alle paar Jahre, sagt er, werde wieder einmal verkündet, dass das Modell »Strand und Sonne« in der Krise stecke und dass neue Touristen kommen würden mit ganz neuen Ansprüchen. Aber Benidorm funktioniere dennoch tadellos, denn die meisten Touristen, meint er, wollen eben weiterhin nur die berüchtigten vier S: sun, sand, sight, sex. Weniger gnädig ist Iribas mit der Entwicklung im benachbarten Torrevieja. Dort sind in den letzten Jahren hauptsächlich *urbanizaciones* mit Ferienhäusern entstanden, was die Stadt weit auseinandergezogen hat. Das habe Torrevieja im Gegensatz zu Benidorm den urbanen Charakter geraubt. In Torrevieja werde das Geld nur noch mit dem Verkauf von Land und Immobilen an vermögende Personen verdient, während Benidorm eben auf der ständigen kurzfristigen Vermietung zu moderaten Preisen beruhe. Das Modell Torrevieja sei ein Desaster.[2]

Iribas vertritt gewissermaßen eine sozialdemokratische Position gegenüber dem Tourismus. Er verteidigt die Freizeit und die Freizeitgelüste der Massen ebenso wie die Fabrik, die den Massen ihre Bedürfnisbefriedigung erlaubt. Der Rückzug ins Private, die Entstehung von suburbanen Strukturen und die Spekulation als Einkunftsquelle sind ihm zuwider. Und so empfiehlt er nachdrücklich, einen vorurteilsfreien Blick auf Benidorm zu werfen. Dass Benidorm einen urbanen Charakter hat, darüber kann kein Zweifel bestehen. Im Sommer wirkt

Benidorm überfüllt. Und der Ort gehorcht den Rhythmen eines einfachen touristischen Geschehens: der grandiose Ausblick aus dem Fenster des Hotels, der Halbschlaf am Strand, die Gesättigtheit im Restaurant, der Taumel auf der Promenade, die Aufregung beim Ausgehen. Das Warenangebot hier ist dem eines Basars in Nador erstaunlich ähnlich, wenn man die Gebrauchsgegenstände des Alltags mal abzieht: Das meiste ist billig oder kopiert, gerne auch aus China – es entspricht den Ansprüchen einer Klientel, die sich im Urlaub gerne mal etwas leisten möchte, aber über nicht allzu viel Geld verfügt. Die »Vermassung«, die bürgerliche Kritiker an dem Ort gewöhnlich abstoßend finden, macht den Urlaubern hier nichts aus. An Spanien oder an spanischer Kultur hat niemand wirklich Interesse. Die Briten sind im britischen Teil der Stadt, die Deutschen im deutschen und die Basken im baskischen – eine Vermischung findet eher selten statt. Gerade das Massenhafte, die Hochhäuser, das Serielle gehören mit zur Attraktion der Freizeitstadt. Die Leere wäre verhängnisvoll. In den Läden kann man Postkarten mit Karikaturen erwerben, die von einer erheblichen Ironie dem eigenen Dasein als Tourist gegenüber zeugen. Der Strand wird als komplett überlaufener Ort gezeichnet, bevölkert von nicht selten grotesk hässlichen Menschen. Geradezu abstoßend sieht das Paar aus, das auf einer Postkarte Paella in sich hineinstopft – bedient von einem dünnen, schwitzenden und skeptisch dreinblickenden Kellner in einem spanisch anmutenden Kostüm.

Möglicherweise ist dennoch in Benidorm, dem Nukleus der touristischen Eroberung der Costa Blanca, ebenso wie in Torremolinos, seinem Wiedergänger an der Costa del Sol, noch am meisten vom utopischen Versprechen des Tourismus zu spüren. Beide Orte atmen den bereits historischen Esprit eines Aufbruchs. Wenn man heute einen Blick wirft in James A. Micheners Bestseller *Die Kinder von Torremolinos* aus dem Jahre 1971, dann kann man noch etwas von diesem Aufbruch erahnen. In den 1960er Jahren war Torremolinos ein klingender Name für die »Aussteiger« aus aller Welt, die auf der Suche nach dem Ausnahmezustand jenseits der bürgerlichen Zwänge waren. Von dieser Jugend handelt Micheners Buch, erzählt aus der Perspektive eines älteren Herren, der die jungen Leute zu verstehen sucht. Es handelt von einer Zeit, in der ein Plakat, auf dem »Komm nach Torremolinos« zu lesen war, ein echtes Versprechen auf ein anderes Leben beinhaltete. Die Urlauber waren noch nicht so routiniert, und so konnte die Ankunft den Eindruck vom Plakat noch an Schönheit übertreffen. Damals wurde so mancher für zwei Wochen geplante Aufenthalt auf mehrere Jahre ausgedehnt. Dabei spielt die spanische Kultur auch in den Berichten der jungen Leute im Roman keine große Rolle; primär ermöglicht ihnen der Tourismus in der Freizeitstadt ein Unter-sich-Sein in einem künstlichen Paradies ohne Arbeit.

Derweil ist das touristische Unter-sich-Sein selbst zur Attraktion geworden. In Prora kann man die Ruinen der Freizeitstadt besichtigen, im Languedoc die Vision einer gescheiterten Moderne goutieren, und in Benidorm und Torremolinos wird die Utopie einer flüchtigen Aussteigergemeinschaft vermarktet. Tatsächlich haben die modernistischen Retortenstädte des Tourismus den Charakter eines historisch gewachsenen Ortes angenommen.

Auch in Spanien sind in der Frühzeit des Tourismus viele interessante Gebäude entstanden, auch hier war der Tourismus anfangs ein Experimentierfeld für Architekten. Junge Leute aus Málaga zeigen auf einer Homepage die Gebäude der »goldenen Zeit« von Torremolinos – viele sind in diesen Tagen vom Abriss bedroht.[3] Damals waren die Architekten geschult am *international style* und wollten in ihren baulichen Statements Modernität zeigen. Und so finden sich in den Touristenorten einige schöne Beispiele für jene Epoche – das legendäre Hotel Pez Espada in Torremolinos etwa oder der

174

erste Wolkenkratzer in Benidorm, der Appartementturm Coblanca 1.

Der Wille zur Modernität im Sinne Le Corbusiers zeigt sich auch in jenen Abschnitten, die zusammenhängend geplant wurden – etwa nahe Alicante in L'Albufereta. Dort entstand in den 1960er Jahren ein riesiger Komplex von Juan Guardiola Gaya. Dieses Projekt ging übrigens maßgeblich auf die Initiative der *pieds-noirs* zurück – jener Algerienfranzosen, von denen oben bereits im Zusammenhang mit dem Languedoc die Rede war. In Algerien hatte auch eine Reihe von Franzosen spanischer Herkunft gelebt, und Zehntausende entschlossen sich nach dem Ende der Kolonialherrschaft zur Flucht in die Gegend von Alicante. Diese Emigranten haben die Tourismusentwicklung dort nachhaltig beeinflusst – nicht nur durch die Investition in L'Albufereta, sondern auch zur gleichen Zeit durch den Bau des Flughafens El Altet bei Alicante, ebenfalls im *international style*.[4] Während Developer damals den Tourismus als Königsweg zur Entwicklung Spaniens priesen, war L'Albufereta bereits ein Exempel für wilde Bauspekulation. In der französischen Presse dagegen wurde 1963 der unfertige Komplex – quasi ein Parallelprojekt zum Languedoc – als »europäisches Kalifornien« bestaunt.[5]

Nun war aber Modernität eigentlich nicht das, was jene westeuropäischen Touristen sehen wollten, die ab den 1960er Jahren nach Spanien kamen. Auch wenn die »Kinder von Torremolinos« in erster Linie mit sich selbst beschäftigt waren, gab es doch den Wunsch nach Differenz, vor allem nach der Erfahrung eines ursprünglichen, einfachen Lebens. Die Erfahrung der Differenz war zu Beginn auch ein Bestandteil der Utopie des Tourismus. Der Prediger Thomas Cook wollte die Urlauber aus der Enge ihrer Heimat hinausführen und durch die Bekanntschaft mit anderen Landschaften und Völkern dazu beitragen, alte Gewohnheiten über Bord zu werfen, den Horizont zu erweitern und Vorurteile abzubauen.[6] Die Nazis verkehrten das Ideal der Differenzerfahrung ins komplette Gegenteil: Die Reise zu »unterentwickelten« Völkern sollte den Teilnehmern verdeutlichen, wie hoch der Lebensstandard im Reich war. So wurde, wie Robert Ley meinte, die »rassische Überlegenheit« aus erster Hand erfahrbar.[7]

Beide Konzepte haben den Charakter des Tourismus falsch eingeschätzt. Denn die Touristen sind keine Anthropologen oder, wenn, dann höchstens eine seltsame Version des Anthropologen: Sie registrieren nicht Differenz per se, sondern sie erwarten die Darbietung eines genießbaren Klischees von Differenz, das in das Raster des Urlaubs als »Anti-Struktur« passt. Während zu Hause Disziplin, Anstand und Ordnung gefordert sind, soll der Urlaub Faulenzen, sexuelle Aufregung und Sichgehenlassen mit sich bringen. Dieser Wunsch wird gewöhnlich auf die »unterentwickelten« Einheimischen projiziert, wobei der soziale Abstand sich in ein kulturelles Gut verwandelt: »Sie« sind einfach natürlicher, spontaner, gastfreundlicher.

Der Kontakt mit den Einheimischen ergibt sich jedoch nur in bestimmten Zonen der Begegnung: Im Umgang mit dem Servicepersonal in der Freizeitstadt und bei Ausflügen in die nähere Umgebung. In den letzten Jahrzehnten sind diese Kontaktzonen mehr und mehr professionalisiert worden: In diesen Bereichen wird die gewünschte Differenz gespielt; die spanische Kultur ist dort so echt wie das lächerliche Kostümchen des Kellners auf der erwähnten Postkarte. Bereits 1976 sprach der Tourismusforscher Dean MacCannell vom *tourist setting* und von *staged authenticity*, also von einer hergestellten Echtheit.[8]

Allerdings muss diese Herstellung von Kultur nicht zwangsläufig negative Folgen haben. Auf den Kanaren gibt es hervorragende Beispiele dafür, dass dieses Prinzip durchaus interessante Ergebnisse haben kann. Als sich Gran Canaria in den 1920er und 1930er Jahren für den Tourismus rüstete, entwickelte sich dort eine regelrechte neue Kultur der »Kanarität« im Rahmen des Angebots, das man den Touristen machen wollte. In den 1920er Jahren hatte der Künstler Néstor in seinem Gemäldezyklus *Visiones de Gran Canaria* einen ganz eigenen Stil entwickelt – *tipismo* genannt. Zusammen mit seinem Bruder, dem Architekten Miguel Martín, schuf er zudem in der Hauptstadt Las Palmas drei Gebäude an strategisch wichtigen Orten – ebenfalls im Stil des *tipismo*: am Hafen gleich die Casa del Turismo zum Empfang der Besucher, in der zentralen Gartenstadt nahe dem Hotel Catalina ein Pueblo Canaria (heute das Museum Néstor) und in den Bergen über der Stadt den Parador de la Cruz de Tejeda, ein staatlich geführtes Gasthaus.[9]

Eine ähnliche Entwicklung gab es sehr viel später auf der Insel Lanzarote. Dort drängte der Künstler und Architekt César Manrique auf eine urbanistische Reflexion des Tourismus. 1973 veröffentlichte er mit einigen Kollegen das Buch *Lanzarote. Arquitectura inédita* über die traditionelle dörfliche Bauweise auf der Insel.[10] Aus dieser Studie leitete er Richtlinien für Neubauten ab, die zwischenzeitlich von der Inselregierung bindend vorgeschrieben wurden. Das führte dazu, dass hauptsächlich kleine weiße Flachbauten entstanden, die der Insel heute einen spezifischen Charakter verleihen. Auf der anderen Seite verband Manrique traditionelle Elemente mit dem Modernismus und schuf einige spektakuläre touristische Glanzstücke auf der Insel – etwa den komplett ausgestalteten Lavatunnel Jameos del Agua oder den Aussichtspunkt Mirador del Rio an der nördlichen Inselspitze. So entstand auf den Kanaren im Zusammenhang und im direkten Austausch mit dem Tourismus eine eigene Version der Postmoderne.

Nun fahren heute Busse die von Manrique geschaffenen Attraktionen im Minutentakt an, doch der ganz überwiegende Teil der Besucher lebt in einer der zahlreichen Ferienanlagen. Und dort, in ihrer Anlage, halten sich die Personen auch auf. Es ist immer wieder erstaunlich zu beobachten, wie viele Urlauber ihre Tage lieber am Swimmingpool innerhalb des Komplexes verbringen als am nahe gelegenen Strand. Allein von ihrer Bauweise her schließen gerade die in jüngerer Zeit entstandenen Anlagen die Menschen in sich ein. Zumeist sind sie strukturiert wie kleine Dörfer, in denen sich die Häuschen eng um den Hauptplatz drängen – in diesem Fall eben um den Pool. Gewöhnlich verleihen die Planer den Anlagen bewusst etwas Unübersichtliches. Das Gefühl ist ähnlich wie im Kaufhaus, wo die Masse der Waren und das Verbergen der Ausgänge die Konsumenten im Gebäude halten sollen. Der Aufenthalt in einem Feriengebiet hat – abgesehen von sporadischen Ausflügen – wenig mit einer Städtereise zu tun, in der man sich bestimmte als interessant ausgewiesene Orte »anschaut«. Die traditionelle Tourismustheorie jedoch hat sich sehr stark am Modell von Sightseeing-Reisen orientiert und daher ihre Aufmerksamkeit auf den Blick des Touristen gelenkt. In MacCannells *The Tourist* etwa geht es vornehmlich um die Organisation des Sightseeing. Und ein anderes wichtiges Werk von John Urry trägt den bezeichnenden Titel *The Tourist Gaze.*[11]

Dieser touristische Blick hat für die derzeitige Umgestaltung der Städte große Bedeutung – darum wird es später noch gehen. Für die Feriengebiete aber gilt, was Waleed Hazbun beschrieben hat: Da es die Architektur der Ferienlandschaft ist, welche den Ort schafft, wird sie zur eigentlichen Attraktion. Diese Architektur muss durchaus den Blick befriedigen, aber auch den gesamten Körper auf vielfältige Weise einschließen und (gut) behandeln. Die Planer und Architekten haben sich an diese Vorgaben angepasst. Die Ferienmaschinen des *international style* sind zunehmend ersetzt worden durch Anlagen, die eine luxuriöse und individuelle Betreuung sowie Differenz suggerieren. Schon an den

Gebäuden des oben genannten Architekten Juan Guardiola finden sich Stilelemente, die in den Tagen der maurischen Herrschaft in die lokale Architektur übernommen wurden, sowie direkt nordafrikanische Anklänge an das von den *pieds-noirs* beklagte, verlorene Algerien.

In den 1960er Jahren bauten Emilio und Ricardo Bofill den Appartementkomplex La Manzanera an der Küste bei Calpe nahe Benidorm. Diese Anlage ist der Versuch, einen kompletten »Garten Eden« zu gestalten, und zwar als gigantische und spektakuläre Reinterpretation eines maghrebinischen Forts – zudem gehalten in äußerst auffälligen Farben. Dieses Gebäude erntete in der Architekturkritik einige Abscheu. So schrieb der Schriftsteller Manuel Vasquez Montalban, dass man an dieser Küste einmal die Mongolen erwartet und nie verstanden habe, warum die Invasion nicht gekommen sei. Nach einem Blick auf La Manzanera sei aber klar: »Die Invasion, das sind wir.«[12]

Heute spricht man an dieser Küste gern von einer neuen Invasion der »Mauren«, gemeint sind die Arbeitsmigranten aus Marokko. Gleichzeitig findet man immer mehr populistische Anklänge an Nordafrika in der Architektur, denn der Stil der Bofills hat sich weitgehend durchgesetzt. Es ist letztlich völlig gleichgültig, welche Stilelemente eingebaut werden. Betrieben wird ein ökonomisch motivierter Post-Postmodernismus, der primär die Anmutung des Luxuriösen und Spektakulären betonen muss und der mit seiner Umgebung nur noch insofern korrespondiert, als der Blick aufs Meer und der Weg zum Strand gewährleistet sein müssen. Kultur im Sinne einer Definition des Eigenen spielt hier keine Rolle mehr, hier muss auch gar nichts mehr erfunden oder auch nur vorgespielt werden; diese neuen Bauten sind ganz wahrhaftig in ihrer Ausrichtung auf Erlebnis und Geldverdienen. Die Entwicklung wird noch befördert durch die zunehmende Entstehung von Eigenheim-Siedlungen in eben diesem Phantasiestil in grellen Farben. Tatsächlich ähneln diese Siedlungen stark jener Auswanderer-Postmoderne, die man auf der anderen Seite des Mittelmeers, in Marokko, zu sehen bekommt. Und auch die Benutzer-Profile ähneln sich, denn der Übergang vom Touristen zum so genannten Residenten ist zunehmend fließend.

Die Nicht-Orte der Residenten

Wer in den letzten Jahren in die Auslage eines Immobilien-maklers in einem wohlhabenderen Viertel in einer beliebigen deutschen Stadt geschaut hat, dem wird aufgefallen sein, dass die Angebote nicht mehr nur aus der näheren Umgebung stammen. Inzwischen ist es für die Makler ganz selbstver-ständlich, auch Wohnungen im »Süden« im Programm zu haben – vornehmlich in Spanien. Resident zu sein, das ist ein neuer Lebensentwurf im Tourismus. Dabei gehen Urlaub und Migration nahtlos ineinander über. Ebenso wie die Arbeits-migration weit entfernte Territorien miteinander verbindet, so tut das auch der Tourismus. Neue Kommunikationsnetze und Flugverbindungen lassen bestimmte Regionen näher zusammenrücken – so haben einige Orte an der Costa del Sol zweifellos bessere Anbindungen an Deutschland oder England als ins geographisch nahe gelegene Umland. Zur gleichen Zeit grenzt sich die touristische und residentielle In-frastruktur aus der tatsächlichen Umgebung aus und bildet eine eigene Struktur.[13] Die Residenten sind eine Gruppe, die jene durch den Massentourismus entstandene Nähe nutzt und gleichzeitig die separierende Landverteilung und Bebau-ungsweise weiter forciert. Die Residenten kommen in erster Linie aus den Ländern Westeuropas, selbstverständlich auch aus Deutschland. Es handelt sich aber auch um einen Lebens-entwurf für reiche Personen etwa aus GUS-Staaten. Für die

Elite aus Saudi-Arabien war das »Residieren« an der Costa del Sol schon lange zuvor üblich – die märchenhafte Verschwendungssucht der »Ölscheichs« hat in den 1970er Jahren maßgeblich zum Image von Marbella beigetragen.

In der angelsächsischen Forschung spielen die Residenten, die sich im Süden zur Ruhe setzen, mittlerweile eine bedeutende Rolle. Schätzungsweise 700 000 Briten besitzen eine Immobilie in Spanien – Tendenz steigend.[14] Gerade die älteren Menschen sind vergleichsweise vermögend, aktiv und höchst mobil. So mobil, dass man gar nicht genau weiß, wie viele Briten sich eigentlich an den spanischen Küsten aufhalten. Die Aufenthaltsmuster sind schwer zu ermitteln. Manche machen Timesharing und kommen für einige Wochen, andere den ganzen Winter, wieder andere haben zu Hause alles verkauft und sich endgültig in Spanien angesiedelt. Doch selbst Letztere fliegen oft zurück, um die Familie zu besuchen. Und so sahen sich einige Forscher angesichts dieser Gruppe dazu veranlasst, das Konzept des permanenten Aufenthalts überhaupt für unangemessen zu halten.[15] Daten über die Residenten zu erhalten ist auch deswegen schwierig, weil die meisten von ihnen »Papierlose« sind. Trotz der Freizügigkeit innerhalb der Europäischen Union sind dennoch alle Ausländer, die ihren Lebensmittelpunkt in Spanien haben, aufgefordert, sich bei den Behörden zu melden, um eine Aufenthaltsgenehmigung zu beantragen. Faktisch tut das aber fast niemand. Zum einen werden die Residenten von den spanischen Behörden in Ruhe gelassen, und zum anderen würde die Konfrontation mit unfreundlichen Beamten oder kafkaesken bürokratischen Prozeduren das auf Dauer gestellte Urlaubsgefühl der Residenten stören, das ja nicht zuletzt mit Projektionen auf den relaxten Lebensstil der Spanier zu tun hat.[16] Das Klima ist der wichtigste Grund, warum die Briten nach Spanien strömen. Nicht nur im Sinne des Wetters: Die Migration ist eine Art Flucht vor der als grau, kalt und deprimierend empfundenen Existenz in Großbritannien. Während die Arbeitsmigranten ihr Herkunftsland oft zum idealen Ort einer möglichen Rückkehr verklären, ist es bei den britischen Residenten genau umgekehrt: Sie haben gewöhnlich eine ablehnende Haltung gegenüber der Heimat. Und da sie ihr Bild von der Heimat hauptsächlich aus der Rezeption von britischen Fernsehsendungen beziehen, trägt jede »bad news« dazu bei, das negative Image zu verfestigen. Unwesentlich weniger verzerrt freilich ist das Bild Spaniens, denn die Residenten nehmen am Alltag kaum teil: Die meisten sprechen kein Spanisch, können die Medien nicht verstehen und haben auch keine spanischen Freunde.[17] Wie alle Migranten gründen die Residenten ihre eigenen Netzwerke. In diese Netzwerke werden auch die Verwandten daheim einbezogen. Mit ihnen hält man regelmäßig Kontakt, und auch wechselseitige Besuche sind an der Tagesordnung. Daher lassen sich die Lebensverhältnisse der Residenten durchaus mit jenem modischen Wort umschreiben, das gewöhnlich nur zur Charakterisierung der Migrantencommunities im Westeuropa dient: »Parallelgesellschaft«.

Die Residenten unterhalten oft nicht einmal eine spezifische Beziehung zu dem Ort, an dem sie leben. Karen O'Reilly hat in ihrer Untersuchung über die Briten in Fuengirola herausgefunden, dass die Residenten, wenn sie über lokale Angelegenheiten reden, immer nur von »Spanien« sprechen, nie aber von dem konkreten Ort, an dem sich befinden.[18] Und so ist »Spanien« wenig mehr als eine Projektion. Erstaunlicherweise halten sich viele Briten dennoch für völlig integriert. Tatsächlich aber ist Integration hier nicht einmal mehr ein relevantes Konzept – die wesentliche Verbindung zum Lokalen besteht letztlich in der Inanspruchnahme von Dienstleistungen.[19] Die Residenten sind anwesend und abwesend zugleich. Sie leben vor Ort, sie prägen mit ihren Projektionen und Bedürfnissen ihre Umgebung ganz entscheidend, doch ihr Bezugssystem, ihre »eigentliche« Heimat und ihre Polis verbleiben im Anderswo.

Freiheit ist es, was die Flucht ans Mittelmeer den Residenten vor allem einbringt – ein Abenteuer, einen neuen Anfang. Sie fühlen sich nicht mehr eingeengt von den strengen Zeitökonomien des Arbeitslebens, niemand interessiert sich für Herkunft und Vergangenheit, und wenn, dann kann man sich sogar eine neue Biographie erfinden. Die Blicke der anderen Menschen in der Nachbarschaft verlieren an Bedeutung, und so kann man plötzlich auch eine Kleidung tragen, die zu Hause als zu jugendlich oder sexy fürs Alter abqualifiziert würde. Die Residenten machen Tabula rasa mit dem eigenen Leben. Das hat freilich auch Nachteile. Man weiß nicht viel über die anderen, und so entsteht der Eindruck, niemanden richtig zu kennen – viele fühlen sich isoliert und einsam. Probleme gibt es auch mit der Ordnung der Zeit. Während die Vergangenheit unwichtig oder beliebig wird, erscheint die Zukunft ebenfalls als »leerer Raum«. Die Gegenwart weitet sich endlos aus, aber da sie um die per se unstrukturierte Freizeit kreist, ist die Folge nicht selten Langeweile.[20] Die Abschaffung der Zukunft kann große Schwierigkeiten verursachen, insbesondere dann, wenn etwa bei einem Ehepaar ein Partner schwerwiegend oder chronisch erkrankt. Dann reicht unter Umständen plötzlich das Spanisch nicht mehr, um mit den Ärzten zu sprechen. Außerdem sind nicht alle Residenten vermögend. Manche haben sich angesiedelt, als die Rente noch für den Unterhalt ausreichte, weil die Lebenshaltungskosten in Spanien relativ gering waren. Das hat sich jedoch geändert, und wenn dann noch Arztkosten dazukommen, dann wird die Situation schnell höchst prekär. Am Ende bleibt dann manchmal nichts anderes übrig als die Rückkehr.[21]

Man kann diese Aussagen im Großen und Ganzen übertragen auf die skandinavischen, niederländischen oder deutschen Communities, obwohl hier weniger Untersuchungen vorliegen.[22] Die Landschaft des residentiellen Tourismus ist durch und durch tribal. Die einzelnen communities, die Spanier aus den verschiedenen Regionen, die Einheimischen – alle leben nebeneinanderher. Politische Subjekte sind die meisten woanders – in ihren Heimatländern. Mittlerweile gestattet der Unionsvertrag, dass auch EU-Ausländer sich kommunal engagieren können. Und so gibt es in den letzten Jahren auch erste Bestrebungen, an der Lokalpolitik zu partizipieren. Die Deutschen haben etwa in La Nucia an der Costa Blanca eine Partei gegründet, oder vielmehr eine Interessenvertretung für Residenten. Deren Agenda kann man bereits ahnen, wenn man einen Blick in die Zeitungen der Deutschen wirft – die *Costa Blanca Zeitung* oder die *Costa Blanca Nachrichten*. Darin geht es hauptsächlich um Infrastruktur, Gesetze, Immobilien, Dienstleistungen und Community-Angebote. Folgerichtig setzt sich die Partei etwa für die Gleichstellung der Residentensiedlungen mit dem Ortskern ein, was die kommunalen Subventionen betrifft. Dabei übersieht man freilich, dass die Zersiedlung für die Gemeinden ohnehin kaum noch bezahlbar ist. Zudem hat sich die deutsche Residentenpartei das Ende der Bautätigkeit auf ihre Fahnen geschrieben.[23] Auch das ist zweifellos nachvollziehbar, doch werden die Residenten inzwischen zu Opfern ihrer eigenen Investitionen – das Bauen hat sich verselbständigt.

Die Landschaft, die der residentielle Tourismus hervorgebracht hat, ist zutiefst paradox. Sie lässt sich in drei Gegensatzpaaren beschreiben: 1. Exklusivität vs. Masse, 2. Undurchsichtigkeit vs. Ordnung und 3. Fülle vs. Leere. Zunächst erscheint der Status des Residenten als etwas Exklusives – einen Wohnsitz an der Küste muss man sich schließlich leisten können. Und auch die Form der Unterkunft verspricht Absonderung: Die Residenten haben das Hotelzimmer mit den oft benutzten Betten und der unpersönlichen Nummer an der Tür gegen ihr eigenes Appartement, Ferienhaus oder Chalet getauscht. Unterdessen wird diese Exklusivität auch durch die Preise der Wohnungen signalisiert. Sicher bekommt man in Estepona noch ein Duplex-Appartement, 155 Quadratmeter, für 215 000 Euro, aber in Marbella kosten nur 100 Quadratmeter zirka 300 000. Die Skala ist nach oben offen. Angesichts der astronomischen Immobilienpreise in Großbritannien mögen diese Angebote immer noch verlockend klingen; für die meisten anderen Westeuropäer kann von Schnäppchen keineswegs die Rede sein.

Nun korrespondiert dieser Anspruch auf Exklusivität nicht mit den Praktiken der Massenabfertigung, die gang und gäbe sind. In den lokalen Einkaufszentren liegen die Immobilienkataloge in großen Stapeln oder gar auf der Straße herum – in etwa so wie die lästigen Prospekte in deutschen Hausfluren. Diese Art der Werbung erscheint aber letztlich adäquat, denn tatsächlich sind die Wohnungen nichts weiter als ein Massenprodukt. Das einzelne Haus, selbst wenn es ein Chalet mit ein wenig Grundbesitz ist, hat zumeist überhaupt keine Individualität. Gewöhnlich wurde es geplant als Teil einer Siedlung, in der alle Häuser prinzipiell gleich aussehen. Unterschiede gibt es nur in Bezug auf andere Siedlungen. Aber auch die Villen wirken seriell: Die Betonung des Luxuriösen und Sensationellen mit phantastischen Referenzen in auffälligen Farben ergibt keinen Stil. Und so wird die Exklusivität aufgehoben im Eindruck kompletter Vermassung und landschaftlicher Homogenität.

Der Geograph Edward Relph hat Mitte der 1970er Jahre den Begriff *placelessness* geprägt – auf Deutsch etwa Ortlosigkeit. Dieser Zustand sei eine Folge der »unauthentischen« Haltung der Architekten und Planer gegenüber dem Raum, die sich um dessen Charakteristiken und symbolische Bedeutung nicht schere und die auch überhaupt keine Teilhabe am Leben in diesem Raum voraussetze.[24] Damit meinte er unter anderem solche suburbanen Landschaften wie die an der spanischen Mittelmeerküste, und hier trifft sein Begriff ohne Zweifel sehr genau. Gemeint waren aber auch die Wiedergänger des Raumschiffs Prora – in Relphs Buch findet sich etwa ein Bild der Pyramiden von La Grande Motte. Erstaunlich aber ist, dass heute an der spanischen Mittelmeerküste vor allem jene Orte identifizierbar sind, die für den hemmungslosen Massentourismus stehen – Torremolinos und Benidorm. Besonders seelenlos erscheinen gerade die Manifestationen von Exklusivität und Individualität in den endlosen Urbanisationen.

Endlos wirken die Siedlungen, weil man sich in ihnen verliert – die Landschaft ist zersiedelt und chaotisch; sie wirkt undurchsichtig. Jede Siedlung ist nach außen verschlossen wie eine Wagenburg und besitzt auch kaum Verbindungen zu den anderen Siedlungen. In den Siedlungen fehlt es komplett an öffentlichem Raum – es gibt keine Plätze, Denkmäler, Kneipen, in den meisten Fällen gibt es nicht einmal Straßennamen. Anbindung ans Verkehrssystem bedeutet immer Anbindung an die große Straße. Gelegentlich stößt man auf einen Durchbruch zur nächsten Urbanisation, doch oft handelt es sich um eine unbefestigte, holprige Straße. Karten der Siedlungen gibt es zumeist nicht; selbst die Polizei hat bei Vorfällen große Schwierigkeiten, sich hier zurechtzufinden. Wenn man sich nicht auf der Hauptstraße bewegt, sondern von Siedlung zu Siedlung fährt, wo man jeweils eingeschlossen wird in eine eigene Welt aus Häuserserien, dann stellt sich bald ein körperliches Gefühl der Orientierungslosigkeit oder des Taumels ein, das sich bis zur Übelkeit steigern kann. Zum Verlust der Orientierung trägt auch bei, dass diese Orte keine Geschichte haben. Die Fassaden scheinen stets »neu«, und da es kein Leben im Sinne einer Polis gibt, haben die Orte auch kein Gedächtnis von Geschehnissen. Man reist durch die totale Abwesenheit von Erinnerung. Gleichzeitig scheinen diese Orte auch keine Zukunft zu haben: Das »reale« Leben spielt in einer anderen Zeit (früher, im Herkunftsland der Residenten) oder an einem anderen Ort (an dem, wo die Besitzer der Zweitwohnungen tatsächlich arbeiten). Die räumliche Desorientierung wird also durch eine zeitliche ergänzt.

Nun kann Desorientiertheit auch etwas Angenehmes sein; wer verliert sich nicht gern in den gewachsenen historischen Gässchen einer europäischen Stadt? In den Siedlungen ist die Orientierungslosigkeit jedoch nicht durch die Charakteristiken eines Ortes bedingt, sondern durch deren Abwesenheit. Zwar ist die Bautätigkeit chaotisch und ungeregelt, dennoch gibt es auch einen Eindruck von aseptischer Ordnung. Die gesamte Szenerie wirkt vollständig parzelliert, ästhetisch durchgeplant und gut bewacht. Zudem sind ja auch alle Elemente der Unordnung, die in Städten anzutreffen sind – Obdachlose, Taschendiebe, Drogenabhängige –, hier von vornherein abwesend. Der britische Autor J. G. Ballard hat einen Roman über das Leben in solchen Siedlungen geschrieben – mit dem Titel *Cocaine Nights*.[25] Im Phantasieort Estrella de Mar langweilen sich die Residenten in ihren Siedlungen zu Tode – ohne Vergangenheit, ohne Zukunft, ohne jede Möglichkeit von Unordnung oder Unwägbarkeiten. Bis ein Animateur auf die Idee kommt, die Bewohner zu kriminellen Handlungen anzustiften, um Bewegung in die Sache zu bringen. Die von innen generierte Kriminalität wird schließlich als etwas wahrgenommen, was von außen kommt, und bald engagieren sich die »Bürger« der Siedlung in einem quasi-militärischen Abwehrkampf. Das Buch ist eine Allegorie darauf, wie das Verlangen nach dem privatisierten Garten Eden die Unordnung eben nicht fernhält, sondern gerade in ihrem Inneren neu erzeugt. Die abgesonderte Siedlung, die ein Leben in der Anti-Struktur des immer währenden Urlaubs in sich einschließt, wird dann undurchsichtig, wenn jeder eine solche Siedlung haben will und sich um das Außen nicht schert. Plötzlich wird die verplante Landschaft der Ordnung selbst zur Anti-Struktur – undurchsichtig, ohne Orientierungspunkte und potenziell auch bedrohlich.

Das letzte Paradox dieser Landschaft der Mobilität betrifft das Verhältnis von Fülle und Leere. Zunächst einmal wirken die touristischen Landschaften übervoll. Von allem gibt es hier eine Überkapazität – von Betten, Zimmern, Wohnungen, Häusern, Zeit, Sonne, Strand, Angeboten, Luxus und auch Menschen. Auf der anderen Seite aber befinden sich die Orte in einem Zustand latenter und auch manifester Leere. Es gibt einen enormen Leerstand von Immobilien, und das nicht nur außerhalb der Touristensaison. Es sind immer mehr Menschen potenziell anwesend, als tatsächlich da sind. Die Menschen, die hier als Residenten leben, sind ebenfalls in jenem Zustand anwesender Abwesenheit. Wer hier hinzieht, hat mit seinem Leben Tabula rasa gemacht. Und auch die Landschaft war eine Tabula rasa, bevor der Tourismus sie erobert hat, und wird immer wieder dazu, wenn der Tourismus neue Gebiete erschließt. Wenn man dieser Tage durch das Hinterland der Costa del Sol fährt, dann sind die neuen freien Flächen schon zu sehen. Denn inzwischen werden überall Golf-Resorts gebaut. Die Residenten dürfen gewissermaßen auf einem Golfplatz leben, höchst exklusiv, meist ein wenig auf dem Hügel, mit Blick auf die chaotische Landschaft der Mobilität.

Die Mobilmachung der Küste, die Zirkulation von Geld, Immobilien, Migranten und Residenten ist an der spanischen Mittelmeerküste längst außer Kontrolle. Und diese Zone tendiert dazu, sich noch weiter auszudehnen. In fast gerader Linie von Almería aus etwa 150 Kilometer nach Norden übers Mittelmeer, etwa in der Mitte zwischen Nador und Melilla, sind bereits sieben Millionen Quadratmeter Land an einem Küstenstreifen planiert worden. Hier baut der spanische Immobilienkonzern Fadesa das Projekt Saïdia-Mediterrania – das zur Zeit größte zusammenhängende Tourismus-Projekt am Mittelmeer. Inmitten dieser atemberaubenden leeren Fläche sitzt Büroleiter Cristóbal Calvo in seinem Containerbüro, gleich neben einigen bereits fertig eingerichteten Musterwohnungen. Voller Begeisterung entwirft er das Panorama einer neuen Stadt, bestehend aus 16 000 Betten, drei Golfplätzen, einer Marina und einem Einkaufszentrum mit allen »Multinationalen« wie Zara oder Mango. Die Architektur, so Calvo, soll eine Mischung aus andalusischem und marokkanischem Stil sein. Als Vorbilder nennt er Komplexe in Marbella, und man kann sich vorstellen, wie es hier demnächst aussehen wird.

Nun ist Marokko eine autoritäre Monarchie, und ein Bild an der Wand zeigt König Mohammed VI., wie er mit väterlichem Blick die Vertragsunterzeichnung zwischen seinem Premierminister und einem Vertreter von Fadesa überwacht. Cristóbal Calvo ist der Auffassung, dass die Marokkaner eigentlich noch im Mittelalter leben, aber das sei ihre Sache: Für die Firma und auch später für die Touristen sei Marokko ein absolut sicheres Umfeld – das garantiere ja die autoritäre Regierung. Wie schon vor 40 Jahren in Spanien ist die Diktatur eine Freundin des Tourismus. Sie schafft ideale Rahmenbedingungen, sie gewährt den Planern große Freiheiten, sie befördert die Korruption, sie macht die Gegner mundtot und sie sorgt für Sicherheit. Wie so oft gebiert das Begehren nach Sicherheit die Kriminalität aus ihrem Inneren: In Saïdia wird es keine lästigen »Touristenführer«, Bettler oder Taschendiebe geben, aber dafür speist sich das ganze Projekt aus der Produktivkraft der Illegalität. In Saïdia gibt es keine Utopie des Massentourismus mehr – hier herrscht längst die Ideologie der Privatisierung, der Exklusivität und des residentiellen Tourismus.

Von der Kolonie zum Feriendorf und zurück

In Saïdia kommt eine Geschichte zu ihrem vorläufigen Ende, die in Marokko ihren Ausgang nahm. Die ersten großen Architekten des Nachkriegstourismus, Georges Candilis und Shadrach Woods, hatten zuvor im französischen Protektorat Marokko gearbeitet, im *Service de l'urbanisme*. Marokko wurde nicht wie Algerien von der Zentrale aus verwaltet, sondern genoss weit gehende Autonomie. Daher war das Land von Beginn an ein Spielplatz für Architekten gewesen. Unter der Ägide von Henri Prost wurde im Marokko der 1920er Jahre zunächst in einem Stil gebaut, den ein Kritiker als *Arabisances* bezeichnete – eine frühe postmoderne Mischung aus Funktionalismus und Romantik, aus zeitgenössischer moderner Architektur und der freilich ziemlich beliebigen Einbeziehung von arabischen Elementen, egal ob sie maurisch oder ägyptisch waren.[26] Als Michel Ecochard nach dem Krieg den *Service* übernahm, wandten sich die Architekten von der Romantik ab. Es ging um das Bauen für die Massen, um die Beseitigung der *bidonvilles* in den großen Städten. Allerdings wurden die Wellblechsiedlungen und ihre Funktionsweise zunächst ausführlich studiert, und so sind die Gebäude, die Georges Candilis damals etwa in Casablanca baute, interessante Zeugnisse dafür, wie die moderne Architektur auf den Kontext eingeht und dabei die speziellen Bedürfnisse der lokalen Bewohner berücksichtigt. Später hat Candilis seine Erfahrungen im Protektorat in die Planung des Languedoc eingebracht.

Gibt es vielleicht einen Zusammenhang zwischen der Kolonie und der Feriensiedlung? Der Begriff der Heterotopie, der sich bereits im Zusammenhang mit der Entwicklung Tiranas anbot, drängt sich hier erneut auf. Der Begriff wurde nicht nur von Henri Lefebvre verwendet als Bezeichnung für den »anderen Ort und den Ort des Anderen«, sondern auch von

Michel Foucault in einem Vortrag vor Architekten im Jahre 1967. Darin nennt Foucault als Beispiele für seine Idee der Heterotopie sowohl die Kolonie als auch das Feriendorf. Foucault meinte mit Heterotopie »wirkliche Orte, wirksame Orte, die in die Einrichtung der Gesellschaft hineingezeichnet sind, sozusagen Gegenplatzierungen oder Widerlager, tatsächlich realisierte Utopien, in denen die wirklichen Plätze innerhalb der Kultur gleichzeitig repräsentiert, bestritten und gewendet sind, gewissermaßen Orte außerhalb aller Orte, wiewohl sie tatsächlich geortet werden können.«[27] Die Heterotopien sind Räume, die nicht ohne weiteres zugänglich sind, sondern bestimmte Eintrittsbedingungen haben, und in denen dann eine andere, außeralltägliche Zeitordnung gilt. Die Kolonie, so Foucault, hat dabei die Funktion, eine Kompensation für das Leben zu Hause zu bieten: Sie kreiert einen Raum, der »so vollkommen, so sorgfältig, so wohlgeordnet ist, wie der unsrige ungeordnet, missraten und wirr ist«.[28] Das Feriendorf wiederum leitet sich seiner Meinung nach vom Fest ab, es ist eine Art auf Dauer gestelltes Fest und bildet daher einen Raum der Illusion für einen bestimmten Zeitabschnitt.

Die Heterotopien wären also Räume, welche die Utopie in sich einschließen. Und so ist der Weg nicht weit von der Kolonie zum Feriendorf. Für Architekten wie Candilis, Josic und Woods waren sowohl Marokko als auch das Languedoc Spielplätze fern der Metropole, Laboratorien für architektonische Experimente. Allerdings waren für diese Planer die Heterotopien noch ein Vorgriff auf eine bessere Gesellschaft: Es ging ja um das Bauen für die große Zahl – die neuen Räume sollten allen Bürgern zugute kommen. Diese Architekten waren Kinder des Modernismus; sie verstanden ihre Architektur als expansiv, als Beitrag zu mehr öffentlicher Wohlfahrt und Demokratie. Nun kann der Weg von der Kolonie zum Feriendorf auch umgekehrt beschritten werden. Foucault schwebte beim Thema Feriendorf der in Frankreich in jenen

Tagen höchst populäre Club Meditéranée vor. Dessen erstes permanentes Dorf war etwa zwei Jahre vor Foucaults Vortrag eröffnet worden – in Agadir, in Marokko. Und der Club hatte in seiner Art, ein leeres Terrain für den exklusiven Tourismus zu erschließen, zweifellos eine koloniale Attitüde. Tatsächlich gibt es eine Reihe Anzeichen, dass die Wohnformen des Tourismus wie koloniale Posten oder Zitadellen funktionieren können, die, während sie angeschlossen sind an ein globales System der Mobilität, gleichzeitig die Mobilität der Menschen in ihrer Umgebung behindern oder gar lahmlegen.

Kreuzt man übers Mittelmeer gen Naher Osten, in den Libanon und nach Israel, dann kommt die Funktion der Ferienanlage als Zitadelle sehr deutlich zum Ausdruck. Der Libanon hatte vor Beginn des Bürgerkriegs in den mittleren 1970er Jahren geradezu einen Boom erlebt, was den Tourismus betraf, und war in der Region in Sachen Urlaub konkurrenzlos. Als jedoch nach Beginn der Kämpfe die ausländischen Besucher ausblieben, da erfuhren die Hotels an den Stränden des Landes eine Umwidmung. Nicht die in Beirut, denn dort wurde ja gekämpft. Aber jene in der Region Kesrouane, weiter nördlich, etwa bei der Hafenstadt Jounié. Die Hotels dort wie das Holiday Beach oder das Tabarja Beach lagen in der Nähe von Beirut, doch wiederum weit genug entfernt, sodass sie von den Kämpfen nicht betroffen waren. Für wohlhabende christliche Familien aus Beirut wurden diese Touristenunterkünfte zunehmend zu Refugien, was schließlich dazu führte, dass die Besitzer auf den Nutzungswandel reagierten – aus den Hotels wurden bewachte Resorts mit Appartements. Der Erfolg dieser Umwandlung führte schließlich dazu, dass während des Krieges ein regelrechter Bauboom im Kesrouane einsetzte – es entstanden weitere Resorts. Neben dem Sicherheitsaspekt boten die Resorts auch eine Versorgung mit öffentlichen Gütern wie Wasser und Energie, die der libanesische Staat zu jener Zeit nicht mehr gewährleisten konnte.[29]

Das zum Resort umgewandelte Strandhotel setzte seinen Erfolgsweg auch nach dem Bürgerkrieg im Libanon fort – mittlerweile wimmelt es nicht nur an der Küste von bewachten Wohnkomplexen aller Art, was den Stadtforscher Georg Glasze wohl auch dazu bewogen hat, sein ausgezeichnetes Buch über diese Entwicklung *Die fragmentierte Stadt* zu nennen. Gegründet wurden diese Komplexe sehr oft von Remigranten, die in den Vereinigten Staaten bereits Erfahrungen mit ähnlichen Wohnmodellen gesammelt hatten.[30] Glasze hat auch einen Blick auf die Werbung für das Leben in den Wohnanlagen geworfen. Diese Werbung, in den meisten Fällen in englischer Sprache, zeichnet die Komplexe als *real paradises*, als sichere und gesunde Orte inmitten einer grünen, unbesiedelten Umgebung. Freizeiteinrichtungen, vor allem Sportplätze, stehen ebenso zur Verfügung wie Einkaufsmöglichkeiten – man braucht die Anlage also gar nicht zu verlassen, um seine Bedürfnisse zu befriedigen. Auf den Bildern der Anzeigen sind junge, fröhliche, zumeist europäisch anmutende Paare zu sehen.[31] Promotet wird ein globaler Lebensstil: Wer in einem Resort lebt, der darf sich gleichzeitig sicher fühlen vor der potenziell feindlichen Umgebung und angeschlossen an den Westen. Die Resorts sind von ihrer Struktur als auch von ihrer Vermarktung her den touristischen Ferienanlagen frappierend ähnlich – es sind Wohnkolonien mir Urlaubsflair.

Wenn man weiterreist in Libanons Nachbarland Israel und dort insbesondere ins Westjordanland, also in die Besetzten Gebiete, dann käme wahrscheinlich niemandem das Thema Tourismus in den Sinn. Wer allerdings einen Blick auf die israelischen Siedlungen auf den Spitzen der Hügel geworfen hat, dem drängt sich sofort eine Assoziation auf, die zwischen Feriendorf und Festung liegt. Das ehrgeizigste Projekt, was den Siedlungsbau betrifft, war in den späten 1970er Jahren die Siedlung Ma'aleh Adumim – ein biblischer Name, der die Route vom Tal des Jordan nach Jerusalem bezeichnet. Dort liegt die Siedlung auch, imposant in der Höhe, mit Blick auf die Heilige Stadt im Westen und das Tote Meer im Osten. Die Geschichte, die auf der Homepage von Ma'aleh Adumim erzählt wird, betont den heroischen Charakter der Besiedlung. 23 Familien entschieden sich nach dem Yom-Kippur-Krieg, als »Pioniere« an dieser Stelle im Heiligen Land zu leben, und später wurde die Siedlung dann vom israelischen Staat anerkannt.

Tatsächlich ist die Geschichte etwas anders verlaufen. Gideon Patt, ein Minister, der in der 19. Regierung zeitweise sowohl für Industrie und Handel, für das Bauwesen und für den Tourismus zuständig war, beauftragte den Architekten Thomas M. Leitersdorf mit der Planung einer Stadt auf der Tabula rasa einer steinigen Wildnis. Ariel Sharon als Leiter der Kommission für die Siedlungen segnete den Plan ab. Die Siedlung sollte nach Leitersdorfs Angaben so weit hinter der »Grünen Linie« liegen und so groß werden wie eben möglich, denn Israel wollte die Grenzen des Landes auf »zivile« Weise dauerhaft hinausschieben.[32] Völkerrechtlich sind Ma'aleh Adumim und alle anderen Siedlungen in den Besetzten Gebieten illegal – sie werden durch ihre schiere Existenz »legalisiert«.

Es sind nur einige Minuten von der Stadtgrenze Jerusalems hinüber ins *real paradise* von Ma'aleh Adumim. Wie eine helle Festung liegt die Stadt, die mittlerweile 30 000 Einwohner hat, inmitten der wilden Wüstenlandschaft von Judäa. Hier sind alle Häuser mit einem hellen Sandstein verkleidet, der an die Gebäude in der jüdischen Altstadt von Jerusalem erinnern soll. Der Sandstein dominiert den Eindruck der Häuser; die Fenster sind nicht übermäßig groß und scheinen zurückliegend, sodass die Häuser gleichzeitig unschuldig-hell und misstrauisch-abweisend wirken. In ihrem Buch *New Homes in Israel and the Occupied Territories* hat die israelische Photographin Evrat Shvily diese neuen Häuser in Szene gesetzt – teilweise noch im Bau, ohne Menschen, oft mit heruntergelassenen Jalousien.[33]

Diese Bauweise findet man inzwischen überall rund um Jerusalem. Die Verwendung des Sandsteins hat seinen Grund: Er soll die Kontinuität dieser Siedlungen mit der Heiligen Stadt und mit dem israelischen Territorium ausdrücken. Das Bauen ist Teil einer Expansion. In Ma'aleh Adumim wird gerade wieder gearbeitet, denn die Stadt soll vergrößert werden. Nach Abschluss der Bautätigkeit soll sie auch den so genannten Sektor *E 1* bedecken, was die Siedlung praktisch zu einem Vorort von Jerusalem machen würde. Nun liegt zwischen dem jüdischen Teil Jerusalems und Ma'aleh Adumim das palästinensisch bewohnte Ostjerusalem. Hier geraten die Bewohner zunehmend unter Druck. Perspektivisch sollen sie verdrängt werden. Zur Zeit zerstören die israelischen Behörden im Ostteil von Jerusalem Häuser in großer Zahl – sei es, weil sie ohne Genehmigung gebaut wurden, sei es als Vergeltungsaktion für palästinensische Anschläge. Zudem werden in Ostjerusalem immer mehr jüdische Siedlungen gegründet. Diese Siedlungen werden von palästinensischen Kämpfern öfter angegriffen, doch für Außenstehende wirken diese Attacken meist wie Terror gegen die Zivilbevölkerung. Die Siedlungen gelten als harmlose jüdische Nachbarschaften.[34]

Ma'aleh Adumim erscheint geradezu perfekt – überall sind Grünflächen, Bäume, behütet von den zumeist kreisförmig angelegten Mehrfamilienhäusern. Das Panorama, das sich vor den Fenstern ausbreitet, ist von erhabener Schönheit. Niemand scheint es hier eilig zu haben, die Zeit steht still, die Szenerie ist fast leblos. Von seiner irrealen Anmutung her könnte dieser Ort an der Costa del Sol liegen. Siedlungen wie diese wurden auch von Beginn an wie Ferienanlagen vermarktet: Die Hauptzielgruppe waren mobile, junge Paare, die sich ihren Haus- und Gartentraum in einem Ambiente verwirklichen wollten, das aufgeladen war mit Urlaubs- und

Wellnessatmosphäre. Bei den Siedlungen handelt es sich um Orte, in denen man seine freie Zeit verbringt. Die meisten Bewohner sind Pendler, gearbeitet wird woanders – in den Ballungszentren wie Jerusalem oder Tel Aviv. Ab den späten 1970er Jahren entstanden Hunderte solcher Siedlungen in Israel – nicht nur in den Besetzten Gebieten, sondern auch in der Negev, wo viele Beduinen arabischer Herkunft leben.

Diese Siedlungen waren Teil eines Landnahmeprogramms, das in Israel Tradition hat: Durch die Besiedlung schafft der Staat eben die »facts on the ground«, welche das Territorium des Staates Israel garantieren oder erweitern. Dass diese Siedlungen die Form von Ferienanlagen annehmen, ist eine neue Entwicklung. Bis zum Ende der 1960er Jahre förderte die Regierung noch den Bau von »Entwicklungsstädten« an der Peripherie wie Ashdod, Dimona oder Sderot. Dabei handelte es sich um Varianten modernistischer Arbeiterstädte, die den nach dem Zweiten Weltkrieg massenhaft in Israel eingewanderten Juden anständige Unterkunft boten.[35] Heute leben hier viele neue Einwanderer, die in den 1990er Jahren aus der ehemaligen Sowjetunion nach Israel gezogen sind. Doch in diesen Städten findet keine Entwicklung mehr statt – sie werden von der Regierung vernachlässigt. Staatliche Unterstützung erhält eine neue Mittelschicht, die gerne in einer Ferienanlage leben möchte, obwohl die Infrastruktur-Kosten für diese isolierten und zersiedelten Wohnformen absurd hoch sind.

Nun ist diese Infrastruktur im israelischen Fall keineswegs nur kostenintensiv, sondern sie ist Bestandteil dessen, was Jeff Halper vom Israeli Committee against House Demolitions als »Matrix der Kontrolle« bezeichnet.[36] Die Siedlungen ziehen ein ganzes Netz von Straßen hinter sich her, und diese Straßen schneiden durch die besetzten Gebiete im Westjordanland auf eine Art und Weise, die das Gebiet zerstückelt. Wenn man heute in der Westbank unterwegs ist, dann kommt man extrem schnell vorwärts, wenn man vom israelischen Gebiet kommt und sich dann nur von Siedlung zu Siedlung bewegt.

Vom Netz der Highways aus hat man einen schönen Blick auf die palästinensischen Dörfer, die aufgrund ihres eher spontanen Wachsens pittoresk wirken. Die Türme der Moscheen tun das Übrige, um eine Szenerie wie aus der Vormoderne entstehen zu lassen. Ein solcher Blick auf die »Eingeborenen« passt zur touristischen Anmutung der Siedlungen. Dabei wissen viele Israelis überhaupt nichts über das Leben in den besetzten Gebieten, obwohl die Palästinenser nur wenige Kilometer entfernt leben. Wenn aus den palästinensischen Dörfern wie in der Zeit der Intifada geschossen wird, dann erscheint diese Gewalt unbegreiflich und sinnlos. Auf eine perverse Weise hat auch diese Haltung etwas mit dem touristischen Blick zu tun. Denn wer hat es nicht erlebt, dass die Bewohner in einem fremden Land plötzlich nicht mehr freundlich und malerisch erscheinen, sondern aggressiv und gefährlich? Zumeist vermuten die Touristen, dass ein solches Verhalten etwas mit den fremden Sitten jener Leute zu tun hat, die ja scheinbar in einem anderen Raum und in einer anderen, vormodernen Zeit leben als man selbst. Das Interesse für deren reales Leben wächst danach allerdings nicht. Die Subjekte rufen nach Schutz für sich selbst, nach erhöhten Sicherheitsstandards.

Wechselt man nun hinüber in die Autonomiegebiete, dann schlägt das Malerische gleich um in teilweise bittere Armut. Die Arbeitslosigkeit ist so hoch, dass viele Menschen hier ihr Leben in erzwungener Freizeit verbringen – ein bizarre Parallele zum Leben in den Siedlungen. Mit der Mobilität ist es plötzlich vorbei. Straßenkarten gibt es kaum, aber die würden wahrscheinlich nicht viel nutzen, weil man nicht weiß, ob die Straßen benutzbar sind. Spontan errichtet die israelische Armee Checkpoints oder blockiert Straßen; manche durch Aufschütten eines Erdwalls auch auf Dauer. Die Palästinenser dürfen die israelischen Highways nicht benutzen – es sei denn, sie haben eine Genehmigung. Für diese Genehmigung aber müssen sie teilweise große Wege zurücklegen, außerdem sind die israelischen Behörden absichtlich unterbesetzt. Offiziell geht es zivil zu, konkret aber kafkaesk. So wird die Kontinuität des Autonomiegebiets zerstört, was selbstverständlich die israelische Kontrolle des Gebiets verstärkt. Dabei geht es nicht nur um die militärische Bekämpfung von Widerstand und Terrorismus, sondern auch um die zivile Unterminierung der Moral der Bevölkerung, was durch die komplette Zerstörung eines geregelten Alltagslebens erreicht werden soll.[37]

Selbstverständlich ist Israel ein Beispiel mit einer sehr individuellen Geschichte, aber in Bezug auf die aktuelle touristische Erschließung, die dem Residenten eine eigene Wohnung oder ein eigenes Grundstück in einer privaten Kolonie anbietet, ist die Situation durchaus ein Modellfall. So wie die israelischen Highways die Siedlungen mit dem »Mutterland« verbinden, so verknüpft auch die touristische Infrastruktur die Heterotopien der Freizeit mit den Metropolen. Gerade in der »Dritten Welt« rollt diese Entwicklung über die lokale Bevölkerung hinweg. Zwar werden die Anlagen mit den Händen dieser Bevölkerung gebaut – auch die Siedlungen sind zum größten Teil mit der Hilfe von palästinensischer Arbeitskraft erbaut worden. Doch die Infrastruktur der Mobilität und die damit einhergehenden Sicherheitsbemühungen verdammen die »Eingeborenen« oft zum Leben in Enklaven des Lokalen, in den Lefebvre'schen Heterotopien, ohne Verbindung zu den Zitadellen.

Das Hotel Bonaventure, das Fredric Jameson in seinem berühmten Text zum Sinnbild für die Postmoderne erklärte, hat sich zu einer Ferienanlage fortentwickelt – deshalb lässt sich das in Kapitel 5 beschriebene Anfi del Mar als Allegorie der derzeitigen Gesellschaft bezeichnen. Wie das Hotel Bonaventure schließt diese Anlage die Utopie in sich ein – sie ist eine »Art Miniaturstadt«, eine Reproduktion urbanen Lebens in einem Dorf ohne die Ärgernisse des realen Lebens.[38] Das Bonaventure allerdings war keineswegs auf der Tabula rasa »unterentwickelter« Randgebiete entstanden, sondern mitten in einer US-amerikanischen Metropole. Und inzwischen verbreiten sich solche Heterotopien auch in den Städten Westeuropas.

7 DIE TOURISTISCHE STADT

Der deplatzierte Strand

Im Sommer 2002 feierte der Strand Premiere. Mitten in Paris, am rechten Ufer der Seine, in unmittelbarer Nähe zum Louvre und anderen Sehenswürdigkeiten, sperrte man im Juli und August wochenlang die Georges-Pompidou-Schnellstraße direkt am Fluss, verteilte über 1500 Tonnen Sand auf 3,5 Kilometer Länge, stellte Palmen, Kioske, Schirme und blau-weiße Liegestühle auf. Dies war keine anarchistische Intervention erholungswütiger Pariser, sondern ein von der Stadtregierung genehmigtes und choreographiertes Ereignis. Der kurz zuvor gewählte neue Bürgermeister Bertrand Delanoe, dem besonders die Stadterneuerung am Herzen liegt, rief eine »neue Ära« aus, in der sich die Einwohner von Paris die Ufer ihrer Stadt zurückerobern sollten. Vor allem diejenigen, die sie während der großen Ferien im Juli und August nicht verlassen können, um an die Côte d'Azur oder in die Karibik zu reisen, sahen sich dazu aufgefordert, in das historische und touristische Zentrum zu kommen und einer an diesem Ort ansonsten eher übel beleumdeten Beschäftigung nachzugehen – dem Sonnenbaden in Badehose und Bikini.

Die zunächst skeptisch betrachtete Transformation der Uferstraße in ein Strandbad erwies sich als großer Publikums- und PR-Erfolg. Die »Paris plage« trug wesentlich zur schlagartigen Popularität von Delanoe bei. Auch mit anderen

Inszenierungen von Paris als Objekt des touristischen Blicks machte er von sich reden. Über eine Million Besucher zieht die »Weiße Nacht« an. Museen und andere öffentliche Gebäude stehen dem Publikum offen, während die Stadt in aufwendigen Lichtchoreographien ins Bild gesetzt wird. Als die »Paris plage« bereits ins dritte Jahr ging und innerhalb von fünf Wochen 3,9 Millionen Besucher gezählt wurden, fand sich Delanoe auf der Kandidatenliste zur Wahl des »Welt-Bürgermeisters« wieder. Nur die gescheiterte Bewerbung um die Olympischen Spiele von 2012 trübte im Jahr 2005 das heitere Bild vom post-touristischen Ambiente an der Seine, das inzwischen sogar mit einer schwimmenden Badeanstalt aufwarten konnte.

»Paris plage« war vom ersten Moment an Gesprächsthema. Manche fanden die Idee eines künstlichen Strandes für Trockenschwimmer absurd, andere nahmen das Angebot dieser virtuellen touristischen Realität begeistert an, wieder andere sahen in dem Ereignis nur ein Marketinginstrument, mit dem die sozialen Probleme der Stadt werbewirksam verschleiert würden. Der Stadtstrand machte von sich reden, und der Diskurs über »Paris plage« gehört seit 2002 fest zu jenem nunmehr alljährlichen kollektiven Spiel, das darin besteht, in den Wochen der Sommerferien einen unmöglichen Ort zu schaffen – einen Strand ohne Meer mitten in einer Millionenstadt. Die abwegige Stätte schafft ein heterotopisches Paris auf Zeit – einen Gegen-Ort, der von der Vorstellung getragen ist, dass jeder, der hierher kommt, sich die Stadt aneignet, ihr eine neue Bedeutung verleiht, die über die Bedeutung von Paris als Stadt der Liebe und des Eiffelturms hinausgeht, ohne die Idee von Paris als eminent touristisches Ereignis aufzugeben.[1]

Und es verwundert kaum, dass das Phänomen Stadtstrand in Europa die Runde machte. Brüssel leistet sich seit 2004 einen städtisch betriebenen Strand, in Zürich wurden die traditionellen Badeanstalten am Zürichsee und an der

Limmat zu hippen Lounge-Locations umgerüstet, im Süd-westen von Prag schüttete man am Ufer der Moldau 450 Ton-nen weißen Sand auf. Allein zehn Strände zählt inzwischen Berlin, wo der Trend im Juni 2002 von der Strandbar Mitte im Monbijou-Park seinen Anfang nahm. Für den Sommer 2006 versprachen die Betreiber der Strandbar Mitte »feinsten Sand aus Caputh«, der den Ort »für die Berliner und ihre Gäs-te zu einer Oase der Entspannung im Großstadtdschungel« mache.[2] Als Besucher dieser Oase wird man unweigerlich Teil einer komplexen Inszenierung der Blicke: Im Liegestuhl be-trachtet man die Stadt und die Liegestuhlbenutzer um einen herum. Zugleich ist man Objekt des touristischen Interesses der anderen Strandgäste, aber auch der Passagiere an Bord der Ausflugsschiffe auf der Spree, für die die Stadtstrände in-zwischen fester Sightseeing-Programmpunkt sind.

Der deplatzierte Strand fordert dazu auf, ein touristi-sches oder besser: post-touristisches Verhältnis zur Stadt zu entwickeln. Das ironische Abhängen in artifiziellen Dünen, bei dem die irreal-theatrale Situation um ihrer selbst wil-len genossen wird, stellt überkommene Vorstellungen von Urbanität auf die Probe und transformiert sie zugleich. Das Theater der touristischen Individuen findet auf einer vielfach verspiegelten Bühne statt, so als wäre man für die anderen mindestens ebenso sehr ein Schauspiel, wie die Position des Zuschauers für einen selbst ein narzisstisches Spektakel ist.[3]

Mit ihren Liegestühlen, Cocktails, Palmen, Grillgerich-ten und dem dezenten Ambient Sound sind diese Anlagen bis ins Detail entsprechenden Stränden auf Ibiza oder Mykonos nachempfunden. Unweigerlich wird der aktuelle Aufenthalt mit den Erinnerungen an Tage verglichen, die man an sol-chen »echten« Stränden zubrachte. Irgendwie ist man nicht am richtigen Ort – oder der Ort ist nicht richtig. Hier wird die Stadt gewissermaßen sich selbst fremd. Sie entfremdet sich aber auch den Einwohnern, die als Para-Touristen ihrer eigenen Umgebung auf die Suche nach dem Außeralltäglichen den Stadtraum wie ein Multiplex-Kino oder ein Theater betreten und benutzen. Man muss erst lernen, wie man sich fühlen soll, als Tourist oder als Anwohner. Ist das der Beweis für die Behauptung, dass die Menschen in der Ersten Welt immer häufiger Touristen sind, ob sie dies nun mögen oder nicht?[4] Jedenfalls scheint es in der Stadt der Dienstleistungen, des Finanzkapitals und der Kultur- und Wissensindustrien weitgehend unmöglich, zwischen Tourismus und anderen Formen des Konsums zu unterscheiden. »Das normale Leben, wenn es ein gutes Leben sein soll, sollte ein ständiger Urlaub sein« (Zygmunt Bauman).[5] Imaginäres und Reales, Alltag und Außeralltägliches: alles entdifferenziert? Kann man eigentlich nicht mehr *nicht* Tourist sein? Zumindest deutet vieles darauf hin, dass die Bürger einer Stadt eine zunehmend verbrauchende Beziehung zu ihrem eigenen Alltag eingehen. Sie kolonisieren und folklorisieren sich gewissermaßen selbst. Sie experimentieren mit ihrer eigenen lokalen Identität und halten sich spielerisch offen, wie an- oder abwesend sie sich gerade fühlen. »Liebe Deine Stadt«, forderte im Jahr 2005 in Köln eine gleichnamige Initiative von Künstlern und Architekten. Die Kölner sollten für »ihre« Architektur der 1950er und 1960er Jahre sensibilisiert werden. Bis September 2006 wurde jeden Monat ein ausgewähltes Gebäude mit dem Orden des Vereins ausgezeichnet. Denn so sehr die Bewohner der Rheinmetropole für ihren Lokalpatriotismus bekannt sind, so wenig schätzen sie angeblich ihre gebaute Umwelt, zumal wenn sie aus den Nachkriegsjahrzehnten stammt. »Das Flüchtige, also die Atmosphäre, ist in dieser Stadt das Dauerhafte«, sagt der Vereinsvorsitzende Jörg Leeser, »und das Dauerhafte, also das Gebaute, ist das Flüchtige.«[6] So macht man die eigene Stadt als Objekt einer touristischen Archäologie interessant.

Analog können die Gäste und Besucher einer Stadt indirekt oder direkt eingeladen werden, sich für ein paar Tage wie ein »authentischer« Bewohner zu fühlen. In Marseille versprechen die öffentlichen Verkehrsbetriebe im Sommer 2005, dass der Kauf eines Dreitagetickets die ebenso lange Identität als echte Marseillerin mit sich bringt. Die post-touristische Ironie dieses Angebots ist ähnlich unverkennbar wie in der Werbung für Spaniens Hauptstadt im Frühjahr 2006, die behauptet, zwischen Besuchern und Besuchtem bestünden keinerlei Unterschiede: »Denn welche Welt auch immer die ihre ist, in Madrid liegt ihre Welt.«

So verschieben sich Bedeutung und Erfahrung eines Ortes. Die Touristisierung der Städte stellt Anforderungen an die Bereitschaft, sich mit den gastgebenden Umwelten zu identifizieren. Durch solche Anrufungen wird die kommerzielle Wende des Kosmopolitentums eingeleitet. Eine Führung durch die eigene Stadt, aber auch ein Stadtstrand appellieren sowohl an die kulturelle Kompetenz wie an die ökonomische Potenz zu genießen. Man soll in der Lage sein, sich in der spielerischen Aufhebung lokaler Begrenzungen und Besonderheiten neu zu erfinden.

Vielleicht liegt es an diesem appellativen Charakter, dass es durchaus Überwindung kosten kann, sich auf Stadtstrände oder ähnliche Angebote der urbanen Freizeitgestaltung einzulassen. Diese nicht-monumentalen Orte revidieren ja nicht nur die Idee von Sightseeing, sie modifizieren auch die traditionelle städtische Freizeitkultur der öffentlichen Parks und Freibäder. Oberflächlich mag der Versammlungsort touristischer Subjekte den traditionellen Stätten öffentlicher körperlicher Erholung ähneln, wie sie der sozialdemokratische Wohlfahrtsstaat und die sozialistische Stadt geschaffen haben. Doch die ihnen zugrunde liegenden sozialen Programme sind zumeist von den Zielen einer neoliberalen Bewirtschaftung des städtischen Raums geleitet, nicht von der Maxime der Reproduktion der Arbeitskraft. Die attraktive Inszenierung der Orte und der Personen, die sich an ihnen aufhalten, ist

Teil einer ökonomischen Strategie, Aufenthaltsqualität und Immobilienwert zu steigern. Und die Verbraucher und die Dienstleister, die Bewohner und die Gäste sind durch ihr Verhalten und ihre Performanzen aktiv an dieser Wertschöpfung beteiligt.

So verstanden sind Stadtstrände avancierte Ausstattungsstücke einer »nutzerorientierten« Stadt. In ihr ist der Wert der Immobilie an den Schauwert der Inszenierung des Urbanen geknüpft. Nüchterne Schwimmhallen werden durch opulente Spaßbäder ersetzt; und an jedem Wochenende finden irgendwo auf den Straßen und Plätzen in Wohngebieten oder innerstädtischen Bezirken Marathonläufe, multikulturelle Straßenfeste und Open-Air-Konzerte statt. Man kann an diesen Ereignissen als Sportler, Akrobat oder Kulturproduzent teilnehmen, aber auch als Zuschauer vor den Augen eines Publikums der Mitanwesenden. Und häufig ist diese Öffentlichkeit national oder international, denn Massenmedien wirken mit, »globale Orte zum Spielen« zu entwickeln.[7]

Neoliberaler Urbanismus

Festivalisierung nennen die Stadtsoziologen den Vorgang, wenn das Urbane in dieser Weise mediatisiert und zweckentfremdet wird. Der Begriff bezeichnet nichts anderes als die Verwandlung der Städte in multifunktionale Bühnen der Selbstdarstellung von Stadtverwaltungen und Unternehmen. Selbstdarstellungen, in die sich die karnevalistischen Selbstdarstellungen der Individuen als Konsumenten und Hedonisten nahtlos einfügen sollen. Mit immer komplexer organisierten Public-Private-Partnerships versuchen die Städte und Kommunen, das eigene Image auf- und umzuwerten. Gigantische Volksfeste wie die Love Parade in Berlin wurden innerhalb weniger Jahre zu einer Werbefläche für Hersteller isotonischer Getränke und die Stadt Berlin selbst. In den vom Fernsehen übertragenen Luftaufnahmen des alljährlichen Techno-Umzugs auf der Straße des 17. Juli verschmolz der Name Berlins mit dem Bild eines telegenen Ornaments von Zielgruppen in Bewegung. Mega-Events wie Olympische Spiele, Weltausstellungen, Fußballweltmeisterschaften oder die Selbstinszenierung als Europäische Kulturhauptstadt binden politische und ökonomische »Visionen« fest aneinander, weil sie den jeweiligen Regierungen und Regimen immer nützlich sind. Sie verändern die Städte und metropolitanen Regionen durch den Bau olympischer Dörfer, ganzer Expo-Städte oder neuer Bahnhöfe, aber auch durch massive Interventionen in den Alltag der Städte und ihrer Bewohner. Mega-Events lösen eine intensive Nutzung der Räume und Orte aus, bei denen Massen von Menschen vorübergehend zu aktiven Mitgliedern internationaler Kultur- und Kommerzbewegungen werden.[8]

Die Verwandlung zur »attraktiven Stadt«, die unweigerlich auch touristische Anziehungskräfte aufweist, wird als Ausweg aus der Krise und als Auslöser wirtschaftlicher Entwicklung und sozialer Wiederbelebung empfohlen.[9] Der Begriff »Stadt« oder der Name einer spezifischen Stadt stehen dabei zunehmend für eine ganze metropolitane Region und deren funktionale und ökonomische Beziehungsnetze, zu denen auch Freizeit- und Konsumangebote gehören. Die gesteigerte Mobilität von Menschen und Unternehmen erhöht die Konkurrenz zwischen diesen metropolitanen Netzwerk-Regionen. Die lokalen Regierungen müssen das Profil ihrer Städte vermarkten, um sich bei Unternehmen, Bewohnern und Gästen Aufmerksamkeit zu verschaffen. Die Stadt in die globale Bilderzirkulation zu bringen gehört mittlerweile zur Schlüsselkompetenz eines Total Quality Managements von Gesellschaft.

Von Politikern, Planern und Architekten lange vernachlässigt, weil es schwierig ist, ihn von anderen Funktionen und

Operationen eines urbanen Zusammenhangs zu unterscheiden, gilt die Förderung des *urban tourism* inzwischen als Überlebensstrategie der Städte. Mit den Touristen kommt die Stadt, und die Stadt ist immer schon auf die Touristen vorbereitet. »3 Tage Paris für Romantiker, Doppelzimmer mit Frühstück im 3-Sterne-Hotel, inkl. Lichterfahrt und Candle-Light-Dinner« für 161 Euro – so lauten die Dumping-Angebote der Reiseveranstalter, denen man als mobiler, flexibler und zudem kalkulierender Zeitgenosse kaum etwas entgegensetzen kann. Bei 161 Euro für drei Tage Paris stellt sich freilich die Frage, wann, wie und von wem eigentlich noch etwas verdient wird an dieser Form des Reisens. Touristen auf Städtetrip begeben sich in einen ökonomischen Ausnahmezustand – und diesen Ausnahmezustand herzustellen ist die Voraussetzung für ein Geschäft, an dem vom Reiseveranstalter über die Billig-Airline, die Duty-free-Shops am Flughafen Roissy-Charles de Gaulle, das City-Hotel, das Candle-Light-Restaurant bis zum H&M-Flagship-Store auf dem Boulevard Haussman alle partizipieren, teilweise mittels komplizierter Beteiligungskonstruktionen und Provisionssysteme. Die Kreditkartenwerbung hämmert es immer wieder ein: Du kannst dir jeden noch so spontanen Konsumwunsch erfüllen, sofort, denn du hast Kredit.

Besonders leicht und leichtsinnig ist der Konsum dort, wo die außeralltägliche Situation der Reise, womöglich in romantisch codierter Paarformation, die Hemmungen und Existenzängste absenkt. Kaufzurückhaltung ist unter touristischen Bedingungen ein Fremdwort. Mobil zu sein heißt zu verbrauchen. Nur indem man auf die eine oder andere Weise konsumiert, erlangt man ein Aufenthaltsrecht. Ein Besuch des Potsdamer Platzes in Berlin oder des Piccadilly Circus in London mag einem traditionellen Interesse an Sightseeing, also der üblichen Aktivität des touristischen Blicks, verpflichtet sein; die Attraktion der Architektur mag ausreichen, um das touristische Bedürfnis nach einem besonderen Erlebnis von städtischem Raum und der leibhaftigen Begegnung mit den sonst nur von Abbildungen bekannten Gebäuden und Plätzen zu befriedigen. Doch diese Orte, die man – ähnlich wie Flughäfen und Bahnhöfe – als Knotenpunkte in einer Infrastruktur der Menschen- und Warenbewegung ansehen muss, sind zugleich eine einzige, auch architektonisch vorgetragene Aufforderung zum Shopping. Mit großer Wahrscheinlichkeit gehört zum Aufenthalt der Spaziergang und das Einkaufen in den Malls und Megastores, die selbst immer aufsehenerregender werden und den touristischen Blick befriedigen. Doch die Konsumappelle verstummen abseits der Trampelpfade des Städtetourismus nicht, sondern richten sich hier nur auf andere Mobilitäten und Formate des Verbrauchs aus. Der Fischzug über »typische« Wochenmärkte oder durch originelle Ladengeschäfte in Seitenstraßen und malerische Wohngebiete gehört ebenso zum touristischen Erlebnis der Stadt wie das Abhaken der einschlägigen Sightseeing-Highlights.

Der touristische Urbanismus interessiert sich nicht für die realen Bedürfnisse der Bewohner, sondern nur für solche Bedürfnisse, die angebots- und marktgerecht modelliert werden können. Das öffentliche Leben wird der Logik des Spektakels unterworfen. Alles, was an der Stadt und dem sozialen Leben in der Stadt politisch genannt werden könnte, etwa die Auseinandersetzung um das Recht, sich an einem bestimmten Ort aufzuhalten, steht dieser Logik im Weg. »Die touristische oder ›touristisierte‹ Stadt ist das deutlichste Anzeichen dafür, dass der gegenwärtig vorhandene öffentliche Raum auf den Ruinen des Dissens, des Nichteinverstandenseins errichtet ist«, schreiben die Tourismuskritiker Javier Camarasa und Jorge Luis Marzo.[10] Der touristische Urbanismus ist, bei allem Lichterglanz, ein »dirty urbanism«[11], dem nicht mehr das Modell der fordistisch verfassten Stadt zugrunde liegt, in der Güter produziert und Arbeitskraft reproduziert wurden, sondern der ganz der Herstellung von städtischer Attraktivität verpflichtet ist – im Interesse der Maximierung der Profitabilität von Grund und Boden.

Man muss die so genannte Stadterneuerung, wo sie mit einer revanchistischen Politik der Verdrängung und Vertreibung Hand in Hand geht,[12] im Kontext der Krise des fordistisch-keynesianischen Wohlfahrtsstaats sehen. Spätestens mit dem Zusammenbruch des Währungssystems von Bretton Woods in den frühen 1970er Jahren wurde damit begonnen, die Märkte schrittweise zu deregulieren. Gleichzeitig zog sich der Staat aus vielen gesellschaftlichen und ökonomischen Bereichen zurück. Ein historischer Prozess, der eng mit dem Begriff Neoliberalismus verknüpft ist.

Eine besondere Rolle bei der Umsetzung dieser »Utopie der grenzenlosen Ausbeutung« (Pierre Bourdieu) spielt die Verfügungsmacht über den Raum, vor allem über den urbanen Raum. Um den Wert von Land- und Immobilienbesitz zu maximieren, wird die Stadt in neoliberaler, das heißt: marktorientierter Manier restrukturiert und neu kartographiert. Die »kreative« Zerstörung alter institutioneller und städtischer Architekturen macht den Weg frei für spekulatives *redevelopment*. Innovation ist dabei gekoppelt an die Produktion des Obsoleten. Das Alte wird entwertet, indem man es durch die Rekonstruktion historisch authentischer Atmosphären entdeckt und nostalgisch ausschlachtet. Dies ist eine nur allzu bekannte Strategie des Kapitals, mit der urbane Gemeinschaften dazu gebracht werden, sich permanent zu erneuern und zu modernisieren, um nicht in eine ökonomische Abwärtsspirale zu geraten. Eigentum zu entwerten, auch und besonders öffentliches Eigentum, ist der Prozess, der dem Moment vorangeht, an dem die privaten Projektentwickler das Heft in die Hand nehmen. So spielt die Stadt »für den Kreislauf des Kapitals eine kritische Rolle als ein kurzfristiger Behälter entwerteten Grundbesitzes«.[13]

Auf und in den Ruinen dieser Entwertungsmanöver, die

in Zeiten notorisch knapper Kassen der Kommunen etwa in der Bundesrepublik Deutschland zu einem steten Abverkauf öffentlichen Besitzes an private Anleger und internationale Immobilienfonds führen, entstehen neue privatisierte Zonen, klimatisierte Shopping Malls und Einkaufsstraßen in Altstadt-ambiente, geschlossene Wohngebiete mit Wachschutz, Enkla-ven für die Wohlhabenden. Nach dem Exodus in die Vorstädte in den Nachkriegsjahrzehnten, als das Wohnen im Eigenheim am Stadtrand und das Pendeln in die Zentren zur Arbeit zum Inbild moderner Lebenseinteilung geworden waren, gewann das Urbane seit den 1980er Jahren wieder an Reiz für eine jüngere Generation von Mittelschichtlern. Inzwischen sind die historischen Innenstädte als Ort des Wohnens und der Freizeitgestaltung gewissermaßen rehabilitiert. Sie erleben eine »Renaissance« genannte Wiederbelebung, häufig jedoch um den Preis ihrer Mutation in Freilichtmuseen mit frisch renovierten Fassaden, Souvenirshops, Boutiquen, Cafés.

»Symbolische Ökonomie«, so bezeichnet die Stadttheo-retikerin Sharon Zukin das Ineinander von kulturellen Sym-bolen und unternehmerischem Kapital, den Einsatz einer äs-thetischen Sprache von Architektur und städtischem Design, die von Geschichte und Tradition, aber auch von Wachstum und Erfolg spricht und damit die ökonomischen Phantasien und Investitionen beflügelt.[14] Die Investorenarchitektur ge-horcht den Moden der Anmutungen und der Ästhetik der Ef-fizienz. Sie lehnt sich an die Rekonstruktionen von Geschichte im Stadtraum an, parasitiert und partizipiert an den Quellen der Erinnerung an eine immer schon bedeutsame Vergangen-heit. So erwartet man von den »rückgebauten« Innen- oder Kernstädten besondere Erfahrungen von Geschichte, Kultur und Konsum. Diese Erwartungen wiederum wirken auf die urbanen Räume und ihr Design in vielfältiger Weise zurück. Störende Elemente, eine soziale Heterogenität, in der Kon-flikte, Dissens und Gewalt zum Alltag gehören, sind dem

»touristischen Blick« nicht zuzumuten – es sei denn, er befindet sich gerade auf einer Armutstourismus-Safari durch die Favelas von Rio de Janeiro oder die Townships von Johannesburg. Räumliche Trennung ist eine Maxime der Strategen und Ideologen der »Inneren Sicherheit«. Zu dieser Trennung kann auch das Mittel der »Ästhetisierung« des Raums gehören. Etwa, wenn vermeintlich exklusive Materialien wie Chrom, Marmor, Granit in Gebäuden und auf Plätzen als »soziale Filter« zum Einsatz gebracht werden.[15] Zwischen touristischer Aufwertung und sozialer Ausgrenzung verschwimmen die Unterschiede. Denn Sanierung wird in aller Regel sehr buchstäblich als Bereinigung verstanden und praktiziert, sowohl in Hinsicht auf die architektonische Materialität wie auf die Fassaden des gesellschaftlichen Lebens. Und die urbanistische Umwandlung der Quartiere mit Sightseeing-Potenzial in Erlebnisräume für Touristen und in Investitionsräume für Kleinanleger und Großinvestoren geht einher mit der diskursiven Konstruktion städtischer Angsträume. Außerhalb der Zonen mit eingebautem Sicherheitsempfinden erstreckt sich in den Szenarien der Boulevardpresse und der populistischen Lokalpolitik eine urbane Wildnis, in der sich die vermeintlich deklassierten Schichten sammeln. Je düsterer und bedrohlicher diese Welt – etwa in Chiffren wie »Ghetto« oder »Parallelgesellschaft« – gezeichnet wird, desto größer ist die Bereitschaft, für den Aufenthalt in suburbanen und innerstädtischen Sicherheitsarchitekturen viel Geld hinzulegen. So wird die Produktion von »Aufenthaltsqualität« eingeleitet und begleitet von der räumlichen Trennung der Bevölkerungsgruppen in erwünschte und unerwünschte.

Weil sich die Vorstellung von Orten des Tourismus und der Investition immer weniger mit der Vorstellung einer »gemischten« Sozialstruktur verträgt, werden gute und schlechte Homogenitäten behauptet und gegeneinander gestellt – die kleinen, exklusiven Zonen der Wohlhabenden und die großen

Territorien der Benachteiligung. Die »›elitäre‹ Verbürger-
lichung« (Henri Lefebvre) des Zentrums, das im Laufe der
Geschichte von der Produktion abgeschnitten wurde, schafft
eine Atmosphäre ökonomischer und sozialer Niveau-Ver-
einheitlichung.[16] Die Überzeugung, dass die »Lebendigkeit«
und »Vielfalt« der innenstädtischen Quartiere sich einer gemischten Bevölkerung verdanken, die zugunsten einer neuen
Homogenität vertrieben wurde, liegt vielen kritischen Segre-
gationsanalysen zugrunde. Aber sie greift häufig zu kurz.[17]
Unterhalb oder jenseits der behaupteten Homogenität und
der städtebaulichen Vorgaben jedenfalls gestalten sowohl die
Bewohner einer *gated community* wie die eines so genannten
sozialen Brennpunkts ihre Wirklichkeit und Lebensbedingungen durchaus eigensinnig und heterogen.

Aber die offizielle Leugnung dieser Heterogenität und
das Festhalten an der Fiktion einer – sozialen, ethnischen –
Homogenität sind ein essenzielles Instrument, um Mobilität
zu kontrollieren und zu managen, auch und besonders im
Hinblick auf die Konsolidierung einer Stadt als *tourist city*.
Bevor man die Orte des »guten Lebens« betreten darf, muss
man deshalb seine Berechtigung, Kreditwürdigkeit und Un-
bescholtenheit nachgewiesen haben. Dies geschieht an der
Grenze, am Ticketschalter des Flughafens, beim Einchecken
im Hotel, bei der Benutzung des Geldautomaten, aber auch
indirekter, durch Überwachung und Verdächtigung von So-
zialverhalten, Kleidung, Hautfarbe. Nur wer diese Kontrollen
passiert, genießt Bürgerrecht in der *tourist city*.

Von der Stadt zur »Nicht-Stadt«

Diese neue Stadt soll in den Brachen und Altbauten der alten entstehen. Ihre Entwicklung lebt von der Mythologie des
Grenzlands und der Konfrontation unterschiedlicher sozialer

Welten, deren Ausgang fast immer schon feststeht. Denn die »Verbesserung« der Innenstädte, ihre Verwandlung in Wohlfühlumgebungen fürs Sicherheitsempfinden, ist nicht zuletzt das Resultat eines Klassenkampfs von oben. Weder die maroden noch die sanierten Altbauten in Berlin-Mitte täuschen darüber hinweg, dass ihr Lokalkolorit längst in ein globales System der touristischen Special Effects integriert ist. Der Architekt Rem Koolhaas erinnert an einen Masterplan des Kollegen O.M. Ungers, der 1976 ein theoretisches Berlin entwarf, in dem erhaltenswerte Bausubstanz verstärkt und alles andere zerstört werden sollte, auf dass ein Archipel entstehe, in dem historisch wertvolle Stadtteile sich wie Inseln über ein Meer aus grüner Natur und unbebautem *terrain vague* verteilen. In diesem Entwurf, so Koolhaas, sei die Blaupause für eine Theorie der europäischen Metropole enthalten. Viele ihrer historischen Zentren treiben danach »in größeren metropolitanen Feldern«, und »die historischen Fassaden der Städte« maskierten nichts weiter als die »durchdringende Wirklichkeit der Nicht-Stadt«.[18]

Koolhaas verweist damit auf die Struktur der Großstädte, in denen sich homogenisierte Enklaven herausbilden, die sozial und räumlich untereinander immer undurchlässiger werden. Die spekulativ rekonstruierten Innenstädte mit ihren touristisch relevanten »historischen Fassaden« sind zudem eingebunden in ein globales Netz der Destinationen. Dieses wiederum ist eingebettet in eine Mobilitätsinfrastruktur von Schnellzügen, Billigfluglinien und Autobahnen. Die Stadt, als lokalisierbarer, gelebter Ort, weicht der »Nicht-Stadt« (Koolhaas), einer Stadt nach der Stadt, einer Stadt ohne Polis, der *tourist city*. Der Umstand, dass Bau- und Bodenspekulation im Verbund mit Tourismus diese Nicht-Stadt erzeugen, wo immer sie aktiv wird, gibt ihr den Charakter eines zivilisatorischen Modells, in dem sich ökonomische, politische und kulturelle Dimensionen unauflöslich verknoten.

Für Berlin gilt die von Koolhaas bemerkte Kombination aus Enklavenbildung und Globalisierung in besonderem Maße, seit auch die städtische Politik in den 1990er Jahren den programmatischen Umbau der City einleitete. Der damalige Senator für Stadtentwicklung, Umweltschutz und Technologie, Peter Strieder, hatte 1996 das »Planwerk Innenstadt« vorgelegt, eine programmatische Schrift zur Restrukturierung Berlins und besonders des Zentrums Ost. Das Konzeptpapier forderte unter anderem die rigorose Neugestaltung des repräsentativen Kernstücks des künftigen Berlin-Tourismus, des Raums zwischen Alexanderplatz und Schlossplatz. Diese Forderung hat seither weit reichende Maßnahmen nach sich gezogen, namentlich die umfassende Restaurierung der Museumsinsel, den Bau eines Einkaufszentrums am Alexanderplatz sowie den Abriss des Palasts der Republik mit der vom Deutschen Bundestag in mehreren Sitzungen verabschiedeten Perspektive auf die Wiedererrichtung des alten preußischen Stadtschlosses an dessen Stelle. Zum anderen proklamiert das – 1999 im Berliner Senat nach langen Diskussionen beschlossene – Konzept eine Aufwertung des Stadtraums, um die Ansiedlung so genannter Stadtbürger zu fördern. Städtischer Boden soll für die Eigenheimbildung subventioniert werden, womit sich ein »Orientierungswechsel der Wohnungsbaupolitik von der Mieter- zur Eigentümerstadt« abzeichne, wie die Autoren der Studie *Die Stadt als Beute* kritisch anmerken.[19]

Knapp zehn Jahre nach der Erstveröffentlichung des Senatspapiers zum Umbau der Berliner Innenstadt erinnert sich die Stadtzeitschrift *Scheinschlag*: »Das Planwerk träumte unverschämt laut von einer musealisierten Stadt, eingefroren in einer erfundenen Vergangenheit, verständlich und unbespielbar, primär touristisch, konsumierbar, leicht verdaulich.«[20] Viele hochfliegende Pläne der Kritischen Rekonstrukteure, die manche einfach nur reaktionär nennen, konnten nicht verwirklicht werden. Kritiker des Planwerks freuen sich über die Unbezähmbarkeit Berlins, die unverwüstlichen Nischen, die herrlich öden Brachen, die städteplanerisch und kapitalistisch unerreichbaren Räume des Kaputten. Aber sie freuen sich wohl zu früh, denn die Transformation des Zentrums in eine von Privateigentum und Tourismus dominierte Zone ist längst in vollem Gang, und Konsumierbarkeit und Bespielbarkeit sind geradezu im Überfluss gegeben. So erlebt das touristisch relevante Areal Berlins seine umfassende Plastinierung zum perfekten Themenpark. Modisch gekleidete Urbaniten und muskulöse Sport Utility Vehicles ziehen in Eroberermanier durch die engen Straßen, und für ein Kunstspektakel wie die 4. Berlin Biennale im Frühjahr 2006 in der Auguststraße, einer geschichtsträchtigen Lebensader des Viertels, wurden viele unsanierte Räume ihrer Patina und ihrer morbiden Aura wegen in einen Parcours qualitätsvoll-marktfreundlicher Gegenwartskunst einbezogen.

Außerhalb dieser pazifierten und purifizierten Zone der preziösen Atmosphären spielen sich die von den Medien dramatisch aufbereiteten Szenen der vermeintlich gescheiterten »Integration« der Migranten und einer von Arbeitslosigkeit und Perspektivarmut geprägten sozialen Realität der Bundesrepublik ab. Als unregierbar wird die Situation in den Straßen und Schulen der Berliner Stadtteile Neukölln oder Wedding dargestellt, wo der Anteil der Bevölkerung mit migrantischem Hintergrund hoch ist; aber auch aus Lichtenberg, einem ethnisch weniger »durchmischten« Viertel, dringen Nachrichten von rassistischer Gewalt und sozialer Desintegration. Dass sich das medial erzeugte und verbreitete Bild von den tatsächlichen Verhältnissen in den inkriminierten Vierteln deutlich unterscheidet, dass die Verhältnisse in Neukölln etwa ganz anders gelagert sind als in Kreuzberg, dass sich das städtische Leben ohnehin in kleinen und kleinsten Einheiten organisiert, deren jeweilige soziale Praxis sich einer medialen Berichterstattung selten eröffnet, darf in den neoliberalen Planspielen nicht vorkommen. Je besorgniserregender die Lage in diesen Bezirken des prekären Lebens dargestellt wird, desto bessere Gründe sind gegeben, eine stabile Sicherheitsarchitektur für die konsumierenden Schichten zu vermarkten. Im ersten Jahrzehnt des neuen Jahrtausends lässt sich gerade in Berlin verfolgen, wie die sozialen Welten dazu gebracht werden, auseinanderzudriften. Ein Effekt der sich zunehmend verschränkenden Debatten um Standortqualitäten einerseits und sozialen Krisen in »Problemvierteln« andererseits. So transportiert die transnationale Mobilität die einen tendenziell in die befriedeten Open-Air-Museen einer pseudohistorischen Urbanität und die anderen in die Randbezirke der sozialen Exklusion. Und zwischen beiden Räumen wird ein homöostatisches Austauschverhältnis angenommen: Je bedrohlicher die Zustände in den »unregierbaren« Vierteln, desto verlockender erscheinen die Aufenthalte in den durch Städteführer und Immobilienmakler ausgewiesenen Komfortzonen und Kulturlandschaften.

Nicht nur an den Orten des Tourismus von Sonne, Strand und See, sondern auch in den Städten erweist sich der Tourismus so als ein Modell oder genauer: als eine *Norm* von städtischer Gesellschaft. Stadtpolitische Entscheidungen und das Verhalten der Wirtschaft richten sich aus an der privilegierten Mobilität von »Stadtbürgern« und Touristen. Man kann noch weiter gehen und sagen, dass sich die Kontrolle über den qualitätsvollen städtischen Raum und die dort getätigten Investitionen am besten gewährleisten lässt, wenn keine sesshafte Bevölkerung den Interessen der Wirtschaft und der Politik mehr im Weg steht. Bevorzugt werden mobile Besucher und Verbraucher, die mit öffentlichen Verkehrsmitteln anreisen oder ihren Wagen im Parkhaus abstellen, nach Ladenschluss wieder in ihre Eigenheime im Umland oder im Ausland zurückkehren und sich ansonsten ganz von den kommerziellen Programmierungen des Stadtraums (ver-)führen lassen. Dieser Raum der Innenstädte tendiert zur Form des touristischen Resorts, eines planbar-kontrollierten Ensembles von Sehenswürdigkeiten und Shopping-Gelegenheiten, zur Stadt ohne andere Eigenschaft als jene, die sie als Marke von anderen Städte-Marken unterscheidbar macht.

Die ikonische Stadt

Denn Städte bemühen sich immer mehr um ein unverwechselbares Bild ihrer selbst. So wie Unternehmen mit immateriellen Atmosphären, Anmutungen und Identifikationsangeboten handeln, mit denen sie die materiellen Produkte aufzuladen versuchen, handeln auch Städte mehr und mehr wie Unternehmen, die sich ein spezifisches Branding, eine Markenidentität geben, die sie von anderen Marken, also anderen Städten unterscheidbar macht. Prestigeträchtige Denkmäler bestimmen schon lange die Konkurrenz der Städte. Mit den erfundenen Reliquien der Heiligen Drei Könige buhlt die Domstadt Köln seit Jahrhunderten um die Pilger, Vorläufer und Doppelgänger der modernen Touristen. Alleinstellungsmerkmale von Städten können solche auratischen Überreste, geweihte Bauwerke oder einzelne historische Monumente sein. Zur ultimativen *brand zone* ihrer selbst wird eine Stadt jedoch, wenn ihre eigene Morphologie, das Bild ihrer urbanen Gestalt im Standortwettbewerb zum Einsatz kommt. Im 17. Jahrhundert begannen venezianische Künstler, das Bild der Lagunenstadt in tausendfachen Ausfertigungen für die Reisenden aus dem Norden Europas zu produzieren. Damit wurde die politisch und wirtschaftlich in die Bedeutungslosigkeit abgesunkene ehemalige Metropole des östlichen Mittelmeers als *tourist city* neu erfunden. Seither weiß man um die Wichtigkeit einer unverwechselbaren Vedute, soll sich eine Stadt in das touristische Imaginäre einbrennen. Besonders populär sind Stadtansichten über das Wasser hinweg. Der Canale Grande in Venedig, Londons House of Parliament, die Skyline von Manhattan, der Kölner Dom und die Rheinbrücken, die Altstadt von Dubrovnik, das Opernhaus von Sydney sind unmittelbar wiedererkennbare, zeichenhafte Bilder, die in einer globalen visuellen Kultur zirkulieren.

Das Bild der Stadt im gesellschaftlichen Unbewussten entsteht vor dem Hintergrund der Frage nach der »Bildfähigkeit« von Städten. In den 1950er Jahren hat der Urbanist Kevin Lynch die Kategorie der *imageability* zum Leitfaden für die Planung und den Umbau von Städten erhoben – nach Maßgabe der »mentalen Bilder«, die ihre Bewohner von ihnen haben.[21] Die gestalttheoretische Suche nach dem »klaren« Bild einer Stadt, wie sie Lynch unternahm, war das typische Produkt modernistischer Planbarkeitsphantasien. Im Gegenzug wurde dieser Drang zur Visualität der Stadt als ideologische Verfehlung attackiert. Die forcierte, auf Attraktivität und Verführung angelegte Visualität verdammt die Welt des städtischen Lebens zu einem Zustand der geisterhaften Virtualität. Auf die Heimsuchung durch das »Gespenst des Kommunismus« sei in Europa der Spuk des »Schattens der Stadt« gefolgt, schreibt Henri Lefebvre 1968: »Das Bild der städtischen Hölle, das sich gerade herstellt, ist nicht weniger faszinierend, und die Leute stürzen sich auf die Ruinen der alten Städte, um sie touristisch zu konsumieren, in dem Glauben, so ihr Leiden an der Nostalgie heilen zu können.«[22]

Von der modernistischen Bildfähigkeit, der gestaltpsychologischen Einprägsamkeit der urbanen Form, der Raumordnung im kollektiven Imaginären, hat sich der aktuelle Städtebau einerseits weit entfernt, andererseits ist er außerordentlich um eine eigene Version von *imageability* bemüht. Postkarten und Bildbände, TV-Reisemagazine und Spielfilme, Reiseprospekte und Städteführer arbeiten mit an dieser Fassung der Stadtgestalt, die weit weniger dem Prinzip geometrischer Transparenz verpflichtet ist als dem verwertbarer Ikonizität. Das Design der Städte folgt nicht dem Gebot der Übersichtlichkeit im Sinne rationalistischer Raster, sondern ist angelegt auf die – bildhaft-malerischen – Verführungen des Labyrinths. Stadtpläne gibt es in der *tourist city* im Überfluss, Orientierung ist also möglich, wird aber auch immer wieder als besondere Herausforderung bis zur seligen Überforderung erlebt, die sich durch einen Cappuccino im nächsten Ecklokal lindern lässt. Wieder kann Venedig als ein Modell dieser touristischen Urbanität der Desorientierung dienen. Denn das legendäre Gewirr der Gassen und Kanäle Venedigs, in dem sich die Besucher lustvoll verlieren sollen, ist der ultimative touristische Erlebnisraum, eine Mischung aus Abenteuerspielplatz und Freilichtmuseum, seit Jahrhunderten angefüllt mit mehr oder weniger schauerlichen, mehr oder weniger romantischen Geschichten. Hier fallen Karte und Territorium ineinander, die Stadt ist zugleich ein einziges Bild und ein verwirrendes Raum-Zeit-Gefüge und für die meisten, die hierher kommen, keine »reale Stadt, mit den Einwohnern und den Zwängen einer realen Stadt, sondern die Kulisse und die Bühne für den eigenen Blick, die eigenen Gefühle und Leidenschaften.«[23]

Venedig taucht nicht ohne Grund überall dort wieder auf, wo thematische Konsumumgebungen entstehen. Die »aufregendste Destination« von Las Vegas ist, laut Eigenwerbung, das Hotel, Casino und Resort *The Venetian*. Hier wurden die bekanntesten Paläste der Lagunenstadt wie in einem Filmset zusammengeschoben, Kanäle und Gondeln inbegriffen. Solch eine paradoxe Simulation der einzigartigen Erfahrung des venezianischen Labyrinths hat die Themenparks von Disney zum Vorbild. Die bekanntesten Sehenswürdigkeiten der Welt, selbstverständlich auch ein Markusplatz mit Dogenpalast, finden sich in Disney World in Orlando, Florida, der gigantischen Synthese aller erdenklichen touristischen Erfahrungen und Erwartungen. Die Illusionstechniker und Kulissenbauer der Disney-Parks, aber auch die Strategen eines globalen Brandings in dem Unterhaltungskonzern haben sich die touristischen Destinationen der Welt angeeignet. In einem zweiten und noch folgenreicheren Schritt gaben sie der Welt das Prinzip der Disneyfizierung zurück. Das wattige Gefühl, durch die europäischen Kernstädte zu laufen, als bewege man sich durch ein einziges, endlos vernetztes *urban entertainment centre*, also durch kontrollierte, mediatisierte und kommerzialisierte Räume, die wiederum als Städte-in-der-Stadt installiert werden, ist der Effekt einer Rückkopplung. Die totale Programmierbarkeit von Erfahrung im Themenpark wird zum Modell urbaner Wirklichkeiten, deren Programmierbarkeit als Schlüssel zu ökonomischen Wertzuwächsen betrachtet wird.

Das oberste Gebot dieser Stadtentwicklung ist Ähnlichkeit in der Verschiedenheit. Die Orte selbst werden gewissermaßen transportabel, sie bewegen sich auf den globalen Vektoren des touristischen Blicks. »Die Stadt wartet nicht mehr auf den Touristen«, schreibt der Philosoph Boris Groys, »sie beginnt selbst, global zu zirkulieren, sich weltweit zu reproduzieren, sich in alle Richtungen auszubreiten.«[24] Die lokalen Besonderheiten gehen auf eine touristische Reise. Man trifft sie überall wieder, hineinkopiert in Stadtlandschaften, die so disponibel und aufnahmefähig geworden sind, dass in ihnen gerade das Bizarre und radikal Deplatzierte wuchern kann.

Ein regelmäßig wiederkehrender Höhepunkt des Schauspiels der totalen räumlichen Verfügbarkeit touristischer Orte ist die Ankunft eines der riesigen Kreuzfahrtschiffe, der globalen Ikonen privilegierter Mobilität, in den Häfen von Städten, die ihrerseits als touristische Destinationen im globalen Wettbewerb stehen. In Hamburg etwa versammeln sich mehrmals im Jahr Hunderttausende von »Seh-Leuten« am Elbufer und auf den Ausflugsbarkassen, um dabei zu sein,

wenn einer der »weißen Riesen« wie die »Queen Mary 2« ein-
läuft. Die schwimmenden Städte – auf der QM2 reisen bis zu
2600 Passagiere mit über 1300 Angestellten auf 14 Decks in
einem touristischen Komplex mit 15 Restaurants und fünf
Swimmingpools, Fitnessarealen und Wellness-Zonen – mo-
bilisieren mit Hilfe der lokalen Medien eine para-touristische
Euphorie der Bürger und Gäste Hamburgs. Das Bild der Su-
perlativ-Dampfer vor der Skyline der Hansestadt ist zu einem
zuverlässigen visuellen Leuchtsignal des Standortmarketings
geworden. Und es ist wirklich ein erstaunlich sprechendes
Bild. Es schneidet die Ansicht einer Stadt, die ihre Bedeutung
als Wirtschaftsstandort nicht zuletzt ihrer Attraktivität als touristische Destination und Wohnort der Begüterten verdankt,
mit dem Anblick des perfekten, zur schmucken Festung aus-
gebauten, schwimmenden Resorts zusammen. Das erhabene
Spektakel der privilegierten Mobilität im Hamburger Hafen
beschleunigt unweigerlich die globale Zirkulation der Attraktion »Hamburg«. Zugleich ist die Kapselwelt des Ocean
Liners die symbolische Entsprechung der Kapselwelten eines
neoliberalen Urbanismus. Hier werden – jeweils auf höchstem Sicherheitsniveau – Schauwerte produziert und Lebensqualität suggeriert, die mit einer Fiktion von Geschichte und
Tradition einhergehen: in Hamburg etwa das Bild der Kon-
torstadt des 19. und frühen 20. Jahrhunderts und die Reputa-
tion als »Tor zur Welt«. So wurde die Innenstadt rund um die
Binnenalster seit den 1980er Jahren zu einem Kontinuum von
Einkaufspassagen hinter historisierenden Klinkerverblendun-
gen umgebaut. Flankierend betrieb die Stadt die nostalgische
Vermarktung ihres Hafens. Obwohl längst ein gigantisches
High-Tech-Container-Terminal, das sich dem touristischen
Blick nur in Ausnahmefällen anbietet, rekonstruiert die Stadt
ihren Hafen mit Windjammerparaden und Kreuzfahrt-
romantik (aber auch mit dem Neubauprojekt »Hafen City«)
als Bilderbuch-Hafenstadt schlechthin.

Das gegenwärtige Phänomen der Stadt als Ausstellung hängt eng zusammen mit dem Topos der Welt als Ausstellung. Unter dem Eindruck der großen Weltausstellungen und neuen Kaufhäuser, der Passagenarchitektur und der Vergnügungsparks in der zweiten Hälfte des 19. Jahrhunderts hat das Prinzip der Ausstellung, der *exposition universelle*, die Erfahrung der europäischen Stadt grundlegend reorganisiert. Zwischen den Ausstellungen der kolonisierten Welt, mit denen sich die kapitalistischen Imperialmächte in riesigen Glaspavillons und Stahlkonstruktionen zur Schau stellten, und der Welt außerhalb dieser Räume, in denen die Verfügungsmacht über Kolonialreiche und Erfindungsgeist aufgeführt wurde, fiel die Unterscheidung immer schwerer. Beim Verlassen der Architekturen der Weltausstellungen in Paris, London oder Barcelona erlebte das Publikum im Raum der Stadt »nicht mehr die reale Welt, sondern nur weitere Modelle und Repräsentationen des Realen«.[25]

Das Bewusstsein, in einer Ausstellung, auf einem Filmset, in einer Kulissenstadt zu leben, wurde seither kontinuierlich entwickelt und verstärkt. Man reist an Orte, die man kennt, als hätte man von ihnen bereits geträumt. Die globalen touristischen Städte – von New York bis Paris, von Shanghai bis Rom, von Berlin bis Los Angeles – sind eminent visuell, genauer gesagt: eminent filmisch; sie haben sich in bewegten Bildern im globalen Raum ausgebreitet und im kulturindustriell geformten Kollektiv-Imaginären festgesetzt, von wo aus diese Perspektiven und Projektionen wiederum auf die Städte selbst zurückwirken. Die Städte renovieren sich anhand der Filmbilder, die von ihnen zirkulieren. Das subjektive Erleben der Stadt ist währenddessen strukturiert durch filmisch-photographische Methoden (Fokussierung, Ausschnittbestimmung, Montage, Point-of-View-Kamera, Plansequenzen usw.), aber auch durch die Ikonographie des Urbanen – der Film-Stadt der Gangster und Liebenden, der Angestellten und der Reisenden. Stadt und Kino bilden spätestens seit den 1910er Jahren eine unverbrüchliche Einheit, und es ist beileibe nicht ausgemacht, ob der Film die Stadt oder die Stadt den Film über sich aufklärt.[26]

Die staatlich-politische Promotion der filmischen Stadt war auch für totalitäre Systeme von Interesse. So ließ die faschistische Kulturpolitik seit den späten 1920er Jahren spezifische Bilder der historischen Städte als Monumente nationaler Tradition produzieren und verbreiten. In Italien etwa schickte die staatliche Erziehungsfilm-Vereinigung LUCE Hunderte von Filmen über Kulturstätten wie Florenz oder Rom mit mobilen Kinos über das Land und durch das Netzwerk der Zentren des *dopolavoro*, eines Vorbilds der KdF, um die Menschen einen Blick für und auf die Renaissance-Stadt und ihre angebliche Bindung an Nation und Italianität zu lehren.[27] Heute übernehmen diese Aufgabe die TV-Reisemagazine wie *Travel* und *Vox-Tours* oder die Bordprogramme der Fluglinien mit ihren schnell geschnittenen Porträts touristischer Destinationen. Darüber hinaus ist das filmisch-photographische Repertoire der Projektionen und Fiktionalisierungen längst erweitert worden um Medienpraktiken wie Computerspiele, Reiseblogs und Travel-Portale im Web und durch das Erleben der städtischen Raum-Zeit mit ambulanten Technologien wie iPod und Mobiltelefon.

Auch die Erfahrung vieler Mobilitätsräume, von denen in diesem Buch die Rede ist, der Siedlungen, Resorts, Lager, Kolonien, Enklaven, Altstädte, Themenparks, Stadtstrände oder Golfplätze, ist wesentlich durch ihre mediale Vermittlung, medientechnische Ausstattung, durch Überwachungskameras und computerisierte Bewegungskontrolle, aber auch durch die Photoapparate und Videokameras ihrer Benutzer oder Insassen strukturiert. So entsteht eine teilweise als hochgradig irreal empfundene Umwelt. Hohe Anforderungen werden an die Fähigkeit der Subjekte gerichtet, mit dieser

Irrealität zurechtzukommen: das Spiel der Simulakren mit-zuspielen, die schizoide Rolle von Darsteller-Zuschauern zu erfüllen, sich beobachten und überwachen lassen, während man selbst betrachtet und konsumiert.

Die wechselseitige Mobilisierung von Lokalitäten und Personen vollzieht sich in einem globalen Raum der Kom-munikations- und Kapitalflüsse. Aufs Engste sind materielle und immaterielle Bewegungen miteinander verwoben. Die Beziehungen zwischen den medialen Bildern der Orte und deren Vor-Bildern an den Orten verändern sich ständig, weil die Orte sich verändern und auf die Reise gehen. Dennoch wird den Bildern blind vertraut. Die »symbolische Gewiss-heit des Zeichens« hat der Kulturtheoretiker Homi Bhaba die kulturelle Bereitschaft genannt, dem visuellen Bild, auch dem Simulakrum, zu glauben, sich mit dem Bild zu identifizieren, auch dann (und gerade dann), wenn es ganz offensichtlich eine Ersatz-Authentizität zeigt.[28]

Diese seltsame Zuverlässigkeit des Zeichenhaften, die bei aller Reflexivität und Ironie im Gebrauch der Zeichen vorausgesetzt werden kann, war die Grundlage, auf der die Rekonstruktion des Times Square in New York, das global gültige Vorbild des *urban renewal*, durchgeführt wurde. Nachdem der berühmte Theaterdistrikt in den 1960er und 1970er Jahren mehr und mehr heruntergekommen war, be-schloss die Stadt, diesen Traditionsort Manhattans durch Immobilienentwickler und Medienunternehmen neu auf-bauen zu lassen. Sehr früh stieg die Walt Disney Company in das Projekt ein. 1993 wurde der Architekt Robert A. M. Stern, der für den Aufsichtsrat des Unterhaltungskonzerns tätig war, als Planer der Neugestaltung des Times Square verpflichtet. Disney engagierte sich im großen Stil. Ein Disney Store und ein Entertainment- und Hotelkomplex wurden in der 42nd Street gebaut, außerdem drei historische Musicaltheater über-nommen.[29] Zu einem Prototyp des neuen *corporate urbanism* wurde die Times-Square-Entwicklung auch deswegen, weil der Name Disney für saubere, amerikanische und zugleich global gültige Familienunterhaltung steht, also international Modellfunktion besitzt. Disney erschien als der geeignete Akteur, um den illegalisierten Pornokinos, Sexclubs, den Bars und der Prostitution, für die das Times-Square-Viertel vor seiner »Erneuerung« stand, den Garaus zu machen. An die Stelle dieser verdächtigen Unordnung wurde im Zusammenspiel von Disney und der Null-Toleranz-Strategie des Bürgermeisters Rudy Giuliani eine kontrollierte, moralisch bereinigte und deshalb konsumförderliche Sicherheitsarchitektur gesetzt. Außerdem verkörpert Disney durch seine Filme und Themenparks, Gated Communities und patentierten Markenzeichen die Fähigkeit, die Welt sehr grundlegend den eigenen Vorstellungen von Gesellschaft und Geschichte anzugleichen. Von Disneyfizierung zu sprechen heißt deshalb auch, auf urbane Phänomene zu verweisen, in denen Übergänge zwischen Fiktion und Realität, öffentlichem und privatisiertem Raum systematisch eingeebnet werden – ob in eigens dafür eingerichteten Themenparks oder in zu Themenparks verwandelten städtischen Zonen wie der europäischen Altstadt.[30]

Interessanter- und ironischerweise wählte Disney in New York hin und wieder einen geradezu denkmalpflegerischen Ansatz. So ließ der Konzern das 1903 im Stil des Art Nouveau gebaute Amsterdam Theater akribisch restaurieren. Andere Developer entschieden sich ebenfalls dafür, historische Bausubstanz zu bewahren, allerdings wurden die Gebäude (oder signifikante Gebäudeteile) bisweilen einfach im Raum verschoben und an anderer Stelle neu errichtet oder in Pastichen aus Alt und Neu eingearbeitet. Einer der Projektentwickler verwies stolz darauf, dass man den Eindruck erwecken wollte, als stünden die Gebäude schon seit Jahren dort, um so die Tatsache zu verbergen, dass es sich eigentlich um Neubauten handelte.[31]

226

Diese Produktion angeblich authentisch-historischer Stadträume bedient eine Nostalgie für eine aufregendere, bessere Vergangenheit, für einen Fluchtraum namens Geschichte. In vieler Hinsicht gleichen sich die Städte einander an, verwachsen morphologisch zu einer einzigen »Generischen Stadt«, wie Rem Koolhaas behauptet. Obwohl Geschichte in ihnen die große Abwesende zu sein scheint, ist sie das entscheidende symbolische Kapital dieses neuen Stadttyps – am besten, wenn sie sich in einem einzigen städtischen Komplex konzentriert. In ihrer touristischen Rekonstruktion kehrt Geschichte nicht als Tragödie und auch nicht als Farce wieder, sondern als Dienstleistung, als Service, als Bedienung eines Bedürfnisses nach flüchtiger Verankerung in der Raum-Zeit der *tourist city*.[32]

Es ist schwierig, dieser Logik der Eigenschaftslosigkeit und des Generischen zu entgehen. Aber es gibt unterhalb und jenseits der Bilder und Erzählungen, die das Bild der Stadt naturalisieren, immer auch die Chance, die Orte durch eine andere Praxis des Sehens und Erzählens zu dislozieren, die Verhältnisse zwischen Vorbildern und Nachbildern zu verwirren, Erinnerung gegen das Bild zu setzen. Denn gerade historisch gesättigte Orte haben die Möglichkeit, sich dagegen zu wehren, Bedeutung im Raum zu fixieren.[33]

Architourismus

Das Historische zu inszenieren ist oft gleichbedeutend mit der Reinigung des städtischen Raums von den Spuren und Flecken, den Rissen und dem Rost des Geschichtlichen. Mag es sich bei dieser Feststellung auch um einen Gemeinplatz handeln, so muss doch betont werden, dass der Ausbau eines ahistorischen Hyperraums vor allem dem reibungsfreien Verkehr von bezahlten Waren und erwünschten Personen dient, dem ungehemmten Strömen von Kapital und Kommunikation. Es ist notwendig, ein Bewusstsein für Geschichte – auch der Geschichte(n) von Migration und Tourismus – in den Nicht-Städten oder Stand-Orten der totalen Gegenwart einzufordern. Was immer man etwa von Peter Eisenmans Mahnmal für die ermordeten Juden im historischen Zentrum Berlins halten mag – die Debatten, die seinem Bau vorausgingen und seine materielle Existenz bis heute begleiten, sind eines der wenigen Beispiele einer weit greifenden, öffentlichen politischen Auseinandersetzung über Geschichte und Geschichtspolitik im städtischen Kontext in der Bundesrepublik Deutschland.

Zugleich fügt sich Eisenmans Stelenfeld aber auch in eine Entwicklung ein, die für den Städtetourismus der letzten Jahre immer kennzeichnender geworden ist – den Trend hin zu radikal zeitgenössischen, den urbanen Kontext übertrumpfenden emblematischen Bauten. Denn Eisenman, der Architekt, der hier eine auf Beeindruckung und Desorientierung angelegte begehbare Skulptur geschaffen hat, handelte trotz der Aufgabe, an die Shoah zu erinnern und dieses spezifische historische Ereignis zu vergegenwärtigen, ganz im Einklang mit dem neuen ästhetisch-ökonomischen Imperativ des selbstgenügsamen, autonomen architektonischen Objekts. Solche Objekte eignen sich ausgezeichnet, Werbung für Städte zu machen, weil sie wie Logos funktionieren und deshalb für alle möglichen Repräsentationen und Publikationen offen stehen.[34] Star-Architekten wie Herzog & de Meuron, Daniel Libeskind oder Santiago Calatrava pflanzen ihre Signatur-Bauten in das Gewebe der Stadt und schaffen so die begehrten *landmarks*, mit denen weltweit Aufmerksamkeit generiert werden kann. Städtetourismus war immer schon von charakteristischen Architekturen angetrieben, aber der »Architourismus« der Gegenwart ist von einer neuen Qualität.[35] Die Schau-mich-an-Architekturen, die teilweise grotesk designten Exemplare der *blob architecture* in den Stadträumen, megalomanische Riesen-Eier, schillernde Torpedo-Käfer, irreguläre Kuben oder Riesenmöbel, sind zu Agenten der Mobilisierung von Kapital und Konsumenten geworden. Auch weil sie konsequent populistisch sind, weil sie – ähnlich wie die Themenparks – jede Hierarchie zwischen Hochkultur und Populärkultur schleifen und eine Ästhetik der Konzerne und des Kommerziellen zum Standard erheben. Im monumentalen Maßstab, aber mit oft kindlich-niedlicher Formensprache erklären sie die Städte zu überdimensionierten Spielplätzen, zu spektakulären High-Tech-Arenen der Regression und Entmündigung, zu Teletubby-Land.

Spätestens seit dem viel besungenen »Bilbao-Effekt«, der radikalen Erweckung der baskischen Metropole durch ein einziges, solitäres Gebäude, das Guggenheim Museum Bilbao des US-amerikanischen Architekten Frank O. Gehry, ist das Vertrauen in das Potenzial der Architektur als Marketinginstrument geradezu unerschöpflich. Der 1997 eingeweihte Bau, ein skulpturales Gebilde gekrümmter Flächen und Volumina, überzogen von einer glänzenden, geschuppten Haut aus einer Titanlegierung, wurde direkt ans Wasser des Nervión gesetzt. Es war der ausdrückliche Wille der Regierung der einstigen Industriestadt im Norden Spaniens, dass hier eine Architektur der Superlative entstehen sollte. Seit den frühen 1980er Jahren arbeitete man in Bilbao an den Plänen, die Stadt durch urbanistisches Facelifting zu revitalisieren. Norman Foster, ein anderer Architekt, dessen Entwürfen der Ruf vorauseilt, sie könnten das Erscheinungsbild einer Stadt entscheidend beeinflussen, hatte bereits die Stationen einer neuen Metroline gestaltet, ebenso wurde unter anderem der Ingenieur-Architekt Calatrava, heute einer der wichtigsten Protagonisten architektonischer »Ikonizität«,[36] mit dem Bau einer Fußgängerbrücke und der Erweiterung des Flughafens beauftragt. 1991 gewann Gehry einen internationalen Architekturwettbewerb um die Filiale des Guggenheim-Imperiums, das sich in den 1990er Jahren anschickte, die Welt mit einem Netz von Dependancen zu überziehen und damit eine neue Stufe der Globalisierung des Kunstbetriebs zu zünden. Vielleicht gefiel der Jury in Bilbao gerade, dass Gehry sich um die Funktion der Architektur weit weniger Gedanken machte als um deren Außenwirkung. Zwischen dem, was im Inneren geschieht, und dem, was von außen sichtbar ist, besteht keinerlei plausible Verbindung. Auch eine logische Beziehung zwischen Grundriss und Aufriss ist dem am Ufer, vor der Stadt und den Bergen hingestreckten organoid-kubistischen Glitzerkörper nicht anzusehen. Der Verlust an geometrisch-kartographischer Orientierung, den dieses Gebäude provoziert und zugleich symbolisiert, erfüllt aufs Gründlichste den ungeschriebenen Auftrag an eine genuin touristische Architektur und Urbanität. Wie im Labyrinth von Venedig oder in den verschachtelten Irrgärten eines Casinos in Las Vegas wird ein Schwindelzustand hervorgerufen, weil die Grenzen zwischen realen und imaginären Räumen verwischen.

Aber wenn sie den Erfordernissen der Orientierung und denen eines Kunstmuseums auch nur sehr eingeschränkt entspricht, so eignet sich diese selbstgenügsame, mit Hilfe neuester 3-D-Computersoftware entwickelte Architektur eben auch phantastisch als Motiv für Photographien und Filme, für Bildbände und touristische Broschüren. Gehry hat auf die visuelle Wirkung von vornherein streng geachtet. In der Begründung für die Wahl eines Bauplatzes direkt an der Biegung des Flusses, in der Nähe des Containerhafens, ist zwar viel von »Schnittstellen« zwischen verschiedenen historischen und funktionellen Zonen der Stadt die Rede gewesen; ausschlaggebend aber war die allseitige Sichtbarkeit des Gebäudes. Auf einem Stadtplan von Bilbao zeichnete Gehry im Juli 1991 den Standort ein, den er für sein Museum am geeignetsten hielt, und ließ von Norden, von Westen und von Osten drei breite rote Filzstiftpfeile darauf weisen. Diese Pfeile, so notiert der Architekt, symbolisieren die

»starke visuelle Verbindung« und »visuelle Präsenz« des Gebäudes mit und in allen Teilen der Stadt.[37]

Der Schauwert von Gehrys Museum machte dieses sofort zum Wahrzeichen Bilbaos und belebte den Tourismus in der Stadt in einem ungeahnten Maß. Mit 500 000 Besuchern jährlich hatte man nach der Eröffnung gerechnet, doch kamen schon im ersten Jahr 1,3 Millionen, seitdem Monat für Monat etwa 100 000.[38] Innerhalb von drei Jahren wurde in Bilbao von Touristen so viel Geld ausgegeben, wie der Bau des – höchst kostspieligen – Museums gekostet hat. Es wurde deshalb schon polemisch angemerkt, das Guggenheim Museum Bilbao und ähnliche ikonische Architekturen kehrten die Definition des Spektakels von Guy Debord um: Nicht mehr werde das Kapital so lange akkumuliert, dass es zum Bild wird, sondern die Bilder würden akkumuliert, bis aus ihnen Kapital geworden ist.[39]

Nach einem Spaziergang durch das Geschäftsviertel im Umfeld des Museums und die zur Shopping Mall mutierte Altstadt lässt sich das gesteigerte Konsum- und Investitionsverhalten von Bewohnern und Besuchern gut nachvollziehen. In den 1970er und 1980er Jahren erschien der Niedergang der Industriestadt im Norden Spaniens noch unaufhaltsam zu sein, und das angespannte Verhältnis zwischen der baskischen Provinz und der Regierung in Madrid erleichterte eine Neuerfindung als postindustrielle Stadt auch nicht gerade. Dass der Auftrag für das Museum an Gehrys Aufsehen erregenden Entwurf ging und dass dessen Umsetzung auch noch ein so ungeahnter Erfolg beschieden war, ist auf eine politische Strategie des Spektakels zurückzuführen, die das beschädigte Selbstwertgefühl einer ganzen Region in Rechnung zog. Was in New York oder Los Angeles allenfalls sensationalistisch wirken würde, erhält in Bilbao eine positive und einzigartige Note, verteidigt deshalb die Architekturkritikerin Joan Ockman den Bau gegen seine Verächter.[40]

Allerdings bleiben die Maßnahmen und Auswirkungen des *urban renewal* auch in Bilbao auf bestimmte Zonen beschränkt. Sobald man den Fluss überquert und auf der anderen Seite, mit Blick auf die entfernte Guggenheim-Gehry-Vedute, herumwandert, stößt man im *barrio* San Francisco auf die Kehrseite des Booms, auf ein Quartier, das als heruntergekommen und gefährlich gilt, ein altes Rotlicht- und Arbeiterviertel, in dem Prostitution, Drogen und Migration einen ganz anderen, gleichsam negativen »Bilbao-Effekt« zu dokumentieren scheinen. Dabei ist die Lebensqualität in San Francisco weit besser als sein Ruf als »Ghetto der Einwanderer«, und die Bewohner wehren sich gegen die mediale und politische Abwertung des Viertels, dessen Gentrifizierung womöglich nur eine Frage der Zeit ist.[41]

Angesichts solcher Kontraste, typischer Verwerfungen eines Strukturwandels von der industriellen zur postindustriellen Stadt, verwundert es schon weniger, dass die Einwohnerzahl seit der Neuerfindung Bilbaos zur touristischen Destination nicht etwa gestiegen, sondern gesunken ist. Noch 1981 hatte die Stadt 433 115 Einwohner, 2003, also sechs Jahre nach Eröffnung des Guggenheim Museums, nur noch 353 567, Tendenz weiter abnehmend. Die Korrespondenz zwischen steigenden Besucherzahlen und fallenden Einwohnerzahlen mag viele – ökonomische, demographische – Gründe haben, sie ist nichtsdestotrotz symptomatisch für die Tendenz, ganze Städte zu Zentren des temporären Aufenthalts umzubauen.

Die Stadt der Touristen, die Stadt der Migranten

Die *imageability* einer Stadt ist immer auch die Basis der polizeilichen und sozial-ökonomischen Kontrolle ihrer Bewohner. Eine Möglichkeit, Städten ein Gesicht zu geben, sie zu visuellen – also sichtbaren und bildlichen – Gebilden zu machen, besteht darin, ihre Bevölkerung und ihre gebauten Umwelten entlang von Differenzen wie einheimisch / fremd oder autochthon / ethnisch zu organisieren. Wie an den Orten des Erholungstourismus begegnen sich Touristen und Migranten nur selten in den Resort-Welten des städtischen Konsums. Und dies, obwohl sich ihre Wege ständig kreuzen oder kreuzen könnten. Einwanderer sind das ökonomische Rückgrat der *tourist city*, insbesondere dort, wo diese zugleich die Dimensionen und Funktionen einer *global city* hat. Zugleich bilden sie und ihre informellen Ökonomien eine »unsichtbare Community«.[42] »Wir sind die Leute, die ihr nicht seht. Wir sind die Leute, die eure Taxis fahren, eure Zimmer reinigen und eure Schwänze lutschen«, heißt es in einer Schlüsselszene von *Dirty Pretty Things* (dt. *Kleine schmutzige Tricks*). Die Handlung des Spielfilms von Regisseur Stephen Frears aus dem Jahr 2003 führt – mit einem durchaus voyeuristischen Interesse für das Leben im Schatten – durch die verborgenen Welten der Dienstleistung in der Riesenstadt London. Der Film erzählt davon, wie Arbeitsmigranten, Flüchtlinge und Illegalisierte ihr Überleben und ihre Klandestinität in der *global city* organisieren. Seine Brisanz, aber auch seine Schauwerte zieht der Film aus der Tatsache, dass Einwanderer in den Küchen der Restaurants und den Caretaking-Bereichen, als Taxifahrer oder Sweatshop-Näherinnen der Hotels beschäftigt werden, also hinter kulturellen Sichtblenden oder in sorgfältig getakteten Zeit-Intervallen, um die Touristen zu versorgen, ohne zu stören. In *Dirty Pretty Things* wird diese Rückseite der touristischen Fassaden zum Gegenstand eines Dramas.

Vielleicht ist ein solcher Film auch ein Indiz dafür, dass der touristische Blick neu eingestellt wird. So werden Stadtteile ethnisch markiert, also einerseits ausgeschlossen, vergleichbar mit den Markierungen der Vorstädte oder bestimmter Quartiere als »Ghettos«, um sie aber andererseits in das Bild der kosmopolitischen Welt-Stadt einzuschließen. Die Keupstraße in Köln-Mülheim oder weite Bereiche von Berlin-Kreuzberg beispielsweise firmieren als »Klein-Istanbul«. Das ist auch eine Einladung zum touristischen Konsum. Allerdings ist eine solche Markierung nicht zuverlässig als Element des touristischen Marketings zu verstehen. In Köln wird die Bezeichnung »Klein-Istanbul« als Bestätigung von Klischees über Einwanderung, als eine Distanzierungsgeste der Mehrheitsgesellschaft verwendet, wie der Interkulturalitätsforscher Erol Yildiz bemerkt. Hingegen ist in Teilen Kreuzbergs eher Gentrifizierung zu beobachten, die sowohl durch die Bevölkerung und vor allem durch jüngere Unternehmer mit Migrationshintergrund betrieben wird als auch durch Spekulanten und touristische Vermarkter.[43]

Die relative Abwesenheit von Migration ist das Ergebnis einer konkreten raum-zeitlichen Segregation. In ihr artikuliert sich wiederum eine politische Ökonomie der Mobilität. Diese produziert das ideologische Bild eines begehrenswerten und teuer zu bezahlenden Zutritts zu einem Innen ebenso wie das Gegen-Bild eines verunsichernden, gefährlichen Außens, das mit Phantasien von Fremdheit, Armut und Kriminalität aufgeladen ist. In einer internationalisierten Welt der Mobilität wird es immer schwieriger, dem Augenschein nach zu bestimmen, wer gerade welcher Klasse von Reisenden zugehört. Dennoch ist diese raum-zeitliche Segregation eine Basis der gesellschaftlichen Verfassung der touristischen Stadt. Denn diese ist ein Ort, an dem Migranten – im Einklang mit der offiziellen politischen Rhetorik – nur in den Ausnahmefällen etwa einer außergewöhnlichen Qualifikation oder eines außergewöhnlichen Wohlstands mit offenen Armen empfangen werden.

In manchen Bereichen gehört Migration jedoch zum Panorama des touristischen Angebots. Immer dann nämlich, wenn ihre Herkunft und Ethnizität den touristischen Raum kulturell »bereichern« sollen. Italienische, portugiesische, griechische, marokkanische, thailändische oder türkische Restaurants und Geschäfte vermitteln das international-multikulturelle Flair, das in einem ohnehin zwischen extremer Lokalität und extremer Globalität oszillierenden Erfahrungsraum der Touristen unverzichtbar ist. Auch der Besuch eines ethnisch geprägten Viertels kann zu einer Station des touristischen Aufenthalts werden, die Little Italys oder Little Indias sind Sub-Destinationen, die in die metropolitane Haupt-Destination eingefaltet sind.

Die Chinatown kann als ein Prototyp der »ethnischen« Destination angesehen werden. Bestimmte Prinzipien des Themenpark-Urbanismus vorwegnehmend, bildet sie ein räumliches Ensemble gastronomischer und kultureller Exotika, das zum einen touristisch zugänglich erscheint, weil es durch die Organisationen und Mafias der Exilchinesen gesichert ist, und zum anderen in vielen großen Städten Europas, Amerikas und Australiens aufgesucht werden kann. Die Reise durch die Welt, die die kosmopolitische Stadt in Aussicht stellt, hat ihr eigenes touristisches Potenzial. Und so bemühen sich viele Stadtverwaltungen darum, die »Diversitäts-Dividende«, die kulturellen Ressourcen ethnischer Gemeinschaften, politisch zu fördern und in das Menü der jeweiligen städtischen Touristik aufzunehmen.[44] Nicht immer stößt dies auf Begeisterung bei den Communities. Denn deren kulturelle Aktivität begreift sich selbst häufig weniger touristisch denn traditionsbewahrend. Eine Reihe von Voraussetzungen, von der Verbrechensbekämpfung bis zur Einbettung in eine größere, bereits existierende Tourismusindustrie einer Stadt, muss erfüllt sein, um die Entwicklung eines ethnisch geprägten Viertels zum kommerziellen Distrikt erfolgreich zu gestalten.

Ein negativer Effekt einer solchen Gentrifizierung kann sein, dass der mobile *ethnoscape* gewissermaßen musealisiert wird. Dann sorgt das touristische Ethno-Spektakel nur dafür,

das Stereotyp von der anderen und fremden Kultur fest-
zuschreiben. Wie langwierig und mühsam die Entwicklung
eines touristisch relevanten ethnischen Quartiers selbst in einer der weltweit wichtigsten *tourist cities* sein kann, lässt sich
an der Geschichte der Erfindung von »Banglatown« ablesen,
eines früher zu hundert Prozent jüdischen, heute mehrheit-
lich von Indern und Bangladeschern bewohnten Viertels um
die Brick Lane im Londoner East End, unweit der City. Die
Stadtverwaltung sah hier in den 1990er Jahren Entwicklungs-
möglichkeiten für eine »ethnische« Attraktion. Zwischen den
lokalen »ethnischen« Gastronomen und Immobilen-Projekt-
entwicklern, zwischen den Medien, den Anwohnern und der
Stadtverwaltung erzeugte der Versuch, die Gegend auf den
touristischen Landkarten der »world city« einzutragen, immer
wieder Spannungen und Missverständnisse. Angefangen mit
dem Namen »Banglatown«, der ursprünglich zur rassistischen
Herabwürdigung des Viertels durch die Mehrheitsgesellschaft
diente. Das 1997 eingesetzte Stadtteilmanagement aber war
heftig daran interessiert, diese »Marke« durchzusetzen. Touristen, Angestellte und Geschäftsreisende sollten angelockt
werden und so »den Ruf der City als Europas erster Geschäfts-
adresse« fördern.[45] Ein Kalender von Kulturereignissen wurde
erstellt, mit Bengalischem Neujahrsfest und Curry Festival.
Um das individuelle Sicherheitsempfinden zu stärken, sollte
die Gegend eine bessere Straßenbeleuchtung erhalten, über
die Straßen wurden ornamentreich-exotische Torbögen gespannt, und den Geschäftsinhabern legte man nahe, ihre
Auslagen und Frontseiten zu verbessern, unter kostenlos
bereitgestellter gestalterischer Anleitung. Das Viertel fing
tatsächlich an zu boomen, auch weil einer der größten Im-
mobilienbesitzer eine alte Brauerei in einen großen Komplex
mit 250 Designstudios, einigen Galerien, Bars und Nachtclubs
umwandelte. Und obwohl die Promotion für »Banglatown«
sich zunächst auf »Londoner, die etwas Besonderes in ihrer ei-

genen Stadt sehen wollen«, konzentrierte und kein proaktives Marketing in Hinblick auf internationale Touristen betrieben wurde, kamen diese. Zunächst insbesondere Japaner, die durch Stadtführer wie den *Rough Guide to London* von diesem thematischen Raum und seiner exzellenten bengalischen Küche erfahren hatten. Inzwischen trägt ein 2004 erschienener erfolgreicher Debütroman der Autorin Monica Ali mit dem Titel *Brick Lane* zum Ruhm der Gegend bei. »Banglatown« wird so zu einem Ort, an dem sich Migranten mit inneren und äußeren Touristen, mit Developern und Stadtmanagern an einer zugleich neoliberalen wie postkolonialen Entwicklung der Stadt hin zu einem Raum des Genießens von Differenz beteiligen. Das Gleichgewicht der Macht in dieser Konstellation ist freilich fragil. Welche langfristigen Konsequenzen die Touristisierung der ethnischen Bevölkerung hat, ist deshalb eine der entscheidenden Fragen im Verhältnis von Migration und Tourismus in der *tourist city*.

8 MIGRATION, TOURISMUS UND DAS RECHT AUF EINEN ORT

Viele Arten des Unterwegsseins

Die Sehnsucht nach einem besseren Leben hat die Gesellschaften in Bewegung gesetzt. Diese Sehnsucht wird gespeist durch die medial verfügbaren Bilder des Anderswo und die veränderten Möglichkeiten, dieses Anderswo auch zu erreichen – der geographische Raum ist geschrumpft. Mobilität ist zu einem Wert an sich geworden. »Mobil sein heißt, mit der Zeit gehen«, kann man in einer Broschüre der Europäischen Union lesen, in der für junge Leute in der Ausbildung ein »europäischer Mobilitätspass« vorgestellt wird.[1] Immer mehr Menschen befinden sich auf dem Weg, auf der Durchreise, auf dem Sprung: Schüler, Studenten, Wissenschaftler, Computerspezialisten, Kulturschaffende oder Mitarbeiter von transnationalen Unternehmen – und eben Arbeitsmigranten und Touristen. Manche Personen und Personengruppen sind inzwischen so beweglich, dass sie das Prinzip der Sesshaftigkeit als solches infrage stellen.

Auf den ersten Blick würde kaum jemand behaupten, dass Migranten und Touristen viel miteinander zu schaffen hätten. Diese beiden Gruppen scheinen auf weit voneinander entfernten und streng separierten Routen zu reisen. Beim Thema »Migranten« denkt man gewöhnlich an arme Flüchtlinge oder Arbeitssuchende; mit »Touristen« verbindet man das Bild des wohlhabenden Urlaubers. Aber die Wirklichkeit ist wie immer komplizierter. Bei näherem Hinsehen zeigen sich Ähnlichkeiten und Überschneidungen: So werden Zuwanderer offiziell als Touristen geführt, während Urlauber sich in Residenten, also Einwanderer verwandeln; oder ein und dasselbe Gebäude wird einmal von Urlaubern bewohnt, ein anderes Mal von Arbeitsmigranten.

Migration und Tourismus bilden Pole in einem Kontinuum der temporären Mobilität, das alle derzeitigen Formen des Unterwegsseins umfasst. Ein Blick auf dieses Kontinuum kann zeigen, wie kompliziert die mobilen Lebensweisen der Globalisierung sind, in denen Arbeit und Freizeit, Sesshaftigkeit und Reise, dieser und jener Ort ineinander übergehen. Von den Polen Migration und Tourismus her lässt sich der Versuch unternehmen, das Funktionieren einer Gesellschaft in Bewegung zu beschreiben.

Einen *Tourismus-Migrations-Nexus* haben bereits die Tourismusforscher C. Michael Hall und Allan Williams herausgearbeitet.[2] Sie verstehen darunter zum Beispiel das bemerkenswerte Phänomen, dass Tourismus einerseits als Ursache von Migration wirkt, aber Migranten andererseits auch die Aufmerksamkeit der Touristen auf bestimmte Gebiete lenken können. Die meisten Anlagen massentouristischer Urbanität sind in zuvor weitgehend unbesiedelten Regionen entstanden. Für die Erschließung wurden daher Arbeitskräfte von anderswo benötigt. In Andalusien etwa kamen die Leute zunächst aus den Dörfern in den Bergen, dann aus anderen, ärmeren Regionen Spaniens und schließlich aus dem Ausland.

Aber dieser Prozess kann auch umgekehrt verlaufen. Die italienische Provinz Apulien etwa hat, auch wenn das abwegig klingen mag, von den albanischen Flüchtlingen profitiert, die in den frühen 1990er Jahren an ihren Küsten gelandet sind. »Den Albanern haben wir es zu verdanken, dass Otranto in der Welt bekannt wurde«, erzählt eine ansässige

Buchhändlerin einer Reporterin der *Zeit*. »Im Fernsehen sah man ja nicht nur die Flüchtlinge auf ihren Seelenverkäufern, sondern auch unsere Stadt. Das Kastell, den Dom, die Strände. Plötzlich wusste man in Italien und anderswo wieder, dass es Otranto gibt«.[3] Dass die Anwesenheit von Flüchtlingen die Attraktivität einer Destination erhöht, ist allerdings keine Gesetzmäßigkeit. Auf der italienischen Insel Lampedusa, die nach dem Jahrtausendwechsel zum Ziel von Flüchtlingsbooten aus Afrika wurde, meinten zwar manche, die *clandestini* brächten die Insel in die Schlagzeilen und damit auch Touristen. Andere, darunter der Bürgermeister der Inselhauptstadt, sahen in den Flüchtlingen jedoch vor allem eine Behinderung des Tourismus: Schließlich sei es »eine Zumutung, wenn der Tourist auf der Insel landet und als Erstes das Konzentrationslager sieht.«[4]

Definitionsprobleme

Migration und Tourismus waren nie so klar voneinander zu trennen, wie es zunächst scheinen mag. Als entsprechend schwierig erweisen sich Definitionsversuche. Nimmt man etwa das Verlassen der vertrauten Umgebung und die Grenzüberschreitung als Merkmal, ist eine Differenzierung kaum möglich. So bezeichnet die International Organisation for Migration (IOM) Migration als einen »Prozess der Bewegung« innerhalb oder außerhalb staatlicher Grenzen.[5] Diese Definition trifft nun aber nicht nur auf die von der IOM als Beispiele genannten Vertriebenen oder ökonomischen Migranten zu, sondern auch auf Touristen. Da die »Bewegung« als Unterscheidungskriterium nicht funktioniert, könnte alternativ die Länge des Aufenthalts als Definitionsmerkmal dienen. Touristen bleiben ja meist nur kurz in einem anderen Land und haben ein klares Rückkehrdatum, während Migranten für größere Zeiträume mit offenem Ausgang planen. Die Welt-Tourismus-Organisation der Vereinten Nationen (WTO) legt fest, dass sich »internationale Touristen« länger als eine Nacht und kürzer als ein Jahr an einem Ort aufhalten, der nicht ihr Wohnort ist, ohne einer bezahlten Arbeit nachzugehen.[6] Diese Definition würde aber auch auf die zu Beginn dieses Buches erwähnten Transitmigranten aus dem südlichen Afrika zutreffen – auch sie halten sich ja Monate in Marokko auf, ohne zu arbeiten. Und wie passen die Residenten in dieses Schema, die weit mehr als ein Jahr ohne Arbeit an einem Ort verbringen, der offiziell nicht ihr Wohnort ist?

Definitorische Abgrenzungen sind schwierig. Bei Migration und Tourismus handelt es sich nicht um einfache Reisen von A nach B und wieder zurück. Das Ziel ist der vorübergehende Aufenthalt an einem anderen Ort. Und so ist auch der Tourismus eine Art Migration. »Von allen Definitionen des Tourismus«, schrieb der Hotelarchitekt Louis Erdi im Jahr 1970, »ist das vielleicht die Beste: Die frei entschiedene und zeitlich begrenzte Migration von Menschen, Familien und Gruppen weg von ihren Wohnorten.«[7] Statt von einer strengen Unterscheidung sollte man also von einem *Kontinuum* der Formen der temporären Mobilität in Zeit und Raum ausgehen.

Ähnlichkeiten und Übergänge

Zu Beginn des Massentourismus hatten die Urlauber ein ganz ähnliches Image wie die Migranten später. Kritiker empfanden die Massen der Urlauber als eine Flut von Barbaren[8] – eine rhetorische Figur, die dann auf Arbeitsmigration angewendet wurde. Zudem wurde der Tourismus auch oft als Flucht beschrieben – als Flucht vor den Einschnürungen und Zumutungen des Alltags in der Industriegesellschaft. In einem Schlüsseltext der Tourismustheorie definierte Hans Magnus Enzensberger 1958 »die Flut des Tourismus« als »eine einzige Fluchtbewegung aus der Wirklichkeit, mit der unsere Gesellschaftsverfassung uns umstellt.«[9] Das Fluchtmotiv spielt auch in der Migration eine Rolle. Denn Flüchtlinge vor der Unbill des heimatlichen Alltags sind auch die Migranten. Allerdings machen sie sich nicht auf den Weg, weil sie unter den Folgen von zu viel Sicherheit und Ordnung leiden. In ihren Herkunftsländern gibt es einen gravierenden Mangel an Berechenbarkeit und Planung. Was die Touristen suchen, ist mehr Freizeit und Freiheit – »Anti-Struktur«. Auf eine gewisse Weise ist solche Anti-Struktur in den Herkunftsländern vieler Migranten in Überfülle gegeben. Aufgrund der politischen Lage, der hohen Arbeitslosigkeit und des Mangels an Konsummöglichkeiten kann ein geregeltes Alltagsleben kaum stattfinden. Gerade weil es für die Herstellung von ›Normalität‹ zu wenig Orientierungspunkte gibt, suchen die Migranten anderswo nach Arbeit und Sicherheit – sie begehren nach mehr Struktur.

Möglicherweise sorgt dieses Ergänzungsverhältnis der Bedürfnisse auch dafür, dass sich die Wege von Migranten und Touristen erstaunlich oft gekreuzt haben. Deutschland etwa schloss den ersten Anwerbevertrag 1955 mit Italien, und Italien war die erste große internationale Destination für den deutschen Massentourismus. Während die Migranten am Münchener Hauptbahnhof auf einem unterirdischen Gleis eintrafen, um von dort aus auf die Republik verteilt zu werden, warteten oben die deutschen Urlauber auf ihre Züge in jenes Land, das schon Goethe verklärt hatte und in dem man die rote Sonne im Meer versinken sehen konnte. Heute ist Italien selbst Einwanderungsland, und so ergeben sich neue Kreuzungen: Weibliche Arbeitskräfte von den Kapverdischen Inseln kommen in großer Zahl nach Italien, um dort im Haushalt zu arbeiten, während die Inseln, insbesondere

Sal, zu einer Top-Destination für italienische Touristen geworden sind.

Für die Flucht und die Suche nach einem anderen Leben spielen Bilder des Einwanderungs- oder Urlaubslandes eine entscheidende Rolle. Dieses Imaginäre wird gespeist aus dem Fundus der seit Jahrzehnten erzählten Geschichten der Migranten und Touristen, aber auch aus visuellen Archiven: Photoalben, Postkarten, Bildbänden, Super-8- und Videofilmen. Stoff für Projektionen liefert zudem der beschleunigte Umschlag von Bildern der Fremde, die Kino, Fernsehen, Travel-Magazine oder das Internet bieten. Zu Flüchtlingen und Arbeitsmigranten werden Menschen, weil sie sich den Westen als *real paradise* erträumen, als einen Ort, an dem es Arbeit, Wohlstand und Demokratie im Überfluss gibt. Das Bedürfnis nach Urlaub wiederum nährt sich von Phantasien über ein Dorado der Erholung: optimales Klima, gutherzige Einwohner und spektakuläre Erlebnisse.

Dieses Imaginäre stellt sowohl touristische als auch migrantische Aufenthalte unter immensen Erfolgsdruck. Die Bilder sorgen dafür, dass sowohl die »kostbarsten Wochen des Jahres« (Neckermann) als auch die Arbeitsmigration mit Erwartungen nur so überfrachtet werden. Der Aufenthalt im Anderswo muss von Erfolg gekrönt sein: Selbst wenn der Urlaub sich als Albtraum aus schlechtem Essen und Ehekrach entpuppt hat, wird er vor Nachbarn und Freunden schöngeredet. Ihrerseits berichten die Migranten in den Herkunftsländern selten von schwerer Arbeit und rassistischer Ausgrenzung, sondern beweisen ihren Erfolg lieber wortlos durch das Vorzeigen des neuen Mercedes.

Um ins Land der Wünsche zu kommen, können Migranten und Touristen auf die professionellen Dienste ganzer Industrien des Transports und der Navigation zurückgreifen. Seit Thomas Cook im Jahre 1841 seine erste Exkursion veranstaltete, gehören Reiseagenturen zur Infrastruktur des

Tourismus. Auch in der Geschichte der Arbeitsmigration und der Flucht sind »Schleuser« kein neues Phänomen. Doch sie haben in den letzten Jahren an Bedeutung gewonnen. Die Abschottung Europas zwingt die Einwanderungswilligen auf Umwege – und ein solcher Umweg ist die Einreise als Tourist. Die »Schleuser« entsprechen allerdings nur selten dem Schreckensbild der skrupellosen, mafiösen Kriminellen. Ein Polizeibeamter, der in einem Schleusungsfall ermittelte, berichtete: »Das alles war wesentlich weniger komplex, als wir angenommen hatten – das war wie ein Reisebüro mit Subkontraktoren«.[10] Und so könnte man die Migranten, die eine solche Agentur beauftragen, um mit dem Sichtvermerk Tourist einzureisen, als Doppelgänger der Pauschaltouristen betrachten. Beide werden ausgestattet mit allen nötigen Informationen und Papieren, oftmals am Zielort in Empfang genommen und zu einer Unterkunft gebracht.

Der überwiegende Teil der Migranten ohne ausdrückliche Arbeitsgenehmigung reist »pauschal« – ebenso wie der größte Teil der Touristen. Nur wenige nehmen, wie die Migranten aus dem südlichen Afrika, die Strapazen eines echten Abenteuers in Kauf. Aber auch hier ist ein Vergleich zwischen den Mobilitätssystemen Migration und Tourismus möglich. Zwar wäre es verfehlt zu sagen, dass für die subsaharischen Flüchtlinge der Weg das Ziel sei, doch erhält die Reise als solche in ihrem Fall Bedeutung. Darin liegt eine Parallele zum Konzept des Travellertourismus. Für den Traveller wie für seinen zwangsnomadischen Doppelgänger ist das Unterwegssein verbunden mit Beschwerlichkeiten, dem Kennenlernen der jeweiligen Länder und vielen spontanen Aufenthalten, deren Länge vorher nicht festgelegt werden kann.

Diese Assoziation stellte sich auch ein, als das Magazin *GEO* im Dezember 2005, also kurz nach dem »Sturm auf Europa«, das »Tagebuch eines Flüchtlings« abdruckte – unter dem Titel »Die kühne Reise des Kingsley Kum«.[11] Kums Reise führte von Kamerun nach Agadez und von dort aus über Algerien nach Oujda, von dort nach El Aaiún, Fuerteventura und am Ende nach Paris. Der Photograph Olivier Jobard hat Kum begleitet und farbsatte Aufnahmen gemacht: von Zügen voller erschöpfter Menschen, von offenen Lastwagen, die sich durch einen Sandsturm kämpfen oder in die malerische Dämmerung hineinfahren; von Menschen, die zu Fuß durch die Natur unterwegs sind, in improvisierten Betten unter freiem Himmel schlafen, in kleinen Booten auf dem Meer treiben, an den Stränden der Kanarischen Inseln landen. Diese Bilder sind einerseits atmosphärisch dicht und ästhetisch ausgefeilt, andererseits können (und sollen) sie nicht die unglaublichen Strapazen verleugnen. Kingsley Kums Reise in *GEO* wirkt wie das Tableau eines alternativen Abenteuertrips durch Afrika. Aber zugleich ist sie ein Panorama der extremen Zustände, das den gewissermaßen »dreckigen«, negativen Horizont des Travellertums bildet.

Bereits seit den späten 1990er Jahren erscheinen periodisch Photostorys, die eine wahre Odyssee der Subsaharier entwerfen, zunächst in den Wochenendbeilagen der spanischen Zeitungen, später in internationalen Magazinen. So geraten die subsaharischen Migranten auf ihrer langen Wanderung nach Europa nicht nur ins Visier von Wärmekameras und Nachtsichtgeräten, sondern werden gleichzeitig zu Objekten eines ästhetisierenden Blicks der Medien. Starphotographen wie Sebastião Salgado oder Sarah Caron veröffentlichten Bücher mit anspruchsvollen Schwarzweißaufnahmen von den Routen und Passagieren der neuen Süd-Nord-Migration.[12] Ein eigenes visuelles Genre hat sich entwickelt – das Spektakel der epischen Migration.

Das Leben als erstarrte Bewegung

Für den überwiegenden Teil der Migranten und Touristen jedoch spielt die Reise selbst gar keine Rolle. Sie ist eine Unannehmlichkeit, die für das Ziel des vorübergehenden Aufenthalts im Anderswo in Kauf genommen wird. Allerdings sorgt das Flüchtige dieses Aufenthalts dafür, dass die Reise auf eine seltsame Weise andauert. Die Bewegung hört nicht auf, und doch will sich keine Sesshaftigkeit einstellen. Das Ergebnis ist der paradoxe Zustand der *erstarrten Bewegung*, in dem Personen an einem Ort zugleich anwesend und abwesend sind, physisch längere Zeiträume hier verbringen, obwohl ihr »eigentliches Leben« oder ein relevanter psychisch-mentaler Teil ihres Lebens woanders stattfinden.

Bei den Touristen liegt dieses Verhältnis auf der Hand: Der Urlaub ist ein Ausnahmezustand – ihr tatsächliches Leben findet in ihrem Herkunftsland statt. Ganz ähnlich verhält es sich bei saisonalen Pendelmigranten. Manchmal jedoch kann sich, was zunächst als temporärer Aufenthalt geplant war, verfestigen. Etwa wenn jemand im Urlaubsland einen Partner kennen lernt: *40 Jahre Urlaub* ist der Titel eines Buches über die Lebensgeschichten deutscher Heiratsmigranten in Griechenland.[13] Aus vielen touristischen Aufenthalten kann schließlich eine Entscheidung zur Auswanderung werden. Auch Arbeitsmigranten hatten in den 1960er und 1970er Jahren die Absicht, nur einen kurzen Zeitraum im Ausland zu verbringen. Doch aus ein, zwei Jahren wurde mit der Zeit fast unbemerkt eine Ansiedlung. Eine Ansiedlung, die man verleugnet hat – in Deutschland etwa hielten sowohl das Einwanderungsland wie die »Gastarbeiter« die Illusion der Rückkehr über Jahrzehnte aufrecht. So investierten viele Migranten in ein »eigentliches Leben« im Heimatland. Der Ausnahmezustand wurde endlos ausgedehnt.

Dass Migranten und Touristen oft eine Existenz außerhalb der »Normalität« leben, schlägt sich im Aufenthaltsstatus nieder. Ein kurzfristiger Aufenthalt lässt sich gewöhnlich durch ein Visum absichern, doch wenn jemand bleiben will, dann wird die Situation schnell prekär. Da die Immigration durch die Abschottungspolitik der EU immer informeller geworden ist, hat die Zahl der Einwanderer ohne Papiere dramatisch zugenommen. Allerdings haben auch die meisten residentiellen Touristen in den Urlaubsregionen, die von José Miguel Iribas so genannten *vacacionistas*, keine offizielle Aufenthaltsgenehmigung.

Die prekäre Situation führt zu ganz unterschiedlichen Verhaltensstrategien. Die Migranten verhalten sich zunächst unauffällig, sie machen sich unsichtbar, sie verschwinden in einer Landschaft, die nicht von ihnen geprägt werden kann. Ist der Aufenthalt schließlich gesichert, dann werden die Migranten zumeist über kulturelle Angebote sichtbar. Diese Angebote richten sich zum einen an die Einheimischen: In der Gastronomie wurde zu Beginn der europäischen Arbeitsmigration der Nachkriegsjahrzehnte das touristische Image des Heimatlands vermarktet; noch heute findet man an den Wänden der griechischen Restaurants in Europa die Bilder des griechischen Tourismusministeriums. Zum anderen können diese Angebote sich an den Bedürfnissen der eigenen Community orientieren: Ein Netzwerk von Kulturvereinen, »ethnischen« Geschäften und Gaststätten oder religiösen Treffpunkten entsteht.

Während die Migranten in der vorhandenen urbanen und kulturellen Landschaft untertauchen, wollen die Touristen auffallen und die Landschaft prägen. Mittlerweile hat sich die Bevölkerung in den Reiseländern sowohl vom Lebensstil als auch von der Zusammensetzung her vervielfältigt, was bedeutet: Selten gab es mehr Möglichkeiten, nicht aufzufallen. Doch gerade diejenigen, die nur einige Tage bleiben, stellen oft mit einer Art Uniformierung maximale Erkennbarkeit her: Shorts, Hawaiihemd, Sonnenbrille und Kamera vor dem Bauch.

Mit ihren Projektionen beeinflussen die Urlauber die Kultur des Gastlands. Während die Vorstellungen der Migranten über das Einwanderungsland sich sehr schnell an der Wirklichkeit abschleifen, wird im Falle des Tourismus alles dafür getan, dass die Projektion intakt bleibt. Der Tourismus besiedelt und prägt nicht nur neue Landschaften – er fordert zudem die authentische Inszenierung seiner Phantasien vom »Spanischen«, »Italienischen«, »Griechischen« usw. Und die touristische Infrastruktur sorgt dafür, dass die Urlauber nicht nur im Klischee des Fremden schwelgen dürfen, sondern auch in dem der eigenen Kultur: So viel englisches Frühstück und alkoholgeschwängerte Publuft wie in Benidorm findet man in England kaum noch. Davon profitieren auch die Residenten, die mit der Zeit zwar weniger auffallen, aber dennoch in einer veritablen Parallelgesellschaft leben.

Architekturen der Mobilität

Zu den kulturellen Auswirkungen des Lebens in der *erstarrten Bewegung* gehört die Entstehung von besonderen, provisorischen Unterkünften, die wiederum bei Migranten und Touristen auf erstaunliche Weise ineinander übergehen. Historische Beispiele zeigen, dass solche fließenden Übergänge nicht neu sind. Den Ursprung der Feriendorfs, das um einen Pool herum erbaut ist, findet man in Nordamerika – im Motel. Das Motel verdankt seine Entstehung den Wanderarbeitern. Für sie wurden vor dem Ersten Weltkrieg Unterkünfte mit Parkplätzen am Rande der großen Straßen angeboten. Zu Beginn wurden kleine Parzellen vermietet, auf denen gezeltet werden durfte, dann wurden beheizte Holzhütten aufgestellt.

Daraus entstanden schließlich die ersten Motels, in denen die Wanderarbeiter als Gäste allerdings nicht mehr erwünscht waren.[14] Eine ähnliche Geschichte lässt sich über das Kreuzfahrtschiff erzählen, das ebenfalls das Prinzip des Feriendorfs, der *tourist bubble*, vorweggenommen hat: Eine in sich abgeschlossene Welt, von der aus gelegentlich Besichtigungstouren unternommen werden. Die erste Pauschalreise auf einem Kreuzfahrtschiff ging nach Ägypten und wurde 1891 von der HAPAG veranstaltet – der Hamburg-Amerikanischen Packetfahrt-Actien-Gesellschaft. Die Reederei war auf den Transport von deutschen Auswanderern in die neue Welt spezialisiert. Die Idee der touristischen Schiffsreise kam auf, weil die Schiffe im Winter unbenutzt im Dock lagen. Am Anfang hielten viele die Idee einer Reise ohne Grund, um des reinen Vergnügens willen, für schlichte Spinnerei. Doch inzwischen ist das Geschäft mit den Auswanderern längst Geschichte und die touristische Reise als Basis eines Wirtschaftsunternehmens keine Überraschung mehr. Die HAPAG wurde in das Transport- und Logistikunternehmen Hapag-Lloyd integriert, das mittlerweile zur TUI gehört, dem weltweit größten Touristikunternehmen.[15]

Im Prozess der Globalisierung sind die Übergänge zwischen den Institutionen und Infrastrukturen von Migration und Tourismus noch fließender geworden. Für Touristen gibt es eine erstaunliche Vielfalt von temporären, teilweise mobilen Unterkünften: »Wilde« Zeltplätze, Campingplätze, Wohnwagen, Motels, Hotels, Ferienanlagen, Themenparks, ganze Freizeitstädte wie Benidorm oder auch weit verzweigte, ghettoartige Siedlungen. Die freiwilligen oder unfreiwilligen Haltepunkte auf den Reisen der Migranten sind diesen provisorischen Behältern nicht unähnlich. Während die touristischen Unterkünfte jedoch viel Raum einnehmen, spektakulär sichtbar sein dürfen und ihren Bewohnern ein Gefühl von Heimat fern von zu Hause vermitteln sollen, ist es bei den

Provisorien der Migranten umgekehrt. Sie drängen sich an den Rändern der Städte zusammen, werden im Niemandsland versteckt und sollen, wenn es sich um staatliche oder polizeiliche Einrichtungen handelt, ein Gefühl von zu Hause dringend verhindern. Von den »Ghettos« in den algerischen Städten wurde zu Beginn des Buches ebenso gesprochen wie von den selbst organisierten Lagern in Marokko und Frankreich. In den Aufnahmelagern wiederum, die von internationalen Organisationen oder von Staaten geführt werden, findet man Zelte oder Wohnwagen.

Tatsächlich haben Unterkünfte für temporäre Aufenthalte stets einen hybriden, multifunktionellen Charakter; sie lassen alle möglichen Benutzungen zu. Im Jugoslawienkrieg haben Hotels viele unterschiedliche Verwendungen erfahren: Das Hotel Libertas in Dubrovnik wurde zur Flüchtlingsunterkunft, das Hotel Admiral in Plat zum Feldlager für das Militär, das Hotel Balkan in Prijedor zum provisorischen Internierungsort und das Hotel Panorama in Pale gar zum Sitz einer Regierung. Beispiele für solche Misch- und Neunutzungen gibt es auch in Westeuropa. In Frankreich etwa beherbergen die Billighotels der Accor-Gruppe (Ibis, Arcade, Etap usw.) nicht nur Geschäftsreisende und Stadtbesucher, sondern auch Pendler und Migranten. Zeitweilig wurden dieselben Hotels aber auch von der französischen Polizei als Aufnahmelager für Papierlose genutzt. In einigen Appartementanlagen am Stadtrand des Touristenzentrums Playa del Inglés auf Gran Canaria, die angesichts ihres Alters an Attraktivität verloren haben, wohnen inzwischen Einwanderer – illegal, denn die Appartements haben eine Lizenz ausschließlich für die vorübergehende Nutzung durch Touristen. Man kann die Appartements, die von Migranten bezogen wurden, leicht erkennen – an vollbeladenen Wäscheständern oder an Satellitenschüsseln. Telefonläden im Erdgeschoss sind ein weiteres untrügliches Indiz. Gelegentlich tummeln sich in solchen Komplexen auch noch einige Touristen am Pool, die das wahrscheinlich sehr preiswerte Angebot wahrgenommen haben und nun hier gelandet sind.

Solche Provisorien haben stets einen paradoxen Charakter. Sie sind *ständige Übergangslösungen*. Man findet sie nicht nur in den Einwanderungs- oder Urlaubsländern, denn die Mobilität hat überdies unerwartete Rückwirkungen auf die Herkunftsländer. Aus unterschiedlichen Gründen investieren viele Migranten im Heimatland in Wohneigentum. So entstehen an den Rändern der Gesellschaft paratouristische Enklaven. Die dortigen Häuser und Wohnungen werden jedoch zumeist nur in den Ferien benutzt. Auf diese Weise sind etwa im marokkanischen Tanger ganze Stadtteile entstanden, die nur saisonal bevölkert werden. Im Falle des Tourismus kolonisieren der touristische Blick und das Körpergefühl der Ferien zunehmend die heimatlichen Städte und Regionen. Vor allem die Zentren der großen Städte werden zu Orten und Objekten des Konsums. In Städte-Rankings konkurrieren diese Komfortzonen um ihren Stellenwert als touristische Destination. Dabei bedienen die Städte als urbane Unterhaltungszentren einerseits ein mobiles Publikum, das zunehmend Billigflieger für Wochenendtrips nutzt. Andererseits verwandeln sich auch die Einheimischen mehr und mehr in »Benutzer« ihrer Stadt; sie werden zu Touristen am eigenen Wohnort.

Ein neuer Raum, eine neue Zeit

Mittlerweile findet man in den europäischen Städten überhaupt keine funktionierende Agora mehr, keine Sphäre der Öffentlichkeit, die ihren Namen verdienen würde. Stattdessen trifft man auf veritable Heterotopien im Verständnis Foucaults – privatisierte, verkapselte, gesicherte *real paradises*. Renovierte Fassaden mit historischen Verweisen, einige sensationelle Bauten, saubere Gehwege und die Filialen der internationalen Handelsketten lassen viele Innenstädte wie ein nahtloses, translokales touristisches Kontinuum für ein mobiles konsumkräftiges Publikum erscheinen. Alle Vielfalt, die sich hier zeigt, muss dem Genuss dienen. Die wirklich heterogenen Elemente sind längst nicht mehr zugelassen: Armut, Kriminalität, Sucht, soziale Probleme werden konsequent unsichtbar gemacht.

Oft aber handelt es sich bei solchen Innenstädten nur um potemkinsche Dörfer. Die kroatische Hauptstadt Zagreb etwa ist nach dem Krieg in den 1990er Jahren wieder ein beliebtes Ziel für Städtetouristen aus dem westlichen Europa. Und so wirkt ihr Zentrum wie die Fortsetzung des beschriebenen westeuropäischen Innenstadtkontinuums. Wer jedoch das Zentrum in Richtung Stadtrand verlässt, der wird schnell damit konfrontiert, dass die aufpolierten Fassaden und die Niederlassungen der großen Konsumartikelmarken mit den konkreten Lebensverhältnissen des überwiegenden Teils der kroatischen Bevölkerung nichts zu tun haben. Und wer schließlich ganz aus Zagreb herausfährt, der wird in den Dörfern lauter Rohbauten sehen. Den hübsch restaurierten Gebäuden der Foucault'schen Heterotopie im Zentrum entsprechen die stets unfertigen Gebäude am Rand. An der Peripherie liegen die Heterotopien, so wie sie Henri Lefebvre verstanden hat: Orte des Heterogenen, oftmals selbst organisiert, die von der Polis – sei es die Stadt, sei es der Staat – längst nicht mehr integriert werden.

Die Entstehung solcher Heterotopien begründet eine neue Ordnung des Raumes. Zunächst sind es die Relationen von Nähe und Ferne, die sich nachhaltig verschieben. Billigflieger verbinden die Komfortzonen in den Metropolen – sie wirken fast wie ein kontinuierlicher Raum. Gleichzeitig wächst die Entfernung dieser Zonen zum Rand der eigenen Stadt oder des eigenen Landes. Residenten-Hochburgen wie

Torrevieja an der Costa del Sol wiederum sind heute, was die Verkehrsanbindung, die Geschäftsbeziehungen und die persönlichen Kontakte der Bewohner betrifft, weiter entfernt vom Umland als von manchen Regionen im westlichen Europa. Bestimmte Viertel in Tanger, die im Sommer von Auswanderern bevölkert werden, haben mit dem Alltag der Stadt weniger zu tun als mit dem von Madrid oder Brüssel. Diese neuen Verflechtungen scheren sich nicht um die Grenzen der Staaten. Im Leben vieler Menschen ist die Grenze nur noch ein Ort lästiger Formalitäten. Der Raum des Nationalstaats wird durchlöchert und die Grenze immerzu neu verlegt.

Die neue Raumordnung wird ergänzt durch eine neue Zeitmatrix. In den Räumen der Mobilität herrscht eine gefräßige Gegenwart, die nicht nur die Vergangenheit ausdünnt, sondern auch den Horizont der Zukunft undeutlich werden lässt. Wo die Mobilität regiert, da haben die Aufenthaltsorte keine Geschichte, weil sie von privaten Developern am Reißbrett entworfen und dann permanent erneuert werden. Die Vergangenheit spielt entweder woanders, im Herkunftsland der Einwohner, oder sie ist eine Inszenierung zum Konsum des Ursprünglichen – eine Inszenierung, die umso beliebiger wird, je spektakulärer sie sein muss. Zudem wechselt die Bevölkerung ständig, eine »Öffentlichkeit« ist nur rudimentär vorhanden, und so können die Orte von den Bewohnern kaum einmal politisch angeeignet werden. Die aktuelle Zeit ist nicht mehr exakt getaktet wie die Zeit der Industriegesellschaft, sondern dehnt sich aus in Zuständen des Wartens, der unendlichen Möglichkeiten, der Langeweile. Dann wieder ballt sie sich schnell, hektisch und ereignishaft zusammen. Die Zukunft schließlich ist unsicher. Weder die jungen Migranten auf Arbeitssuche noch die älteren Residenten im Freizeitland können mit Bestimmtheit sagen, wie ihr Leben in wenigen Jahren aussehen wird.

Neue Grenzen, neue Klassen

Allerdings bedeutet das nicht, dass die Grenze keine Materialität mehr hätte. Sie ändert ihre Form und Funktion. Die Grenzen des Staates definieren nun einen Raum, der symbolisch inszeniert werden muss als ein Punkt, der die Fliehkräfte bündeln kann – das »reisende« Kapital der globalen Unternehmen und die mobile Arbeitskraft der Menschen sollen koordiniert und kontrolliert werden. Tatsächlich schwankt der Diskurs der Mobilität zwischen der Aufforderung, räumlich flexibel zu sein, und dem Verbot, sich zu bewegen. Ebenso häufig, wie Vorstellungen von Mobilität, von Reisen und Nomadismus romantisiert und aufgewertet werden, fällt die Mobilität von Personen unter Verdacht und wird mit Herumtreiberei oder »illegaler« Bewegung gleichgesetzt.[16]

Um die Kontrolle zu gewährleisten, dehnt sich die Grenze im Raum aus – mittlerweile ist in Deutschland der Bundesgrenzschutz nicht nur an den Außengrenzen und an internationalen Flughäfen, sondern auch an Bahnhöfen im Innern des Landes präsent. Ein wucherndes System von Personenkontrollen führt dazu, dass die Linien der Grenze zu Auffangzonen oder Filtrieranlagen mutieren, in denen Rechtsansprüche auf persönliche Freiheit für kürzere oder längere Zeit aufgehoben werden. Ob diese Maßnahmen tatsächlich wirksam sind, sei dahingestellt. Sie haben ohnehin andere Funktionen. Zum einen baut der Staat hier ein Theater der Souveränität auf, das seit dem 11. September 2001 mit immer mehr Macht und Legitimität ausgestattet wurde.[17] Die Inszenierung des Kampfes gegen die »Fluten« der Eindringlinge verschränkt sich mit der Inszenierung des »Kriegs gegen den Terrorismus«. Dabei signalisieren polizeilich-militärische Überwachung und eine scharfe Einwanderungsjustiz vor allem eines: Handlungsfähigkeit. Zum anderen definieren die Diskurse rund um Bedrohung und Abwehr an der Grenze einen imaginären Raum der »integrierten« nationalen Gemeinschaft, der real durch die Globalisierung permanent ausgehöhlt wird.

Darüber hinaus entwickelt sich die Grenze zu einem Spekulationsobjekt: Börsenmakler spekulieren mit den Währungsunterschieden, Unternehmen spekulieren mit den Lohnunterschieden, Schmuggler spekulieren mit den Preisunterschieden für Konsumgüter. Spekuliert wird auch mit dem Status von Personen. An der Grenze entsteht eine neue Klassengesellschaft – entlang dem Kriterium der Mobilität. Die Passage über die geographische Grenze von einem staatlichen Territorium in das andere wird zu einer Passage im sozialen Raum. Für viele Individuen ist der Grenzübertritt gleichbedeutend mit einer folgenschweren Rekonfiguration ihrer Existenz. Ausbildungen und die Anerkennungen eines früheren Lebens in einem Land außerhalb der EU werden innerhalb der EU völlig neu bewertet. Facharbeiter und Wissenschaftlerinnen finden sich in Putz- und Pflegejobs wieder. Andere wiederum haben Glück und verdienen als Programmierer oder Ärztin gutes Geld.[18]

Wie sich an der letzten Bemerkung zeigt, greifen schematische Einteilungen dabei zu kurz. Der Stadtsoziologe Jean-Pierre Garnier etwa unterscheidet drei Klassen von Bewegungsfreiheit: zum einen Geschäftsleute, Touristen und andere *global players*, die sich nach Belieben bewegen dürfen; sodann die Bewohner der »zweiten Welt«, deren Bewegungsfreiheit durch Grenzschutz und »Ausländerbehörden« permanenter Kontrolle unterliegt; und schließlich jene Personen, die sich überhaupt nicht mehr bewegen, die im Lokalen quasi eingeschlossen werden.[19] Nun hat Garnier sicher Recht, wenn er die ersten beiden Gruppen voneinander unterscheidet, doch gleichzeitig hat das vorliegende Buch viele Beispiele dafür geliefert, wie beide Formen von Mobilität ineinander übergehen. Tatsächlich hindern die Kontrollen die Menschen der zweiten

Kategorie auch nicht daran, sich ihr Recht auf Bewegung mit einigem Selbstbewusstsein ganz einfach zu nehmen.

Auch die Einschließung ins Lokale ist keineswegs so eindeutig wie von Garnier suggeriert. Als Beispiel nennt er etwa die Situation in den französischen Vorstädten, wo viele ihr Viertel im Alltag kaum noch verlassen und die physische Verbindung zum Zentrum gerissen ist. Gleichzeitig jedoch leben hier viele Menschen nicht-französischer Herkunft, die ganz selbstverständlich Kontakte zu Orten in Algerien oder Marokko pflegen, die also in ihrer lokalen Immobilität eine transnationale Mobilität aufrechterhalten. Gravierender noch ist die Immobilisierung der Palästinenser zugunsten der Bewegungsfreiheit der israelischen Siedler und Soldaten. Aber auch hier bedeutet die Abkopplung vom Zentrum, das in diesem Fall Israel ist, keine einfache Einschließung im Lokalen. In vielen palästinensischen Familien leben Mitglieder im Ausland, mit denen man in Verbindung bleibt. Andere sind *returnees*, Rückkehrer aus den USA oder aus europäischen Ländern; auch sie halten dauerhaft Kontakt zum Westen. Obwohl die Menschen im buchstäblichen Gefängnis des Lokalen leben, sind sie dennoch ständig international und grenzüberschreitend eingebettet – in den psychogeographischen Raum der Diaspora.

In Israel und Palästina ist die Logik von Zentrum und Peripherie zwar nicht verschwunden, aber eine geographische Trennung des einen vom anderen fällt schwer. Man findet hier eine zerstückelte Landschaft, in der die israelischen und palästinensischen Orte durch ein unübersichtliches System von Straßenüberführungen und Tunneln miteinander verbunden werden. Von dieser Landschaft lässt sich keine zweidimensionale Karte mehr zeichnen.[20] Das hat durchaus Symbolkraft für die Komplexität der Verhältnisse. Eine neuartige Geographie entsteht, eine zerklüftete Landschaft der Einschließungen und Ausschließungen, die sich entlang dem

Zugang zur Ressource Mobilität flexibel ordnet. Die Landschaft selbst erscheint mobil.

Das Reich der Formlosigkeit

Migranten und Touristen werden oft als Helden einer neuen, postmodernen Ära der Mobilität bezeichnet.[21] Beide erscheinen als flexible, risikobereite Grenzüberschreiter, die zwischen eigener Initiative, professionellen Agenturen und der Einbettung in Netzwerke ihr Projekt verfolgen. Und so interpretieren beide Figuren auf unterschiedliche und unerwartete Weise durch ihr Handeln die Schlagworte des »neuen Geistes des Kapitalismus« (Luc Boltanski / Ève Chiapello).[22] Dabei falten sich beide Figuren mehr und mehr ineinander, weil die informellen Prozesse, die den Namen Globalisierung tragen, eine Unterscheidung immer schwieriger machen. Inwiefern sind diese Prozesse aber informell? Eine ökonomische und politische Ordnung, die wesentlich auf dem Prinzip der Deregulierung beruht, produziert allenthalben ein hohes Maß an Informalität und Formlosigkeit. Um einen Raum zu schaffen, der den möglichst unbehinderten Verkehr von Waren, Geld, Dienstleistungen, Information usw. erlaubt, lässt man zugleich die Entstehung von Räumen zu, die funktionell weitgehend unbestimmt sind.

Diese schwach kartographierten, vagen Räume geben »informellen Akteuren«[23] aller Art die Möglichkeit, ihre Geschäfte zu machen und ein Leben im Schatten zu führen. Die riesigen Märkte, Basare und *souks*, die an den Rändern der Großstädte diesseits und jenseits der Grenzen der EU vor allem von transnationalen »Unternehmern ohne Unternehmen«[24] veranstaltet werden, sind mit ihrem globalen Warenangebot und ihrer scheinbar chaotischen Infrastruktur ein Ausdruck dieses *Regimes der Informalität*. Auch die illegalen

Bautätigkeiten und informellen Ökonomien in den neuen urban-ruralen Übergangslandschaften, wie sie für die albanische Hauptstadt Tirana beschrieben wurden und in ganz ähnlicher Form in Belgrad, Istanbul oder Athen anzutreffen sind, verkörpern die Ordnung der Formlosigkeit.[25] Andererseits werden die Immobilienprojekte internationaler Bauträger und Developer oder die Ansiedelung von Industrie- und Dienstleistungsunternehmen immer weniger reguliert und dadurch ihrerseits immer informeller. Die Eröffnung von Freihandelszonen und Freihäfen wie dem Riesenprojekt »Tanger-Méditerranée« im Norden Marokkos schafft exzellente Bedingungen für Investoren und sehr weit gehende Freiheiten in der Gestaltung von Arbeitsbedingungen und Produktion. Und das Geschäft mit dem Tourismus ist, wie nicht nur das Beispiel Spanien zeigt, von Korruption und Kriminalität ebenso durchwoben wie von der Informalisierung der Beschäftigungsverhältnisse.

Die Staaten und die supranationalen Einheiten wie die EU fördern diese Informalisierung durch eine neoliberale Wirtschaftspolitik. In diesem Zusammenhang werden »die Globalisierung« und demographische Entwicklungen (sinkende Geburtenrate) dafür verantwortlich gemacht, dass die Sozialgesetze gelockert und den Unternehmen investitionsfreundliche Rahmenbedingungen bereitet werden müssen. Andererseits wird die Mobilität von Personen, die für die »Globalisierung« weniger attraktiv erscheinen, die also nicht zu den Wohlhabenden oder Hochqualifizierten zählen, gesetzlich extrem eingeschränkt. Doch die Kombination aus drakonischen Einwanderungsgesetzen und neoliberaler Entgrenzung erzeugt einen Grad an Unschärfe und Inkonsequenz auf der Seite der staatlichen Akteure, dem wiederum ein sich stetig erweiternder Raum der Improvisation und Subversion auf der Seite der unerwünschten Grenzüberschreiter entspricht.

Die Visa-Affäre der rot-grünen Bundesregierung hat verdeutlicht, wie die vermeintlich widerstreitenden Interessen von staatlicher Souveränität und wirtschaftlicher Deregulierung in ambivalenten Erlassen münden, die symptomatisch dafür sind, wie sich das staatliche Handeln selber informalisiert. Wenn die deutschen Botschaften im März 2003 angewiesen wurden, nach Möglichkeit »in dubio pro libertate« zu entscheiden, also im Zweifel für die Reisefreiheit der Antragsteller, dann spricht daraus, wie gewunden auch immer, eine politische Überzeugung von Freiheit. Diese wurde aber bald von medial geschürten Überfremdungsängsten mit allerlei Zerrbildern ukrainischer Zwangsprostitution in die Schranken verwiesen. Nun sieht die Realität, der solche öffentliche Erregung immer hinterherhinkt, längst so aus, dass sich Netzwerke der grenzüberschreitenden Mobilität entwickelt haben, in denen Arbeitsuchende offiziell als Touristen reisen, unterstützt von Schleuseragenturen, gewünscht von den Arbeitgebern in Deutschland und geduldet durch die bundesdeutschen Behörden. Manchmal scheint es daher, als würde der Staat sich selbst unterwandern.

Neue Kämpfe, neue Rechte

»Touristen werden zu Zielscheiben. Dubais Arbeiter tragen die Revolte an die Strände«, titelte am 9. April 2006 der *Observer* und bezog sich damit auf einen Typ von Arbeitskampf, der in Zukunft womöglich häufiger zu erleben sein wird. Die Arbeiter auf einer der größten Baustellen der Welt, der touristischen Superstadt Dubai in den Vereinigten Arabischen Emiraten, begehren auf – gegen Lohnverweigerung und Misshandlungen, gegen Hunderte von Unfalltoten und die erbärmlichen Lebensbedingungen in Arbeitslagern, in denen sich bis zu zwölf Männer eine winzige Baracke teilen.[26]

Die medienwirksamste Weise, ihren Unmut publik zu machen, waren Interventionen in jene Räume, die den zahlenden Gästen aus aller Welt vorbehalten sind. In den Lobbys der gigantischen Hotelbauten, auf den in die Wüste gepflanzten Golfplätzen und den strahlend weißen Stränden versuchten die Arbeiter einen Zusammenprall der Welten zu inszenieren – von Arm und Reich, aber auch von unterschiedlichen Formen der Mobilität. Keiner der Arbeiterinnen und Arbeiter in Dubai besitzt die Staatsbürgerschaft der Vereinigten Arabischen Emirate. Am Aufbau dieses Wunderwerks des touristischen Urbanismus sind fast ausschließlich Arbeitsmigranten und Wanderarbeiterinnen beteiligt. Aus Indien, Pakistan und Bangladesch kommen die meisten Bauarbeiter, im Servicebereich der Hotels und Resorts schuften Migrantinnen aus den Philippinen, aus Indonesien oder China. Zwischen den ausländischen Angestellten, den *expats*, herrscht eine informelle, aber durchaus institutionalisierte Hierarchie.[27] Große Unterschiede in den Einkünften und in der sozialen Anerkennung trennen in Dubai den Ingenieur aus Düsseldorf vom Bauarbeiter aus Kalkutta.

Die größte Distanz allerdings scheint zwischen den touristischen und geschäftsreisenden Nutzern von Dubai und den mobilen Arbeitern auf den Baustellen zu liegen. Und so lenken die Demonstrationen und Streiks am Arabischen Golf die Aufmerksamkeit nicht nur auf katastrophale Arbeitsbedingungen und bedenkliche Entrechtungen, sondern auch auf das Verhältnis von Migranten und Touristen selbst. Sie machen eine Beziehung öffentlich, die eigentlich gar nicht existieren soll. Begehrt hier der Schatten der Globalisierung gegen seinen legitimen Widerpart auf?

In einer Gesellschaft, die sich in Bewegung befindet – in einer Bewegung, die von herkömmlichen Vorstellungen von »Gesellschaft« wegführt –, wird der Tourist zum Modell des Bürgers schlechthin: jemand, der kommt, um nicht allzu lange zu bleiben; der sein Geld mitbringt und keines zu verdienen braucht; der keine Steuern zahlt, aber konsumiert; der am Gemeinwesen der Golfclubs und *gated communities* teilnimmt, aber kein gesteigertes Interesse an einer politischen Teilhabe am Ort seines Aufenthalts hat. Der Tourist ist der perfekte postpolitische *citoyen*, für den Städte gebaut werden, aus denen jede Spur einer Polis getilgt ist.

Aber wofür kämpfen die Migranten? Für ein Ende der Unruhe, die der Tourismus hervorruft, für eine Rückkehr der Polis, in der die Sesshaftigkeit erneut zur Norm wird? Wohl kaum. Es gibt kein Zurück hinter die Wünsche nach Bewegung. Längst nicht jede oder jeder ist so dauermobil wie manche der Protagonisten dieses Buches. Aber sehr, sehr viele Personen überschreiten Grenzen oder wollen dies tun, sei es wegen neuer Perspektiven, Arbeit, Urlaub oder der Liebe. Die Mobilität und die flüssigen Verhältnisse, die sie produziert, sorgen für eine Konfrontation mit Phänomenen, die extrem schwer einzuordnen und zu beschreiben sind. Die Widersprüche und Verwerfungen sind immens. Zudem entspricht die neue Mobilität perfekt den Ansprüchen des enthemmten Kapitalismus. Der Mangel an Alternativen erzeugt dabei vor allem eines: ein amorphes Gefühl der Ratlosigkeit.

An wen muss man sich wenden? Wer ist eigentlich der Adressat für die Politik in einer Gesellschaft in Bewegung? Vom Staat jedenfalls ist kaum mehr zu erwarten als Ausverkauf und Symbolpolitik. Es ist scheinheilig, den Prozess der Globalisierung zu befördern und dann die Bewegungsfreiheit der Menschen zu bekämpfen. Wer Flexibilität und Mobilität predigt, sollte sich nicht wundern, wenn auch Migranten diese Anrufungen vernehmen, Mobilität zum Vektor ihrer Subjektivierungen machen und sich in Bewegung setzen. Jedes Beharren auf den territorialen Grenzen des Nationalstaats, das mit der Behauptung einer nationalen Gemeinschaft, von

Leitkultur und verpflichtenden Werten einhergeht, ist reine Symbolpolitik.

Die Forderung nach Integration setzt Leute unter Druck, sich einer »Gesellschaft« anzupassen, von der andererseits immer wieder bezweifelt wird, ob sie überhaupt existiert. Hatte Margaret Thatcher ihr berühmtes Bonmot »There's no such thing as society« aus den 1980er Jahren noch auf den radikalen Abbau der Sozialsysteme und des sozialdemokratischen Erbes gemünzt, sind inzwischen linke Politikwissenschaftler und Soziologen ebenfalls der Meinung, dass Gesellschaft gar kein gültiger Diskursgegenstand mehr ist.[28] In der Tat ist die Rede von Gesellschaft, etwa in Begriffen wie Einwanderungsgesellschaft oder integrierter Gesellschaft, an einem kritischen Punkt angelangt. Gesellschaft wird letztlich nur noch als Phantasiekonstruktion inszeniert, die durch globalisierten Raubtierkapitalismus und durch – ebenfalls globalisierte, vernetzte, mobile – Migranten bedroht wird, die sich nicht »integrieren« wollen. Dabei fehlen den Staaten inzwischen die Mittel, um Integration zu gewährleisten. Die Kassen sind leer, und statt in Ausbildung und Arbeitsmärkte zu investieren, bleibt nur noch die moralisierende Rede von der Integration und das symbolische Säbelrasseln.

Statt auf die fundamentale Transnationalität der sozialen und ökonomischen, der politischen und kulturellen Gegenwart mit einer Rückkehr zur Nation zu reagieren, sollte man sich an den Gedanken einer postnationalen Bürgerschaft gewöhnen. An eine Durchsetzung von Politik und Rechten, die international und lokal, auf keinen Fall aber national ausgerichtet ist. Aufzuspannen ist daher ein ganz neues politisches Feld. Eine neue Polis muss die realen Bewegungen der Leute berücksichtigen und den Versuch unternehmen, diese Bewegungen und die damit einhergehenden Lebensweisen zunächst einmal zu sichern. Das muss auf internationaler Ebene geschehen. Von unterschiedlichen Organen der Vereinten Nationen kommen in den letzten Jahren auch in zunehmendem Maße Vorschläge in diese Richtung – etwa von der International Labor Organisation (ILO). In manchen Papieren der Global Commission on International Migration (GCIM) gilt sogar eine Politik der offenen Grenzen als diskussionswürdig – das derzeitige Grenzregime erscheint doch zu irrational.[29] Generell geht es um eine verbindliche Einigung auf die Einhaltung von transparenten aufenthalts- und arbeitsrechtlichen Standards. Gleichzeitig gewinnt auch die Kommune als Ort des lokalen Engagements an Bedeutung. Die Frage ist, wie man in den Städten ohne Bürger Partizipation ermöglicht – etwa indem man möglichst viele Rechte an den Wohnort und nicht an die Staatsangehörigkeit koppelt. Auch die Touristen und Residenten sollten in solche Prozesse einbezogen werden. Denn wie die Beispiele aus Spanien gezeigt haben, werden mittlerweile viele Touristen von den Auswirkungen der Spekulation und undemokratischer Developer-Entscheidungen schlicht überrollt.

An den Orten des Tourismus und in den Netzwerken der Migration zeichnet sich exemplarisch ab, wie die Fliehkräfte der Individuen die gesellschaftlichen Zusammenhänge in einem Maß unter Druck setzen, dessen Folgen nur schwer abzuschätzen sind. Aber diese Fliehkräfte sind keineswegs zerstörerisch in dem Sinne, in dem eine auf Abschottung und Abschreckung angelegte Einwanderungspolitik sie präsentiert. Die neue vielgliedrige *Para-Polis*, die auf den Trümmern jener Idee von europäischer Stadt entsteht, die ihrerseits auf vielen Fiktionen und Phantasien gründet, ist kein bloßes Monument des Zerfalls von Demokratie und Öffentlichkeit oder des Ruins von Zivilität und Kultur. Vielmehr ergeben sich an diesen neuen Orten der (para-)touristischen oder (para-)migrantischen Urbanität neuartige Verknüpfungen und Translokalitäten, kurz: die Möglichkeit einer Neukomposition des physischen und sozialen Raums. Wie man hier Bürgerschaft sichert oder neu erfindet, wie Partizipation zu organisieren und zu definieren ist, das sind die entscheidenden Fragen. Vielleicht geht es am Ende gar nicht in erster Linie um die viel beschworene Freiheit der Bewegung, sondern um das *Recht auf einen Ort* und auf dessen politische und kulturelle Gestaltung.

ANMERKUNGEN

1 Die Reise der Migranten

1 Professor Franz Nuscheler in der Radiosendung *SWR 2-Forum* »Ich will hier rein«, 12. Oktober 2005, 17.10 bis 17.50 Uhr.

2 Freia Peters: Dazwischen liegen Welten, in: Welt am Sonntag, 9. Oktober 2005.

3 Peter Burghardt: Ansturm auf die Union des Wohlstands, in: Süddeutsche Zeitung, 5. Oktober 2005.

4 Cimade / AFVIC: Refoulements et expulsions massives des migrants et demandeurs d'asil: Récit d'une mission de l'Afvic et de la Cimade, 11. Oktober 2005, http://www.cimade.org/downloads/expulsions%20Maroc%20rapport %20Afvic%20Cimade%2012-10-05.pdf.

5 Spanien baut Lager in Marokko, in: Frankfurter Allgemeine Zeitung, 6. Dezember 2005.

6 Siehe Abdelkrim Belguendouz: UE-Maroc-Afrique migrante. Politique Européenne de voisinage-barrage aux Sudistes. De Schengen à Barcelone + 10. Rabat 2005; Forschungsgesellschaft Flucht und Migration u.a. (Hg.): AusgeLAGERt. Exterritoriale Lager und der EU-Aufmarsch an den Mittelmeergrenzen, Berlin 2005.

7 Siehe Verena Ich / Verena Schönleben: Migration in und aus Afrika, hg. vom Bundesministerium für wirtschaftliche Zusammenarbeit und Entwicklung, Bonn 2004, S. 29, http://www.bmz.de/de/service/infothek/fach/spezial/spezial118/.

8 Sihem Bensedrine / Omar Mestiri: Despoten vor Europas Haustür. Warum der Sicherheitswahn den Extremismus schürt, München 2005, S. 17.

9 Siehe Fabrizio Gatti: L'ultimo viaggio dei dannati del Sahara, in: L'Espresso, 24. März 2005. Eine deutsche Übersetzung findet man in Forschungsgesellschaft Flucht und Migration (Anm. 6), S. 107–110.

10 Michel Braun: Wozu liefert Italien 1000 Leichensäcke?, in: die tageszeitung, 30. April / 1. Mai 2005.

11 Siehe Mehdi Alioua: La migration transnationale des Africains subsahariens au Maghreb: l'exemple de l'étape marocaine, in: Maghreb-Machrek, Nr. 185, Herbst 2005, S. 37–58; ders.: La migration transnationale des jeunes Africains subsahariens au Maghreb, http://jeunes-et-societes.cereq.fr/PDF-RJS2/ALIOUA.pdf.

12 Siehe Anne Sophie Wender u.a. (Cimade): Gourougou, Bel Younes, Oujda. La situation alarmante des migrants subsahariens en transit au Maroc et les conséquences des politiques de l'Union Européenne, Octobre 2004, http:// www.cimade.org/downloads/rapportMaroc.pdf.

13 Bemerkungen auf dem Podium »Bewegungen der Migration I« auf dem Symposium »Transnational Europe II« im Kölnischen Kunstverein, Köln, 11. November 2005.

14 Das war aber nötig, denn die Hälfte der Personen hatte Kinder (siehe Wender [Anm. 12]).

15 Siehe Moritz Behrendt: Gestrandete Glücksritter, in: Süddeutsche Zeitung, 21./22. Januar 2006.

16 Siehe Médecins Sans Frontières, Violence et immigration: rapport sur l'immigration d'origine subsaharienne (ISS) en situation irrégulière au Maroc, Septembre 2005, S. 10, http://www.libertysecurity.org/IMG/pdf/RapportMS-FISS2005.pdf.

17 Das Gesetz 02-03, siehe Abdelkrim Belguendouz (Anm. 6), S. 89 ff.

18 Catherine Simon: Maroc, terminus noir, in: Le Monde, 05. September 2004.

19 Siehe dazu Mohamed Khachani: La migration clandestine au Marcoc, Mehdi Lahlou: Le Maghreb et les migrations des Africains du Sud du Sahara, Vorträge gehalten auf der Konferenz »Entre mondialisation et protection des droits – Dynamiques migratoires marocains: histoire, économie, politique et culture«, Casablanca, 13.–15. Juni 2003; Mehdi Lahlou: Le Maghreb: lieux des transits, in: La Pensée du Midi, Nr. 10, Eté 2003; Mohamed Charef: La situation géographique comme facteur facilitant la migration irrégulière dans un pays de transit. Cas de Tanger (Maroc), Vortrag gehalten auf der Konferenz »Les migrants dans les pays de transit: partager les responsabilités relatives à la gestion et la protection«, Istanbul, 30. September–01. Oktober 2004.

20 Diese Wüste wurde mit der Straße von Otranto zwischen Italien und Albanien verglichen: Siehe Michela Pellicani/Sassia Spiga: Analyse comparée des espaces charnières de la mobilité migratoire entre ›nord‹ et ›sud‹: Le cas des Pouilles (Italie) et du Touat (Algerie), Vortrag gehalten auf der Konferenz »Les migrations internationales. Observation, analyse et perspective«, Budapest, 20.–24. September 2004.

21 Siehe Thomas Scheen, Flucht vom Kontinent der verlorenen Hoffnungen, in: Frankfurter Allgemeine Zeitung, 13. Oktober 2005, S. 6.

22 Siehe Michael Bitala: Höllische Fahrten ins Paradies, in: Süddeutsche Zeitung, 2. März 2006.

23 Samar Smati: L'Algerie, terre de fixation pour les clandestins, in: Le Quotidien d'Oran, 23. November 2004, http://www.algeria-watch.de/fr/article/pol/dz_ue/terre_fixation.htm.

24 Mokrane Ait Ouarab: Lutte contre l'immigration clandestine, in: El Watan, 13. Juli 2005, http://www.elwatan.com/2005-07-13/2005-07-13-23069.

25 Siehe Bitala (Anm. 22); Rüdiger Maack: Algerien: Das Geschäft der Schlepper, 26. April 2006, http://www.dradio.de/dlf/sendungen/transit/493804/.

26 Siehe Marokko – der neue Gendarm Europas? Gespräch mit Hisham Rashidi (AFVIC) von Ascen Uriarte und Nicholas Bell, in: Archipel, Nr. 122, Dezem-

ber 2004, http://www.civic-forum.org/index.php?lang=DE&site=ARCHIPE L&sub_a=ARCHI_122&article=620.

27 Siehe Catherine Simon: Après le Maroc, l'Algérie refoule les clandestins subsahariens, in: Le Monde, 07. Dezember 2005.

28 Siehe Lahlou (Anm. 19).

29 Siehe Giles Tremlett: Deadly Voyage to Europe's Back Door. Migrants Seek Asylum in Spanish Outpost, in: The Guardian, 27. Mai 2002.

30 Siehe Pierre Vermeren: Von Marokko nach Europa. Schiffbruch der Illusionen, in: Le Monde Diplomatique, 14. Juni 2002, S. 1, 16 f.

31 Juan Manual Pardellas: 10 000 inmigrantes esperan en el Sáhara y Mauritania para viajar a Canarias, in: El País, 08. März 2006.

32 Fabian Frenzel in einem Vortrag beim Wochenend-Workshop »Tourismus*Rassismus*Migration« in Freiburg, 14.–16. Mai 2004, im Rahmen des backstage*tourism-Projekts des Forums Stadtpark / Graz.

33 Siehe Roula Khalaf: Ganz Marokko träumt von Europa, in: Financial Times Deutschland, 03. November 2004.

34 Siehe Khachani (Anm. 19).

35 Fabrizio Gatti: Io, clandestino a Lampedusa, in: L'Espresso, 10. Oktober 2005.

36 Sabine Hess / Vassilis Tsianos: »Killing me softly?«: »Festung Europa« oder Grenzregime als soziales Kräfteverhältnis? Europäisierung der Migrations- und Grenzpolitiken, 2005, http://www.hbs-hessen.de/pol/hess_23_03_05.html.

37 Vgl. dazu Beat Leuthardt: An den Rändern Europas. Berichte von den Grenzen. Zürich 1999, S. 14 ff.

38 Siehe Mohamed Khachani: Les Marocains d'ailleurs. La question migratoire a l'épreuve du Partenariat euro-marocaine, Rabat 2004, S. 212.

39 Caroline Moorehead: Human Cargo, London 2004.

40 Khachani (Anm. 38), S. 56.

41 Gaby Straßburger: Heiratsverhalten und Partnerwahl im Einwanderungskontext, Würzburg 2003.

42 Mariangela Veikou / Anna Trindafyllidou: Immigration Policy and Its Implementation in Italy. A Report on the State of the Art, 2002, S. 12, http://www.mmo.gr/pdf/library/Italy/triandaf.pdf.

43 Giovanni Campani / Andrea de Bonis: Migpol – Italy. Migration Policies in Italy, 2003, S. 32, http://www.emz-berlin.de/projekte_e/pj32_1pdf/MigPol/MigPol_Italy.pdf.

44 Tomás Bárbulo: La regularización ya ha convertido en cotizantes a 55 000 inmigrantes, in: El País, 26. Dezember 2005.

45 Tina Veihelmann: Wer schmuggelt, nimmt den Zug, in: die tageszeitung, 2. November 2005.

2 Orte des vorübergehenden Aufenthalts

1 So ist es beispielsweise mit einem vom Dänischen Roten Kreuz geführten Lager in Kutina geschehen, das man 1998 in Teilen ins ostslawonische Dorf Ilok geschafft hat, um dort die Bettenkapazität für ältere Flüchtlinge zu erhöhen. Siehe hierzu die folgenden Berichte des Internationalen und Kroatischen Roten Kreuzes: Croatia: Assistance to Refugees, Displaced Persons and Returnees, Programme no. 01.36/98, und Peter Rees-Gildea / Renny Nancholas (ICRC): Croatia: Assistance to Refugees, Displaced Persons and Returnees, appeal no. 01.36/98, situation report no. 3, 10. November 1998.

2 Siehe Lejla Mavris: Human Smugglers and Social Networks: Transit Migration through the States of Former Yugoslavia, in: UNHCR – New Issues in Refugee Research, Working Paper No. 72, Dezember 2002.

3 Siehe Delegation of the European Commission to the Republic of Croatia, EU Asylum Policy Guide, 2004, http://www.delhrv.cec.eu.int/en/eu_and_country/asylum_policy.htm.

4 Meaghan Morris: At Henry Parkes Motel, in: Cultural Studies, Bd. 2, Nr. 1, 1988, S. 1–47, hier: 3.

5 Žarko Paić: Prisoners of a Global Paranoia. The Ježevo Motel qua the End of the European Grand Narrative, in: Gazet'art. Magazine of the South-East European Contemporary Art Network, No. 1, Dezember 2002, S. 8 f., hier: 8 (siehe auch die Erstveröffentlichung in einer Sonderausgabe des Zagreber Internetkulturmagazins Art-e-fact, Issue 1, 2002, erschienen im Zusammenhang des »The Ježevo Motel Project«, einem Kunstprojekt zu »illegaler Immigration«: http://artefact.mi2.hr).

6 Siehe William L. Walters: On the Political Logic of Anti-Illegal Immigration Policy, Vortrag, Policy of Scale Conference, York, Canada, 4.–5. Februar 2005, http://www.carleton.ca/polecon/scale/walters.pdf.

7 Dragi Mihajlovski: Überfülltes Hotel ohne Stern, in: Berliner Zeitung, 8. Juni 1999, S. 9.

8 Dana Diminescu: L'installation dans la mobilité: les savoir-faires migratoires des Roumains, in: Migrations sociétés, Bd. 13, Nr. 74, März-April 2000, S. 107–117.

9 Juri Andruchowytsch: Das letzte Territorium. Essays, Frankfurt am Main 2003, S. 66.

10 Siehe z. B. Sue Ellis: An Evaluation of Shelter Projects and Policies for Refugees and Displaced Persons within the Republic of Croatia, Ph.D. Thesis, Faculty of Design and Technology, University of Luton, 1996.

11 Zitiert nach Goran Vezić: Refugees Obstacle for Tourism, in: AIM, 11. Juli 1997, http://www.aimpress.org/dyn/trae/archive/data/19970714-015-trae-zag.htm.

12 José Bejarano: Muerte a las puertos del paraíso, in: La Vanguardia magazine, 1. Oktober 2000, S. 58–71.

13 Die Begriffe »mixed« oder »composite flows« gehören seit den 1990er Jahren zum Vokabular des UNHCR und der IOM; siehe z. B. Ruud Lubbers (UNHCR): Keynote Address, Rede anlässlich der Verleihung des Max

Schmidheiny Preises, St. Gallen, 2002, http://www.ms-foundation.org/awar-dees/2002/content/ruud_lubbers_speech_2002_en.pdf.

14 Siehe John Morrison: The Trafficking and Smuggling of Refugees – the End Game in European Asylum Policy?, UNHCR, Juli 2000.

15 Siehe UNHCR / Bosnien-Herzegowina: The Interface between Migration and Asylum in Bosnia and Herzegovina, Sarajevo, Januar 2001, S. 20 f.

16 City of Sisak, Grad Sisak: http://www.sisakturist.com/engpovijest2.php«5.

17 Siehe Bogdan Ivanesivić / Elizabeth Andersen: Broken Promises. Impedi-ments to Refugee Return to Croatia, Human Rights Watch, Bd. 15, Nr. 6 (D), September 2003, S. 52, Anm. 292.

18 OSCE: Background Report on Refugee Return in Croatia and the Status of Implementation of the January 2005 Sarajevo Ministerial Declaration on Refugee Returns, 29. Juli 2005, http://www.osce.org/croatia/documents.html ?lsi=true&limit=10&grp=270.

19 Siehe Brad K. Blitz: Refugee Returns, Civic Differentiation, and Minority Rights in Croatia 1991–2004, in: Journal of Refugee Studies, Bd. 18, Nr. 3, S. 362–386.

3 Politik des Provisoriums

1 Giorgio Agamben: Homo Sacer. Die souveräne Macht und das nackte Leben, Frankfurt am Main 2002, S. 143.

2 Siehe Rebecca Napier-Moore: Entrenched Relations and the Permanence of Long-Term Refugee Camp Situations, Sussex Migration Working Paper, No. 28, 2005, S. 9.

3 Siehe Liisa Malkki: Purity and Exile: Violence, Memory and National Cosmo-logy among Hutu Refugees in Tanzania, Chicago/London: Chicago Univer-sity Press, 1995, S. 9.

4 Prem Kumar Rajaram / Carl Grundy-Warr: The Irregular Migrant as Homo Sacer: Migration and Detention in Australia, Malaysia, and Thailand, in: In-ternational Migration, Bd. 42, Nr. 1, 2004, S. 33–63, hier: 41.

5 Basic Information about UNHCR: Protecting Refugees – Questions & Ans-wers, http://www.unhcr.org/cgi-bin/texis/vtx/basics/opendoc.htm?tbl=BASI CS&id=3b0280294.

6 Ruud Lubbers, zitiert in: UNHCR, We Can Do Better. We Should Do Better, in: Refugees, Bd. 4, Nr. 137, 2004, S. 16 f., hier: 16.

7 Siehe Maria Wöste: Lagerpolitik in Zeiten des sozialen Angriffs, in: Flücht-lingsrat. Zeitschrift für Flüchtlingspolitik in Niedersachsen, Heft 100, März 2004, S. 13 ff.

8 Siehe Nuria Arenas: The Concept of ›Mass Influx of Displaced Persons‹ in the European Directive Establishing the Temporary Protection System, in: European Journal of Migration and Law, 7, 2005, S. 435–450.

9 Davor Sopf: Temporary Protection in Europe after 1990: The ›Right to Re-main‹ of Genuine Convention Refugees, in: Journal of Law and Policy, Bd. 6, Nr. 109, 2001, S. 109–157, hier: 130.

10 Siehe Katia Amore: Temporary Protection Status: What Consequences for

Kosovar-Albanian Refugees in Italy?, Vortrag, WIDER Conference on Poverty, International Migration and Asylum, Helsinki, 27.–28. September 2002, http://www.wider.unu.edu/conference/conference-2002-3/conference%20papers/amore.pdf.

11 Danièle Joly: The European Asylum Regime and the Global Shift of Paradigm, 2000, IKUSPEGI Immigrazioaren Euskal Behatokia, http://www.ikuspegi.org/cas/formacion/ponencias/nuevas/D_Joly.pdf.

12 Die Europäische Union stellt klar, wie sie die Begriffe »Flüchtling« und »subsidiärer Schutz« versteht, aktualisiert im November 2005, http://europa.eu.int/comm/justice_home/fsj/asylum/subsidiary/fsj_asylum_subsidiary_de.htm; siehe auch Jane McAdam: The European Union Qualification Directive: The Creation of a Subsidiary Protection Regime, in: International Journal of Refugee Law, Bd. 17, Nr. 3, 2005, S. 461–516.

13 Zygmunt Bauman: Verworfenes Leben. Die Ausgegrenzten der Moderne, Hamburg 2005, S. 154 f.

14 Anne de Loisy: Bienvenue en France! Six mois d'enquête clandestine dans la zone d'attente de Roissy, Paris: Le cherche midi, 2005.

15 Zitiert nach Karolin Steinke: Die Fenster sind unerreichbar, in: Projekttutorium Abschiebehaft, Humboldt-Universität zu Berlin (Hg.): »Sind Sie mit der Abschiebung einverstanden?« Beiträge zu einer Ethnologie der Abschiebehaft in Berlin, Berlin 2002, S. 35–46, hier: 36.

16 Siehe Frank Paul Weber: Expulsion: genèse et pratique d'un contrôle en Allemagne (partie 2), in: Cultures & Conflits. Sociologie politique d'international, Nr. 23, 2002, http://www.conflits.org/document625.html.

17 Dietmar Martini-Emden: Problemstellung und Intention des Modellversuchs einer Landesunterkunft für Ausreisepflichtige in Rheinland-Pfalz, o. D., hier zit. n. Martin Kreickenbaum: Ausreisezentrum im bayerischen Fürth eröffnet, World Socialist Web Site, 13. September 2002, http://www.wsws.org/de/2002/sep2002/ausr-s13.shtml.

18 § 61 Abs. 2 AufenthG (»Räumliche Beschränkung: Ausreiseeinrichtungen«).

19 Siehe Jörg Alt: Leben in der Schattenwelt. Problemkomplex »illegale« Migration, Karlsruhe 2003, S. 459.

20 Siehe Bülent Diken: From Refugee Camps to Gated Communities: Biopolitics and the End of the City, in: Citizenship Studies, Bd. 8, Nr. 1, März 2004, S. 83–106, hier: 87 f.

21 Antonio Negri/Michael Hardt: Empire. Die neue Weltordnung, Frankfurt am Main 2002, S. 215.

22 Siehe z. B. Manuela Bojadzijev/Serhat Karakayali/Vassilis Tsianos: Das Rätsel der Ankunft. Von Lagern und Gespenstern, Arbeit und Migration, in: Kurswechsel, 3, 2003, S. 39–52, hier: 49 f.

23 Alessandro Dal Lago: Non-persone: L'esclusione dei migranti in una società globale, 2., erw. Auflage, Mailand 2004.

24 Siehe Djaffer Aitt Aoudia: Inside Sangatte, in: The Observer, 26. Mai 2002, S. 14.

25 Tobias Pieper: Das dezentrale Lagersystem für Flüchtlinge – Scharnier zwischen regulären und irregulären Arbeitsmarktsegmenten, in: Prokla. Zeitschrift für kritische Sozialwissenschaft, 34. Jg., H. 136, 2004.

26 Theodor W. Adorno: Minima Moralia. Reflexionen aus dem beschädigten Leben [1951], Frankfurt am Main 1985, S. 40 f.

27 Ebd., S. 41.

28 Der Begriff des »sozialen Todes« wurde maßgeblich durch die Geschichtsschreibung der Sklaverei geprägt, siehe Orlando Patterson: Slavery and Social Death. A Comparative Study, Harvard [u.a.] 1982.

29 Siehe in diesem Sinne Gregory Cowan: Nomadology in Architecture. Ephemerality, Movement and Collaboration, M.A. Dissertation, School of Architecture, Landscape Architecture and Urban Design, University of Adelaide, 2002, o.S., http://gregory.cowan.com/Nomadology/.

30 Siehe Anthony Vidler: Diagrams of Utopia, in: Daidalos, Nr. 74, 2000, S. 6–13, und ders.: Diagrams of Diagrams: Architectural Abstraction and Modern Representation, in: Representations, Nr. 72, Herbst 2000, S. 1–20.

31 Siehe Cowan (Anm. 29), o.S.; ders.: Nomadic Resistance: Tent Embassies and Collapsible Architecture. Illegal Architecture and Protest, o.D., http://www.kooriweb.org/foley/images/history/1970s/emb72/embarchit.htm.

32 So erinnert sich Herbert Leuninger, der ehemalige Migrationsreferent des Bischofs von Limburg (zitiert nach Kölnischer Kunstverein u.a. [Hg.]: Projekt Migration, Köln 2005, S. 326).

33 Julian Wékel: Migration – ein Thema der Stadtentwicklung, in: Renate Amann / Barbara von Neumann-Cosel (Hg.): Berlin. Eine Stadt im Zeichen der Migration, Darmstadt 1997, S. 16–21, hier: 21.

34 Hartmut Häußermann: Zuwanderung und Stadtentwicklung in Berlin. Dilemmata in einem Nicht-Einwanderungsland, in: ebd., S. 22–25, hier: 25.

35 Um 1990, zur Zeit der Wiedervereinigung, war es in der Bundesrepublik Deutschland zu starken Zuwanderungsbewegungen von Aussiedlern gekommen – Nachfahren deutscher Siedler des 18. Jahrhunderts, die als Deutsche im Sinne des Grundgesetzes beziehungsweise des Bundesvertriebenengesetzes gelten. Im Zuge des Zusammenbruchs der kommunistischen Regierungen in der Sowjetunion, aber auch in Ländern wie Polen und Rumänien waren sie in das bundesdeutsche Aufnahmeverfahren eingetreten. Im Jahr 1990 handelte es sich um eine Bewegung von insgesamt 397 000 Personen, in den Folgejahren pendelte die Zahl dann um 220 000, weil die Menge der aus Polen und Rumänien kommenden Aussiedler seit 1991 deutlich geringer ausfiel; am Ende des Jahrzehnts wanderten fast alle der rund 105 000 neuen »Spätaussiedler« aus der ehemaligen Sowjetunion zu.

36 Uwe Rada: Berliner Barbaren. Wie der Osten in den Westen kommt, Berlin 2001, S. 202 f.

37 Ebd., S. 204 f.

38 Siehe die Photographien von Marily Stroux, in: Forschungsgesellschaft Flucht und Migration u.a. (Hg.): AusgeLAGERt. Exterritoriale Lager und der EU-Aufmarsch an den Mittelmeergrenzen, Berlin / Hamburg 2005, S. 150 f.

39 Siehe An Architektur: Grenzgeographie Sangatte, Berlin: An Architektur, o.D. [2002], S. 8 f.

40 Aber längst hat dieses Modell Schule gemacht. So spielte die britische Regierung im Herbst 2002 ebenfalls mit dem Gedanken, ein Schwesterschiff der »Bibby Altona« als schwimmendes »coastel« zu chartern (siehe Eddie

Fitzmaurice: Floating Hotel for Refugees, in: smh.com.au, 6. Oktober 2002, http://www.smh.com.au/articles/2002/10/05/1033538813217.html).

41 Siehe Prem Kumar Rajaram: The Spectacle of Detention: Theatre, Poetry and Imagery in the Contest over Identity, Security and Responsibility in Contemporary Australia, in: Asia Research Institute, Working Paper Series, August 2003.

42 Siehe Claudio Minca: The Return of the Camp, in: Progress in Human Geography, Bd. 29, Nr. 4, 2005, S. 405–412, hier: 409.

43 Siehe Agamben (Anm. 1); ders.: Ausnahmezustand, Frankfurt am Main 2004.

44 Ebd., S. 183.

45 Slavoj Žižek nennt diese Dialektik die »Obszönität der Menschenrechte« (siehe Slavoj Žižek: The Obscenity of Human Rights: Violence as Symptom, in: lacan.com, 2005, http://www.lacan.com/zizviol.htm).

46 Agamben (Anm. 1), S. 142.

47 Ebd., S. 186.

48 Ebd., S. 21.

49 Sandro Mezzadra / Brett Neilson: Migration, Né qui, né altrove – Migration, Detention, Desertion: A Dialogue, in: borderlands e-journal, Bd. 2, Nr. 1, 2003, http://www.borderlandsejournal.adelaide.edu.au/vol2no1_2003/mezzadra_neilson.html.

50 Siehe ebd.

51 Siehe Diken (Anm. 20), S. 97.

52 Siehe z. B. Thomas Hohlfeld / Dirk Vogelskamp: Der Krieg gegen die trikontinentale Massenarmut. Migration, Flucht und die Rückkehr der Lager, in: AusgeLAGERt (Anm. 38), S. 111–123, hier: 113.

53 Siehe Seumas Milne / Alan Travis: Safe Havens Plan to Slash Asylum Numbers, in: The Guardian, 5. Februar 2003.

54 Smaïn Laacher: Après Sangatte. Nouvelles immigrations. Nouveaux enjeux, Paris 2002.

55 Siehe Smaïn Laacher / André Vanderlynden: Sangatte: Qui sont les étrangers en transit?, in: Cultures & conflits, Nr. 48, Winter 2002, http://www.conflits.org/document1066.html.

56 Siehe das im Internet verfügbare Video des Flüchtlingshilfe-Kollektivs C'Sur Réfugiés à Calais: la traque, Zalea TV, 2005, http://www.zalea.org/article.php3?id_article=635.

57 Federico Rahola: Zone definitivamente temporanee. I luoghi dell'umanità in eccesso, Verona 2003, S. 183.

58 Siehe Justin McGuirk: Jenin, in: Icon, Juni 2005, http://www.icon-magazine.co.uk/issues/024/jenin_text.htm.

59 Siehe Hélène Seren: The Refugee Camp in the Gaza Strip and the West Bank. Between Memory and Future, between Foundations and Prolongations of Exile: the Town of Refuge, York University, 2004, http://www.yorku.ca/yciss/whatsnew/documents/Serenpaper.pdf.

4 Urlaub im eigenen Land

1 Iain Finlayson: Tangier. City of the Dream, New York 1992.
2 Siehe Henk Driessen: On the Spanish-Moroccan Frontier. A Study in Ritual, Power and Ethnicity, New York 1992.
3 Siehe Herbert Popp: Zur Stellung der Provinz Nador im gesamtmarokkanischen Kontext. Kulturelle, historisch-territoriale, regionalpolitische und geopolitische Aspekte, in: Mohamed Berriane u.a. (Hg.): Remigration Nador I: Regionalanalyse der Provinz Nador (Marokko), Passau 1996, S. 33 ff.
4 David A. McMurray: In and Out of Morocco. Smuggling and Migration in a Frontier Boomtown, Minneapolis 2001, S. 24 ff.
5 Ebd., S. 26.
6 Ebd., S. 25.
7 Siehe Popp (Anm. 3).
8 Siehe Mohamed Berriane: L'émergence de l'ancien émigré du Rif oriental comme acteur du local, in: Mohamed Berriane / Herbert Popp (Hg.): Migrations internationales entre le Maghreb et l'Europe – les effets sur les pays de destinations et d'origine. Actes du colloque maroco-allemand de München, Passau 1998.
9 Jorgen Carling: Migrant Remittances and Development Cooperation, International Peace Research Institute (PIO), Oslo 2005, S. 1, http://www.prio.no/files/file46220_carling_2005_migrant_remittances_and_development_cooperation.pdf.
10 Siehe Hein de Haas: Morocco: From Emigration Country to Africa's Migration Passage to Europe, Migration Information Source, Oktober 2005, http://www.migrationinformation.org/Profiles/print.cfm?ID=339. Andere Quellen sprechen von 3,3 Milliarden, siehe Andrea Gallina: Migration, Financial Flows and Development in the Euro-Mediterranean Area, Federico Caffè Centre Research Report Nr. 5, Roskilde 2005, S. 13, http://www.ruc.dk/uploa-d/application/pdf/f51d6748/Gallina%205_2004.pdf.
11 Ebd.
12 Siehe ebd.
13 Siehe de Haas (Anm. 10).
14 Devesh Kapur: Remittances: The New Development Mantra?, Harvard University and Center for Global Development, 25. August 2003, S. 9, http://www.g24.org/dkapugva.pdf.
15 Helen Rupp: Migration als Wirtschaftsmodell: Die *remittances* in El Salvador, in: Prokla, Zeitschrift für kritische Sozialwissenschaft, 35. Jahrgang, Nr. 140, Münster 2005, S. 397.
16 Siehe ebd., S. 403.
17 Kapur (Anm. 14), S. 19.
18 Siehe Abdelmalek Sayad: La double absence. Des illusions de l'émigré aux souffrances de l'immigré, Paris 1999, S. 177 ff.
19 Siehe Laurie A. Brand: States and Their Expatriates: Explaining the Development of Tunisian and Moroccan Emigration-Related Institutions, Working

Paper No. 52, The Center for Comparative Immigration Studies, University of California, San Diego, 2002, http://www.ccis-ucsd.org/PUBLICATIONS/wrkg52.pdf.

20 Abdelhak Serhane: Kinder der engen Gassen, Berlin 1988, S. 137 ff.

21 Siehe Sayad (Anm. 18), S. 183 ff.

22 »Viele vereinsamen«, Interview mit Aysun Bademsoy in: die tageszeitung, 16. Februar 2006.

23 Kosta Barjaba: Migration Information Source – Albania: Looking Beyond Borders, Washington 2004, http://www.migrationinformation.org/Profiles/print.cfm?ID=239.

24 Siehe Russell King / Julie Vullnetari: Migration and Development in Albania, Brighton 2003, S. 16, http://www.migrationdrc.org/publications/working_papers/WP-C5.pdf.

25 Siehe ebd., S. 33.

26 Siehe Srdjan Jovanović Weiss: Was war oder ist Turbokultur?, in: Bauwelt, 95. Jg., 24. September 2004, S. 50–57.

27 Siehe Daniel Göler: Migration in Albanien. Aktuelle Tendenzen und raumstrukturelle Folgen zwischen Depopulation und Hyperurbanisierung, in: Sonja Haug / Frank Swiaczny (Hg.): Migration in Europa, Materialien zur Bevölkerungswissenschaft, Heft 115, Wiesbaden 2005, S. 127.

28 Siehe ebd., S. 128.

29 Siehe Detlev Ipsen: Am Rande der Städte Madrid, Rom, Paris, Athen. Zur Topographie der Lebensstile, in: Walter Prigge (Hg.): Peripherie ist überall, Frankfurt am Main 1998, S. 128 f.

30 Henri Lefebvre: Die Revolution der Städte, München 1972, S. 139.

5 Utopie und Wirklichkeit des Tourismus

1 Siehe Anfi del Mar und die schwarzen Gelder: TUI ohne Maske, in: Info Canarias, 25. Dezember 2003.

2 Ebd.

3 Siehe Chris Beddoe: Labour Standards, social Responsibility and Tourism, A Report by Tourism Concern, London 2004, http://www.tourismconcern.org.uk/downloads/pdfs/TC-Union-Final2.pdf.

4 Siehe Fredric Jameson: Postmoderne – Zur Logik der Kultur im Spätkapitalismus, in: Andreas Huyssen / Klaus R. Scherpe (Hg.): Postmoderne. Zeichen eines kulturellen Wandels, Reinbek bei Hamburg 1986, S. 82 ff.

5 Jeremy Boissevain: Tourism as Anti-Structure, in: Christian Giordano u.a. (Hg.): Kultur anthropologisch. Eine Festschrift für Ina-Maria Greverus, Frankfurt am Main 1989.

6 MVRDV: Costa Iberica. Upbeat to the Leisure City, Barcelona 1998; El COAIB junto con los Colegios de Arquitectos de Cataluna, Communidad Valenciana, Murcia, Granada, Málaga, Almería y Canarias: La Arquitectura del Sol_Sunland Architecture, Valencia 2002.

7 Georges Candilis: Planen und Bauen für die Freizeit, Stuttgart 1972, S. 8.

8 Siehe Broschüre der Ausstellung »Tour-isms. The Defeat of Dissent«, Funda-

ció Antoni Tápies, Barcelona, 15. Mai bis 29. August 2004, sowie den gleichnamigen Katalog (Barcelona 2004).

9 Siehe Hasso Spode: Ein Seebad für zwanzigtausend Volksgenossen. Zur Grammatik und Geschichte des fordistischen Urlaubs, in: Peter J. Brenner: Reisekultur in Deutschland: Von der Weimarer Republik zum ›Dritten Reich‹, Tübingen 1997, S. 7–47; Shelley Baranowski: Strength through Joy. Tourism and National Integration in the Third Reich, in: dies./ Ellen Furlough (Hg.): Being Elsewhere. Tourism, Consumer Culture, and Identity in Modern Europe and North America, Ann Arbor 2001, S. 213–238.

10 Zitiert nach Laurenz Demps/Carl-Ludwig Paeschke: Das Hotel Adlon, Berlin 1997, S. 36.

11 Siehe Claudia Jansen-Fleig: Das Hotel Adlon, Weimar 1997, S. 139 f.

12 Waleed Hazbun: Globalisation, Reterritorialisation and the Political Economy of Tourist Development in the Middle East, in: Geopolitics, Bd. 9, Sommer 2004, S. 310–341, hier: 329.

13 Siehe Bernfried Lichtnau: Prora. Das erste KdF-Bad Deutschlands, Peenemünde 2000; Jürgen Rostock/ Franz Zadnicek: Paradiesruinen. Das KdF-Seebad der Zwanzigtausend auf Rügen, Berlin 2001.

14 Gerdy Troost: Das Bauen im neuen Reich, Bayreuth 1938, S. 61.

15 Siehe Alain Corbin: Le territoire du vide. L'occident et le désir du rivage 1750–1840, Paris 1988.

16 Siehe Ellen Furlough/Rosemary Wakeman: La Grande Motte. Regional Development, Tourism and the State, in: Baranowski/Furlough (Anm. 9), S. 348–372.

17 Siehe Tom Avermaete: Another Modern. The Post-War Architecture and Urbanism of Candilis-Josic-Woods, Rotterdam 2005.

18 Siehe Charles Prelorenzo/Antoine Picon: L'aventure du balnéaire. La Grande Motte de Jean Balladur, Marseille 1999, S. 108 ff.

19 Georges Candilis: Bauen ist Leben, Stuttgart 1978, S. 205 ff.

20 Ebd., S. 211.

21 Siehe ebd., S. 206.

22 Siehe Ronald Fraser: The Pueblo. A Mountain Village on the Costa del Sol, London 1973, S. I.

23 Siehe Luis Fernández Fúster: Geografía general del turismo de masas, Madrid 1991, S. 531 ff.

24 Siehe ebd., S. 552.

25 Siehe M.T. Newton: Tourism and Public Administration in Spain, in: M. Barker u.a. (Hg.): Tourism in Spain. Critical Issues, Wallingford 1996.

26 Francisco Jurado Arrones: España en venta. Compra de suelos por extranjeros y colonización de campesinos en la Costa del Sol, Madrid 1979.

27 Siehe auch La Arquitectura del Sol (Anm. 6), S. 92 ff. und S. 254 ff.

28 Greenpeace España: Destrucción en toda Costa, 2004, http://www.greenpeace.org/raw/content/espana/reports/destrucci-n-a-toda-costa-2005-12.pdf.

29 José Serrano Martínez: Las viviendas de segunda residencia en la sociedad del ›Bienstar‹. El Caso de un país turístico: España, in: Cuadernos de turismo, Nr. 12, 2003, S. 53–75.

30 Siehe Rainer Wandler: Neuer Bauboom an der spanischen Küste, in: die tageszeitung, 12. Juli 2005.
31 Siehe Oliver McIntyre: Home Prices Increase 18 Times More than Wages, in: Costa del Sol News, 19.–25. August 2004.
32 Siehe Julian Cano: Die Costa del Sol wird durch den Bauboom zur ersten Adresse für kriminelle Geldwäscher, in: Sur – Deutsche Ausgabe, 15. September 2004.
33 Siehe David Eade: Conflict Looms over Estepona Luxury Hotel, in: Costa del Sol News, 15.–21. Juli 2004.
34 Siehe Giles Tremlett: Marbella, Where Corruption and Bad Taste Thrive, in: The Guardian, 8. April 2006.
35 Siehe Francisco Checa (Hg.): El Ejido: La Ciudad cortija. Claves socioeconómicos de conflicto étnico, Barcelona 2001.
36 Siehe Nicholas Bell: Keine Besserung in El Ejido, 17. März 2004, http://no-racism.net/article/658/.
37 Bemerkungen von José-Miguel Iribas.

6 Leben im Feriendorf

1 »Tourism remains highly undertheorised« (Waleed Hazbun: Globalisation, Reterritorialisation and the Political Economy of Tourist Development in the Middle East, in: Geopolitics, Bd. 9, Sommer 2004, S. 310–341, hier: 319).
2 Siehe auch José Migual Iribas: Benidorm, Instructions for use, in: MVRDV: Costa Iberica. Upbeat to the Leisure City, Barcelona 1998, S. 108 ff.
3 http://personales.ya.com/mundopop/torremolinoschic/.
4 Siehe Juan David Sempere Souvannavong: Les pieds-noirs à Alicante, in: Revue Européenne des Migrations Internationales, Nr. 17, 2001, S. 173–198.
5 Zur Architektur an der Costa Blanca siehe Joan Claduch: Holidays and Architecture: Traveling Touring, Skirting the Borders, in: El COAIB junto con los Colegios de Arquitectos de Cataluna, Communidad Valenciana, Murcia, Granada, Málaga, Almería y Canarias: La Arquitectura del Sol_Sunland Architecture, 2002, S. 92 ff.; zu L'Albufereta siehe ebd., S. 115.
6 Siehe Piers Brendon: Thomas Cook. 150 Years of Popular Tourism. London 1991, S. 49 f.
7 Siehe Shelley Baranowski: Strength through Joy. Tourism and National Integration in the Third Reich, in: dies./Ellen Furlough (Hg.): Being Elsewhere. Tourism, Consumer Culture, and Identity in Modern Europe and North America, Ann Arbor 2001, S. 213–239, hier: 222.
8 Dean MacCannell: The Tourist. A New Theory of the Leisure Class, New York 1976, S. 91 ff.
9 Siehe Pedro Almeida Cabrera: Néstor: Tipismo y Regionalismo, Las Palmas de Gran Canaria 1993; José Luis Gago Vaquero et al.: Desasosiego de la Arquitectura Neocanaria, Ill at Ease in Neo-Canary Architecture, Las Palmas de Gran Canaria 2000.
10 César Manrique et al.: Lanzarote. Arquitectura inédita, Arrecife 1988.

11 John Urry: The Tourist Gaze. Leisure and Travel in Contemprary Societies, London 1990.

12 Manuel Vasquez Montalban: La Muraille Rouge, in: L'Architecture d'aujourd'-hui [Themenheft ›Tourisme – Munich 72‹], Nr. 162, Juni-Juli 1972, S. 41.

13 Siehe Russell King u. a. (Hg.): Sunset Lives. British Retirement Migration to the Mediterranean, Oxford / New York 2000, S. 144.

14 The Centre for Future Studies: The New Age of Retirement Migration. The Future of the British Retiree Abroad, Canterbury 2003, http://www.future-studies.co.uk/pdfs/New%20age%20of%20retirement%20migration.pdf.

15 Siehe Karen O'Reilly: The British on the Costa del Sol. Transnational Identities and Local Communities, London 2000, S. 50 ff.

16 Siehe ebd., S. 44 ff.

17 Siehe ebd., S. 98 ff.

18 Siehe ebd., S. 107.

19 Siehe King u. a. (Anm. 13), S. 136 ff.

20 Zu den Schilderungen im letzten Absatz siehe O'Reilly (Anm. 15), S. 107.

21 Siehe Irene Hardill u. a. (Hg.): Retirement Migration: The Other Story. Issues Facing English Speaking Migrants Who Retire to Spain, Paper presented at the Conference Europe at the Margins, Universität Angers, 16. April 2004, http://www.regional-studies-assoc.ac.uk/events/presentations04/hardill.pdf.

22 Siehe Johanna Andersson: Retirement Migration: Motives for Migration to Warmer Climate and Housing Needs. A Study of Scandinavians in Costa Blance, Göteborg 2002, http://cmb.vsect.chalmers.se/sidor/program/exarbe-ten/Retirement%20Migration.pdf; Thorsten Hampel: Zweite Heimat Strand. Die Rentner-Kolonien an der spanischen Mittelmeerküste, in: Der Tages-spiegel, 16. Januar 2005.

23 Siehe Hampel (Anm. 22).

24 Siehe Edward Relph: Place and Placelessness, London 1976, S. 82 ff.

25 J.G. Ballard: Cocaine Nights, London 1996, dt. Weißes Feuer, München 1998.

26 Siehe Gwendolyn Wright: The Politics of Design in French Colonial Urba-nism, Chicago / London 1991, S. 108 ff.

27 Michel Foucault: Andere Räume, in: Karlheinz Barck u. a. (Hg.): Aisthesis. Wahrnehmung heute oder Perspektiven einer anderen Ästhetik, Leipzig 1990, S. 39.

28 Ebd. S. 45.

29 Siehe Georg Glasze: Die fragmentierte Stadt. Ursachen und Folgen bewachter Wohnkomplexe im Libanon, Opladen 2003, S. 76 ff.

30 Siehe ebd., S. 145 ff.

31 Siehe ebd., S. 162 ff.

32 Eran Tamir-Tawil: To Start a City From Scratch. An Interview with Architect Thomas M. Leitersdorf, in: Rafi Segal / Eyal Weizman (Hg.): A Civilian Occu-pation. The Politics of Israeli Architecture, London 2003.

33 Evrat Shvily: New Homes in Israel and the Occupied Territories, Rotterdam 2003.

34 Siehe dazu den nicht offiziell veröffentlichten Report der Europäischen Union über Ost-Jerusalem, Jerusalem and Ramallah Heads of Mission: Report on

East Jerusalem, http://www.humanistischvredesberaad.nl/JERUSALEM%20-%20EU.pdf; Meir Margalit: Like a Thorn in the Heart: Settlements and Settlers in East Jerusalem, http://www.icahd.org/eng/news.asp?menu=5&submenu=1&item=282.

35 Siehe Oren Yiftachel: The Consequences of Planning Control. Mizrahi Jews in Israel's ›Development Towns‹, in: Oren Yiftachel et al. (Hg.): The Power of Planning. Spaces of Control and Transformation, Dordrecht 2001; Zvi Efrat: Model State, in: KW – Institute for Contemporary Art (Hg.): Territories, Berlin / Köln 2003.

36 Siehe Jeff Halper: Matrix of Control, http://www.icahd.org/eng/articles.asp?menu=6&submenu=3.

37 Siehe Physicians for Human Rights: At Israel's Will. The Permits Policy in the West Bank, Tel Aviv, November 2003, und dies. / Mahsom Watch: The Bureaucracy of Occupation: the District Civil Liaison Offices, Tel Aviv, Mai 2004.

38 Siehe Fredric Jameson: Postmoderne – Zur Logik der Kultur im Spätkapitalismus, in: Andreas Huyssen / Klaus R. Scherpe (Hg.): Postmoderne. Zeichen eines kulturellen Wandels, Reinbek bei Hamburg 1986, S. 86.

7 Die touristische Stadt

1 Siehe Michèle de La Pradelle / Emmanuelle Lallement: Paris Plage: »The City Is Ours«, in: The Annals of the American Academy of Political and Social Science, Bd. 595, September 2004, S. 134–145.

2 Strandbar Mitte, Bartime.de, http://www.bartime.de/location.strandbar-mitte.1.111.html.

3 Siehe Marc Augé: Orte und Nicht-Orte. Vorüberlegungen zu einer Ethnologie der Einsamkeit, Frankfurt am Main 1994, S. 102.

4 John Urry: The Tourist Gaze. Leisure and Travel in Contemporary Societies, London u. a. 1990, S. 82.

5 Zygmunt Bauman: Vom Pilger zum Touristen – Postmoderne Identitätsprojekte, in: Heiner Keupp (Hg.): Lust an der Erkenntnis: Der Mensch als soziales Wesen, München 1995, S. 295–300, hier: 297; siehe auch: Christoph Hennig: Reiselust. Touristen, Tourismus und Urlaubskultur, Frankfurt am Main 1997, S. 179 ff.

6 Zitiert in: Liebe Deine Stadt, in: koelnarchitekur.de, 16. Mai 2005, http://www.koelnarchitektur.de/pages/de/home/news_archiv/1297.htm; siehe auch die Website des Projekts: http://www.liebedeinestadt.de/.

7 Siehe Mimi Sheller / John Urry (Hg.): Tourism Mobilities. Places to Play, Places in Play, London / New York 2005.

8 Siehe Maurice Roche: Mega-Events and Modernity. Olympics and Expos in the Growth of Global Culture, London / New York 2000, S. 234 f.

9 Siehe z. B. Leo van Berg / Jan van der Meer / Alexander H.J. Otgaar: The Attractive City. Catalyst for Economic Development and Social Revitalisation. An International Comparative Research into the Experiences of Birmingham, Lisbon and Rotterdam, European Institute for Comparative Urban Research

(EURICUR)/Erasmus University Rotterdam, 2000, http://www.euricur.nl/publications/attractivecity.htm.

10 Javier Camarasa/Jorge Luis Marzo: Beyond the Earth, Closer to Dreams, in: Nuria Enguita Mayo/Jorge Luis Marzo/Montse Romani (Hg.): Tourisms. The Defeat of Dissent, Barcelona 2004, S. 179–190, hier: 183.

11 Siehe das gleichnamige, von Felix Zwoch besorgte Sonderheft der Bauwelt, 93. Jahrgang, H. 48, 27. Dezember 2002.

12 Siehe Neil Smith: The New Urban Frontier: Gentrification and the Revanchist City, London/New York 1996.

13 Rachel Weber: Extracting Value from the City: Neoliberalism and Urban Redevelopment, in: Neil Brenner/Nik Theodore (Hg.): Spaces of Neoliberalism. Urban Restructuring in North America and Western Europe, Oxford [u.a.] 2002, S. 172–193, hier: 189.

14 Sharon Zukin: The Cultures of Cities, Oxford [u.a.] 1995, S. 3.

15 Siehe Jan Wehrheim: Städte im Blickpunkt Innerer Sicherheit, in: Aus Politik und Zeitgeschichte, B44/2004, S. 21–27, hier: 25.

16 Siehe Henri Lefebvre: Die Revolution der Städte, Frankfurt am Main 1976, S. 159.

17 Siehe Markus Schroer: Räume, Orte, Grenzen. Auf dem Weg zu einer Soziologie des Raums, Frankfurt am Main 2006, S. 248 ff.

18 Rem Koolhaas: Imagining Nothingness [1985], in: O.M.A./Rem Koolhaas/Bruce Mau: S, M, L, XL, New York 1995, S. 199–202, hier: 200.

19 Klaus Ronneberger/Stephan Lanz/Walther Jahn: Die Stadt als Beute, Bonn 1999, S. 79.

20 Florian Heilmeyer: Berlin bleibt unplanbar. Das Planwerk Innenstadt ist letztendlich gescheitert, in: Scheinschlag, 9/2005, http://www.scheinschlag-online.de/archiv/2005/09_2005/texte/18.html.

21 Siehe Kevin Lynch: Das Bild der Stadt, Gütersloh 1968.

22 Henri Lefebvre: Le droit à la ville, suivi de Espace et politique [1968/1972], Paris 1974, S. 102.

23 Robert C. Davis/Garry R. Marvin: Venice, the Tourist Maze. A Cultural Critique of the World's Most Touristed City, Berkeley/Los Angeles/London 2004, S. 2.

24 Boris Groys: Topologie der Kunst, München/Wien 2003, S. 192 f.

25 Timothy Mitchell: Colonizing Egypt, Berkeley/Los Angeles/London 1988, S. 12; siehe auch: Claudio Minca: Postmodern Temptations, in: ders. (Hg.): Postmodern Geography. Theory and Praxis, Oxford 2001, S. 196–225, hier: 198 ff.

26 Siehe Ackbar Abbas: Cinema, the City, and the Cinematic, in: Linda Krause/Patrice Petro (Hg.): Global Cities. Cinema, Architecture and Urbanism in a Digital Age, New Brunswick, New Jersey/London 2003, S. 142–156.

27 Siehe D. Medina Lasansky: The Renaissance Perfected. Architecture, Spectacle and Tourism in Fascist Italy, University Park, Pennsylvania, 2004, S. 98 ff.

28 Homi K. Bhaba: The Location of Culture, New York/London 1994, S. 49.

29 Siehe Frank Roost: Die Disneyfizierung der Städte. Großprojekte der Entertainmentindustrie am Beispiel des New Yorker Times Square und der Siedlung Celebration in Florida, Opladen 2000, S. 49 ff.

30 Siehe Künstlerhaus Wien/Sønke Gau/Katharina Schlieben (Hg.): Site-See-
    ing: Disneyfizierung der Städte?, Wien 2002, S. 13.
31 Siehe Rick Lyman: As the Great White Way Turns a Corner, in: New York
    Times, 8. Mai 1998, Sekt. 5, S. 8, und Michael Kelleher: Images of the Past:
    Historical Authenticity and Inauthenticity from Disney to Times Square, in:
    CRM Journal, Sommer 2004, S. 6–19.
32 Siehe Rem Koolhaas: The Generic City, in: O.M.A./Koolhaas/Mau (Anm.
    18), S. 1248–1264, hier: 1257.
33 Siehe Joan Ramon Resina: The Concept of After-Image and the Scopic Ap-
    prehension of the City, in: ders./Dieter Ingenschay: After-Images of the City,
    Ithaca/London 2003, S. 1–22, hier: 22.
34 Siehe Tom Holert: Logozentrismus. Über das Logo-Design für das Holocaust-
    Mahnmal in Berlin, in: Texte zur Kunst, 15. Jahrgang, Heft 58, Juni 2005, S.
    146–148.
35 Siehe Joan Ockman/Salomon Frausto (Hg.): Architourism. Authentic, Esca-
    pist, Exotic, Spectacular, München/Berlin/London/New York 2005.
36 Zur iconicity der Gegenwartsarchitektur siehe: Charles Jencks: The Iconic
    Building Is Here to Stay, in: City, Bd. 10, Nr. 1, April 2006, S. 3–20, und Leslie
    Sklair: Iconic Architecture and Capitalist Globalization, in: ebd., S. 21–47.
37 Siehe Coosje van Bruggen: Frank O. Gehry: Guggenheim Museum Bilbao,
    Ostfildern-Ruit 1997, S. 23.
38 Siehe Beatriz Plaza: Evaluating the Influence of a Large Cultural Artifact in
    the Attraction of Tourism: The Guggenheim Museum Bilbao Case, in: Urban
    Affairs Review, Bd. 36, Nr. 2, 2000, S. 264–274.
39 Hal Foster: Design and Crime (and Other Diatribes), London/New York
    2002, S. 41.
40 Joan Ockman: New Politics of the Spectacle: »Bilbao« and the Global Ima-
    gination, in: D. Medina Lasansky/Brian McLaren (Hg.): Architecture and
    Tourism. Perception, Performance and Place, Oxford/New York 2004, S.
    227–239, hier: 236.
41 Beatriz Díaz: Barrio de San Francisco (Bilbao) ¿Marginación y conflicto? Un
    enfoque diferente, in: Ekintza Zuzena, Nr. 29, 2002, http://www.nodo50.org/
    ekintza.
42 Norbert Cyrus: Komplementäre Formen grenzüberschreitender Migration:
    Einwanderung und Mobilität am Beispiel Polen, in: Klaus Schmals (Hg.):
    Migration und Stadt, Opladen 2000, S. 118.
43 Siehe Migration und Stadt. Ein Gespräch zwischen Cihan Arin, Regina
    Bittner, Onur Suzan Kömürcü, Stephan Lanz, Erol Yildiz, Marion von Osten
    und Jochen Becker, in: Kölnischer Kunstverein u. a. (Hg.): Projekt Migration,
    Köln 2005, S. 638–651, hier: 646, 650.
44 Jan Rath: Immigrants and the Tourist Industry: the Commodification of
    Cultural Resources, Vortrag, XVth World Congress of Sociology, 7.–13. Juli
    2002, Brisbane, Australien.
45 Zitiert nach Stephen Shaw/Susan Bagwell/Joanna Karmowska: Ethnoscapes
    as Spectacle: Reimaging Multicultural Districts as New Destinations for Lei-
    sure and Tourism Consumption, in: Urban Studies, Bd. 41, Nr. 10, September
    2004, S. 1983–2000, hier: 1991.

8 Migration, Tourismus und das Recht auf einen Ort

1 Siehe Europäische Kommission: Ein Europäischer Mobilitätspass. Anders lernen. Sich anderswo bilden, Luxemburg 2001.

2 Siehe C. Michael Hall / Allan M. Williams: Tourism, Migration, Circulation and Mobility: The Contingencies of Time and Place, in: dies. (Hg.): Tourism and Migration. New Relationships between Production and Consumption, Dordrecht 2002; zu diesem Zusammenhang siehe auch: Haris Katsoulis: Migration und Tourismus. Zwei Seiten einer Medaille, VIA-Magazin, Ausgabe 1-IX-02, Duisburg, März 2002.

3 Siehe Birgit Schönau: Die Apulien-Fraktion, in: Die Zeit, Nr. 29, 14. Juli 2005.

4 Siehe Thomas Schmid: Die Hüter von Atlantis, in: die tageszeitung, 18. September 2004, S. I-II (tazmag).

5 IOM (Hg.): Glossary on Migration, Genf 2004, S. 41.

6 Siehe Neil Leiper: Tourist, in: Jafar Jafari (Hg.): Encyclopedia of Tourism, London / New York 2000, S. 589–591.

7 Louis Erdi: Tourists and Hotels, in: The Architects' Journal (Hg.): Principles of Hotel Design, London 1970, S. 7.

8 John Ash / Louis Turner: The Golden Hordes. International Tourism and the Pleasure Periphery, New York 1976.

9 Hans Magnus Enzensberger: Eine Theorie des Tourismus, in: ders.: Einzelheiten I. Bewußtseins-Industrie, Frankfurt am Main 1964, S. 204.

10 Jörg Alt: Leben in der Schattenwelt. Problemkomplex »illegale« Migration, Karlsruhe 2003, S. 342.

11 Die kühne Reise des Kingsley Kum. Aus dem Tagebuch eines Flüchtlings, in: GEO, 12. Dezember 2005.

12 Siehe Sebastião Salgado: Migrations: Humanity in Transition, New York 2000; Sarah Caron: Odyssée moderne, Paris 2004.

13 Geda Böck: 40 Jahre Urlaub. Lebensgeschichten deutschsprachiger MigrantInnen in Griechenland, Köln 2005.

14 John A. Jakle u. a.: The Motel in America, Baltimore 1997, S. 31 ff.

15 Siehe Bernhard Stier u. a.: Von der Preussag zur TUI. Wege und Wandlungen eines Unternehmens 1923–2003, Essen 2005.

16 Zu Mobilität als »Imperativ« und den Theorien und Metaphern der Mobilität siehe u. a. David Morley: Home Territories. Media, Mobility and Identity, London / New York 2000, S. 149 ff.; Johanna Keller: Neue Nomaden? Zur Theorie und Realität aktueller Migrationsbewegungen in Berlin, Münster 2005; Tom Holert / Mark Terkessidis: Was bedeutet Mobilität?, in: Kölnischer Kunstverein et al. (Hg.): Projekt Migration, Köln 2005, S. 98–107.

17 Siehe dazu Jacques Derrida: Schurken. Zwei Essays über die Vernunft, Frankfurt am Main 2003.

18 Siehe Farida Heuck u. a.: Schleuser.Net – Der Bundesverband Schleppen & Schleusen. Mobilität ist unser Ziel!, in: Beatrice von Bismarck (Hg.): Grenzbespielungen. Visuelle Politik in der Übergangszone, Leipzig / Köln 2005, S. 103–117, hier: 107.

19 Siehe Jean-Pierre Garnier: Mobilité et immobilisation globalitaire, in: No Pasaran. Journal, Nr. 12, September 2002, http://nopasaran.samizdat.net/article.php3?id_article=473.

20 Siehe Rafi Segal / Eyal Weizman (Hg.): A Civilian Occupation. The Politics of Israeli Architecture, Tel Aviv-Jaffa / London 2003; Eyal Weizman: The Politics of Verticality: The West Bank as an Architectural Construction, in: Territories, Ausst.-Kat. Berlin 2003, S. 65–117.

21 Siehe Anm. 16, aber auch Iain Chambers: Migration – Kultur – Identität, Tübingen 1996; Elisabeth Bronfen / Benjamin Marius: Hybride Kulturen. Einleitung zur angloamerikanischen Multikulturalismusdebatte, in: dies. (Hg.): Hybride Kulturen, Tübingen 1997; Elisabeth Beck-Gernsheim: Schwarze Juden und griechische Deutsche, in: Ulrich Beck (Hg.): Perspektiven der Weltgesellschaft, Frankfurt am Main 1998; Paul M. Lützeler: Nomadentum und Arbeitslosigkeit – Identität in der Postmoderne, in: Karl-Heinz Bohrer / Kurt Scheel (Hg.): Postmoderne – Eine Bilanz, Sonderheft Merkur, Berlin 1998; Zygmunt Bauman: Unbehagen in der Postmoderne, Hamburg 1999, S. 149 ff.

22 Luc Boltanski / Ève Chiapello: Der neue Geist des Kapitalismus, Konstanz 2003.

23 Siehe Jacqueline Groth / Eric Corijn: Reclaiming Urbanity: Indeterminate Spaces, Informal Actors and Urban Agenda Setting, in: Urban Studies, Bd. 42, Nr. 3, März 2005, S. 503–526.

24 Siehe Michel Peraldi: Introduction, in: ders. (Hg.): La fin des norias? Réseaux migrants dans les économies marchandes en Méditerranée, Paris 2002, S. 11–42, hier: 25.

25 Zu Istanbul und den Strategien der Informalität in den dortigen Gececondus siehe den Band von Orhan Esen / Stephan Lanz (Hg.): Self Service City: Istanbul, Berlin 2005 (metroZones 4).

26 Dan McDougall: Tourists Become Targets as Dubai's Workers Take Revolt to the Beaches, in: The Observer, 9. April 2006, S. 37.

27 Siehe Brigitte Suter: Der Boss ist dein Gott, in: WoZ. Die Wochenzeitung, Nr. 10, 9. März 2006, S. 6.

28 Siehe Ernesto Laclau / Chantal Mouffe: Hegemonie und radikale Demokratie. Zur Dekonstruktion des Marxismus, Wien 1991; John Urry: Sociology beyond Societies. Mobilities for the Twenty-First Century, London / New York 2000, S. 210: »[…] mobilities rather than societies should be at the heart of a reconstituted sociology«.

29 Antione Pécoud / Paul de Guchteneire: Migrations without Borders: An Investigation in the Free Movement of People, Global Migrations Perspectives Nr. 27, April 2005, http://www.gcim.org/attachements/GMP%20No%2027.pdf.

ABBILDUNGSVERZEICHNIS

Tom Holert / Mark Terkessidis
Entsichert

Krieg als Massenkultur im 21. Jahrhundert
KiWi 714
Originalausgabe

Die Autoren durchleuchten sowohl unseren Alltag, in dem
der Krieg als Spektakel erscheint, als auch das Leben in
jenen Gebieten, wo der Krieg buchstäblich Alltag geworden ist.

Paperbacks bei Kiepenheuer & Witsch   KiWi PAPERBACK   www.kiwi-verlag.de